农村居民互联网使用的幸福效应研究

——消费不平等视角

王文锋　郭锦墉　著

中国农业出版社
北　京

图书在版编目（CIP）数据

农村居民互联网使用的幸福效应研究：消费不平等视角 / 王文锋，郭锦墉著. —北京：中国农业出版社，2023.5

ISBN 978-7-109-30715-5

Ⅰ.①农… Ⅱ.①王… ②郭… Ⅲ.①互联网络－影响－农村－居民－消费生活－研究－中国 Ⅳ.①C913.3-39

中国国家版本馆CIP数据核字（2023）第091318号

中国农业出版社出版
地址：北京市朝阳区麦子店街18号楼
邮编：100125
责任编辑：王秀田　　文字编辑：张楚翘
版式设计：王　晨　　责任校对：刘丽香
印刷：三河市国英印务有限公司
版次：2023年5月第1版
印次：2023年5月河北第1次印刷
发行：新华书店北京发行所
开本：700mm×1000mm　1/16
印张：13.75
字数：262千字
定价：78.00元

本专著出版得到国家自然科学基金项目《农村居民网络购买意愿与行为差异识别、转化机理及溢出效应研究》(72063017)、江西现代农业及其优势产业可持续发展的决策支持协同创新中心、江西省“十四五”期间一流专业优势专业(农林经济管理)、江西省牛羊产业技术体系(JXARS-13-经济岗)等项目资助，一并感谢!

FOREWORD 前言

为人民谋幸福是党的初心和使命，也是政府施政的最终目标。而既有研究表明我国遭遇了“伊斯特林悖论”，居民主观幸福感并未随经济增长同步提升。这说明随着我国经济快速增长，非收入因素对居民主观幸福感的影响力不断上升。党的十九大报告指出，我国社会主要矛盾已经转化为人民日益增长的美好生活需要和不平衡不充分的发展之间的矛盾。可见不平衡不充分发展问题已成为影响居民主观幸福感的重要因素。消费不平等是不平衡问题的重要组成部分，也是最能够反映经济问题本质和居民幸福感水平的指标之一。长期以来，我国农村消费持续低迷，且消费不平等问题日益凸显。随着消费不平等加剧，农村居民主观幸福感可能随之下降。因此，缓解消费不平等是提升农村居民主观幸福感的可行路径，探寻缓解农村居民消费不平等的途径，进而提升其主观幸福感具有重要现实意义。

农村地区互联网基础设施不断完善，同时从供给端和需求端为农村居民消费赋能，也为低消费群体通过互联网使用缓解消费不平等和提升主观幸福感提供了机会和途径。而互联网使用的技术偏向特性引发机会创造与赋能空间差异化，农村居民互联网使用行为日益分化，互联网使用带来的效果差异具有不确定性。因此，农村居民能否通过互联网使用缓解消费不平等，进而提升主观幸福感是个值得深入探讨的话题。本书从互联网使用与否、使用广度和使用深度三个维度衡量农村居民的互联网使用行为，以村（行政村）为研究单元测度个体的消费不平等，并将消费不平等细分为总消费不平等、分项消费不平等和分类消费不平等，着重于探究农村居民的互联网使用、消费不平等与主观幸福感间的逻辑关系，试图回答以下三个方面的问题：一是互联网使用能否缓解消费不平等？如果能，其对各消费不平等的影响是否存在异质性？作用机制是什么？二是消费不平等对主观幸福感产生怎样的影响？各层面的消费不平等对主观幸福感的影响是否存在异质性？其作用机制有哪些？三是互联网使用对主观幸福感的影响是怎样的？消费不平等是不是互联网使用影响主观幸福感的中介机制？如果是，互联网使用与消费不平等对主观幸福感的影响是否存在异质性？既往研究尚未就上述问题予以关注或给出明确答案。

基于此，本书在理论分析的基础上，利用中国家庭追踪调查数据库(CFPS) 2014年、2016年和2018年数据构造的平衡面板数据，围绕互联网使用对消费不平等的影响、消费不平等对主观幸福感的影响及互联网使用对主观幸福感的影响三个方面进行实证分析，结果显示：

第一，互联网使用与否、使用广度和使用深度均显著降低，农村居民总消费不平等。克服内生性问题后，回归结果依然稳健。进一步分析发现，互联网使用对交通通信消费不平等的缓解作用最大，接下来依次为居住、衣物、设备用品和食物消费不平等，而对医疗保健消费不平等和文教娱乐消费不平等的影响未通过显著性检验；互联网使用显著缓解农村居民的生存型消费不平等和享受型消费不平等，而对发展型消费不平等的影响不显著。从互联网使用维度对消费不平等的影响程度来看，按降序依次为互联网使用与否、使用广度、使用深度，说明通过互联网使用缓解农村居民消费不平等的先后次序为：促使居民触网——提高其互联网使用广度——增强其互联网使用深度。机制分析发现，互联网使用能够通过收入效应、信息渠道效应、购物渠道效应和社会资本效应缓解农村居民消费不平等。具体而言，互联网使用能够促进农村居民增收、缓解收入不平等、拓展农村居民信息渠道和购物渠道、增强社会资本积累，进而缓解消费不平等。

第二，总消费不平等显著负向影响农村居民主观幸福感，而各分项消费不平等对主观幸福感影响表现出差异。具体而言，医疗保健消费不平等正向影响农村居民主观幸福感，其余分项消费不平等均负向影响农村居民主观幸福感；交通通信消费不平等显著影响农村居民主观幸福感，其余分项消费不平等对农村居民主观幸福感的影响均未通过显著性检验。进一步分析发现，消费不平等通过主观社会地位、人际信任和未来信心影响农村居民主观幸福感，即通过提高农村居民的主观社会地位、增强邻里间信任和强化农村居民对未来信心均能够缓解消费不平等对主观幸福感的负向影响。

第三，互联网使用与否、使用广度和使用深度均显著提升农村居民主观幸福感。克服内生性问题后，回归结果依然稳健。其中，互联网使用各维度对农村居民主观幸福感的影响效力存在差异，按降序排列依次为互联网使用与否、使用广度、使用深度，与互联网使用对消费不平等的影响一致，说明在互联网使用引起的效果差异上，其各维度的影响具有一致性。通过梳理互联网使用、消费不平等及主观幸福感的逻辑关系发现，消费不平等在互联网使用对农村居民主观幸福感的影响中起到了部分中介作用，说明消费不平等是互联网使用影响农村居民主观幸福感的作用机制。通过比较互联网使用各维度的间接效应得知，相对于互联网使用与否，互联网使用广度和使用深度的间接效应更大，且随着互联网使用强度（广度和深度）加大，其间接效应增大。通过比较互联网使用和消费不平等对农村居民主观幸福感的影响系数发现，消费不平等对农村居民主观幸福感的影响更大，说明相对于互联网使用本身，互联网使用引起的效果对主观幸福感的影响更大。异质性分析发现，互联网使用和消费不平等对主观幸福感低、低龄组、低收入组或西部地区农村居民的边际效应更强，能够缓解农村居民间的主观幸福感差距。

据此得出的政策启示是，应加强互联网基础设施建设及维护，不断提升农村地区网络建设质量，为农村居民的互联网可及性提供物质基础和保障；多途径推动农村居民触网，特别是主观幸福感低、低龄组、低收入组或西部地区农村居民，并积极引导农村居民的互联网使用行为，真正实现互联网对农村居民赋能，增强其追求更加美好幸福生活的能力；重视互联网使用对农村居民消费不平等的缓解作用，以及互联网使用和消费不平等在提升农村居民主观幸福感中的重要作用，为通过互联网使用实现消费公平和农村居民主观幸福感提升的相关政策制定提供参考。

CONTENTS 目录

第一章 绪 论

一、研究背景、意义与目标

(一) 研究背景

1. 提升居民主观幸福感是实现宏观经济发展成就在个体层面的价值体现，仍是当前的重要研究课题

居民幸福感是评价社会福利状况的重要指标，对一个国家的经济社会稳定性和发展的可持续性具有十分重要的影响（任国强等，2012）。“不断增强人民的获得感、安全感和幸福感”，是党对改革实践进行理性反思的成果，它不仅阐明了党的事业与人民幸福的内在联系，更是指明了经济增长与政策完善的最终目的都在于提高人民的幸福感（何立新、潘春阳，2011；罗必良等，2021）。改革开放四十多年来，我国取得了举世瞩目的成就，实现了经济高速发展并已跃居世界第二大经济体；建成了世界上规模最大的社会保障体系；人民生活水平不断提升，居民最终消费支出由 1978 年的 2 234 亿元提升至 2020 年的 55 万亿元以上，基本实现了“让国家变得更加富强，让社会变得更加公平正义，让人民生活得更加美好”的改革根本目标。由此可见，我国经济发展促进了居民客观福利水平不断提升。

而我国居民主观幸福感并未随客观福利水平同步提升。据“世界幸福感报告”的数据显示，1990 年至 2019 年，中国居民的平均幸福感从 7.3 分下降到了 5.12 分（满分为 10 分），这意味着中国居民幸福感并未如预期般地随着经济增长而上升。根据 Easterlin（1974）提出的国家经济增长并不必然使国民主观幸福感提高的研究结论可知，我国遭遇了“伊斯特林悖论”。因此，提升居民主观幸福感是实现客观福利在个体层面的价值体现，仍是当前的重要研究课题。

2. 缓解消费不平等是共同富裕的内在要求，也是提升农村居民主观幸福感的重要突破点

党的十九大报告指出，“我国收入分配差距依然较大，更加突出的问题是发展不平衡不充分，这已经成为满足人民日益增长的美好生活需要的主要制约因素”。据此，我国遭遇“伊斯特林悖论”的可能原因是发展不平衡不充分引发的问题制约了居民主观幸福感的提升。在经济发展取得巨大成就的同时，我国依然存在严重的收入差距、城乡差距和区域差距问题，特别是由城乡收入差距引发的农村居民在消费、教育、医疗等方面遭遇的不平等问题更加突出，其本质是经济增长中效率与公平的失衡。而公平是福利的第一要务，丧失公平的经济增长可能成为无意义增长（马旭东、史岩，2018）。因此，提升农村居民主观幸福感的关键是要重视效率更要兼顾公平，要真正实现居民生活水平差距显著缩小。

党的十九届五中全会结合我国当前发展的实际情况和主要矛盾，提出在2035年“全体人员共同富裕取得更为明显的实质性进展”和“扎实推动共同富裕”的目标、要求。从主体上来看，共同富裕的对象覆盖全体人民，需要缩小或消除地区差距和城乡差距。农村居民是共同富裕主体的重要组成部分，促进共同富裕，最艰巨最繁重的任务仍然在农村，而潜力和后劲也在农村。从内容上来看，实现共同富裕就是要缓解或消除不平等，其内容不限于收入，还应包含消费、教育、医疗等。消费能够反映居民持久收入和终身福利变化（Cutler & Katz，1992；Blundell & Preston，1998；Krueger & Perri，2006），相对于收入不平等，消费不平等可以反映居民之间真实的福利差异（Meyer & Sullivan，2013；邹红等，2013a；邹红等，2013b；杨继东，2013；刘靖、陈斌开，2021；张海洋、韩晓，2022）。因此在实现共同富裕的进程中，缓解消费不平等是贯彻共享发展理念、提升农村居民主观幸福感的内在要求和重要突破点。

而缓解农村居民消费不平等直面双重制约。一方面，保守的消费观念和不完善的保障体系致使农村储蓄率居高不下，购买能力不足，深陷“低消费率之谜”（张必忠等，2021）；另一方面，落后的农村市场供给体系阻碍了潜在有效消费需求的顺利转化，消费增长缓慢，再加上收入差距不断扩大，消费不平等问题日益突出。因此，在扎实推进共同富裕的过程中，既要重视增强农村居民的购买能力，也要重视增强其消费可获得性和公平性，将人民生活水平的差距控制在适度范围内（刘培林等，2021）。

3. 促进互联网使用是缓解农村居民消费不平等、提升主观幸福感的可行路径

互联网在农村地区的发展和普及为农村居民赋能，增强了其缩小城乡差距和地区差距的机会和能力。随着“村村通宽带”“互联网+”“电信普遍服务试点”等一系列工程的实施，农村地区的互联网普及率不断提升，逐步跨越“一级鸿沟”（接入差距）。中国互联网络信息中心（CNNIC）发布的第49次《中国互联网络发展状况统计报告》（下称报告）显示，截至2021年12月底，我国农村网民2.84亿，互联网普及率达57.6%。互联网普及改变了农村居民的经济行为和生活方式。据报告显示，电商扶贫累计带动771万农民就地创业就业，带动618.8万贫困人口增收；全国“快递进村”比例超过80%。互联网普及提高了农村居民共享发展成果的机会平等性，提升了农村居民的消费可获得性，进而促进其消费水平提升（张永丽、徐腊梅，2019）、消费结构升级（祝仲坤，2020）、缩小城乡消费差距（冯大威等，2022）、提升幸福感（罗明忠、刘子玉，2022）等。可见，互联网使用可能是农村居民缓解消费不平等、提升主观幸福感的可行路径。

但是，也有学者发现互联网使用具有技术偏向特性（Akerman et al.，2015）。随着农村地区互联网普及率不断提升，农村居民的互联网使用行为日益分化，不仅体现为是否使用互联网的差异，而且进一步体现为互联网使用强度（使用广度和使用深度）差异和由此引起的结果差异。同时，互联网使用带来的结果具有不确定性。一方面，互联网普及促进消费可获得性的机会公平，农村居民通过互联网赋能的深度和广度不断拓展，增强了农村居民缓解消费不平等、提升主观幸福感的控制能力；另一方面，因个体对互联网的认知、信息鉴别及使用技能存在差异，通过互联网使用获取的机会创造与赋能空间也会存在差异，个体获得的技术溢价也就不同，农村居民会因互联网普及而产生新的“数字鸿沟”，带来新的不平等（Bonfadelli，2002），如消费不平等进一步扩大，进而降低其主观幸福感。

基于上述分析，我们产生以下疑问：一是互联网使用（使用与否、使用广度和使用深度）究竟对农村居民主观幸福感产生怎样的影响？二是农村居民能否通过互联网使用缓解同村居民内部的消费不平等？三是消费不平等是否是互联网使用影响农村居民主观幸福感的作用路径？这些问题的答案对于农村居民通过互联网使用缓解消费不平等，进而提升主观幸福感具有重要现实意义和理论价值，拓展了实现共同富裕的视角。而既往文献尚未就上述问题进行深入而系统的探讨，未能给出确切的答案。

为深入探讨上述问题，本书主要关注农村居民的互联网使用、消费不平等与主观幸福感间的逻辑关系，并在理论分析的基础上借助构建的平衡面板数据进行实证检验。具体而言，本书首先基于Kakwani指数计算出同村居民间的消费不平等指数；然后同时从使用与否、使用广度和使用深度三个维度探究互联网使用对消费不平等的影响及其作用机制；从消费不平等各层面探讨其对主观幸福感的影响及作用路径；在探究互联网使用各维度对主观幸福感影响的基础上，进一步检验消费不平等发挥的中介效应，厘清农村居民的互联网使用、消费不平等及主观幸福感间的逻辑关系。研究结论为进一步发挥互联网的消费效应和幸福效应、促进消费公平和提高农村居民主观幸福感，提供理论参考和现实依据，具有一定的研究价值。

（二）研究意义

追求平等和提升主观幸福感对微观个体至关重要。马克思认为消费不仅是一个经济问题，更是一个重要的社会问题和人的问题，其消费理论强调消费应具有公平性。那么，如何在促进消费的同时，保障其公平性，进而提升居民主观幸福感是一个值得研究的问题，特别是农村居民的消费不平等和幸福感问题。互联网的快速发展和普及提升了农村居民参与各项社会活动的机会平等，也为农村居民缓解消费不平等和提升主观幸福感赋能。互联网使用对微观个体的影响、消费问题和农村居民主观幸福感问题一直是学术界研究的热点话题。因此，厘清互联网使用、消费不平等与农村居民主观幸福感间的逻辑关系具有重要的理论和现实意义。

1. 理论意义

（1）有助于丰富互联网使用行为研究的相关理论。微观层面的互联网研究主要聚焦于互联网使用。既往研究多从互联网使用与否的单一维度探究其对农村居民生产生活决策的影响。随着农村居民的互联网使用行为逐渐分化，必然引起细分化的互联网使用效应，仅从单一维度已不能全面反映互联网使用行为带来的结果差异。本书从互联网使用的三个维度，即互联网使用与否、使用广度和使用深度，更加深入地探究互联网使用对农村居民消费不平等及主观幸福感的影响。基于多维度的互联网使用行为研究，不仅是对既往研究的拓展，而且维度间的互补和递进关系能更加全面地反映互联网使用带来的结果差异。同时各维度回归结果的比较能够增强研究结论的稳健性。

（2）有助于丰富消费不平等理论。当前文献多聚焦于从宏观上研究互联网对城乡居民、城镇居民、不同宏观区域居民间消费不平等的影响，从微观角度进行研究的成果相对较少，而以同村居民作为参照群体进行消费不平等研究的成果更少。但是以同村居民作为参照群体进行消费不平等研究的结论可能更可靠。一方面农村是熟人社会，相对于抽象的参照群体，同村居民间彼此熟悉，而且是更加具体的参照对象，因此农村居民更倾向于与其周围的熟悉人群作对比；另一方面农村居民以熟悉人群作为参照群体进行社会比较时，更容易产生攀比和嫉妒等不良情绪，比较结果对其产生的影响更大。因此，以同村居民作为参照组进行消费不平等研究的结果可能更可靠，也进一步丰富了消费不平等理论。

（3）有助于深化消费视角下对共同富裕的理解。在扎实推进实现共同富裕的背景下，区域差距、城乡差距和收入差距是各界关注的重点。缩小上述三大差距是推进共同富裕的关键。各界也多从收入视角对这些差距进行解读。共同富裕的本质是全体居民共建共享，关注全社会福利公平和最大化。收入平等只是消费平等的物质基础。因此，从福利的角度来讲，共同富裕的最终实现应该体现在消费公平上，即要以缩小或消除各种消费不平等为最终目标。可见缩小或消除消费不平等有助于深化民众对共同富裕理论的理解。

（4）厘清了互联网使用、消费不平等与农村居民主观幸福感间的理论逻辑。个体的互联网使用、消费和幸福感问题一直是各界关注的重点问题。将视角聚集于农村居民，并将互联网使用、消费不平等和主观幸福感纳入同一框架进行分析的研究鲜见。本书以农村居民为研究对象，深入探讨了互联网使用、消费不平等和主观幸福感的问题，厘清三者间的理论逻辑关系，并进行实证检验，为通过促进和引导农村居民的互联网使用行为，进而缓解消费不平等和提升主观幸福感提供了理论参考。

2. 现实意义

（1）有助于互联网在农村发展相关政策的进一步完善。互联网使用对农村居民消费不平等及主观幸福感的影响具有维度上的差异性。按照微观个体互联网使用行为逻辑，一般先表现为互联网使用与否的选择，进而再体现为使用强度的选择，即互联网使用的广度和深度差异。因此，在逐步完善农村地区互联网基础设施的同时，如何激发农村居民的互联网使用意愿，提高互联网使用强度，是实现互联网基础设施价值的关键。相关政策制定应根据个体的互联网使用行为逻辑，通过采取循序渐进的有效措施，首先促进农村居民使用互联网，提高互联网普及率，其次引导已触网农村居民的互联网使用行为，逐步拓展互联网发展对农村居民生产生活的赋能空间和强度。

（2）为解决当前农村居民消费不平等问题提供政策启示。关注消费对经济增长的拉动作用并致力于刺激消费增长是提升宏观社会福利的需要，重视缓解或消除消费不平等则是实现微观个体幸福感的需求。以消费绝对值衡量的个体幸福感多基于绝对收入；以消费相对值即消费不平等衡量的个体福利多基于相对收入。在我国迈入消除绝对贫困、直面相对贫困的历史阶段后，消费不平等是比消费更具福利性质的指标。如何通过制定和推行相关政策，在提升农村居民消费支出的同时，并缓解消费不平等是未来解决农村消费问题的重要内容。从消费可获得性上来看，消费不平等更多体现为机会不平等，而机会不平等关乎社会公平正义与和谐。通过研究农村居民消费不平等反映出的福利差距，为以促进公平为目的的社会政策制定提供参考。互联网普及提高了农村居民公平享受消费权利的机会，或许能为缓解消费不平等问题提供新的思路和视角。互联网使用影响农村居民消费不平等的作用路径为解决消费不平等问题提供了可操作性的政策启示，有助于问题的解决。

(3) 为提升当前农村居民的主观幸福感提供政策启示。不断增强农村居民的获得感、幸福感和安全感是我国长期以来解决“三农”问题的重要目标。探寻农村居民主观幸福感的影响因素和实现路径一直是各界关注的重点。农村居民的互联网使用和消费问题也一直是学界探究的热门话题。通过梳理农村居民的互联网使用、消费不平等和主观幸福感间的逻辑关系，厘清了通过推动互联网使用以缓解消费不平等进而提升农村居民主观幸福感的路径，为提升农村居民主观幸福感提供了新思路。

（三）研究目标

本书旨在探讨互联网使用、消费不平等及农村居民主观幸福感间的逻辑关系。基于“行为差异——客观结果差异——主观结果差异”的思想，本书沿着“互联网使用——消费不平等——主观幸福感”这一逻辑主线，探究农村居民互联网使用的幸福效应，从微观层面厘清互联网使用对消费不平等的影响及作用机制、消费不平等对主观幸福感的影响及作用机制以及互联网使用、消费不平等对农村居民主观幸福感的影响，从而揭示互联网使用对农村居民的重要价值，为进一步推动互联网在农村居民追求幸福生活的过程中发挥更大作用提供理论参考和具体思路。本书研究具体目标如下：

1. 理论目标

基于相关理论，着重分析互联网使用对消费不平等的影响及作用机理、消费不平等对主观幸福感的影响及作用机理以及互联网使用对主观幸福感的影响机理，并提出相关研究假设，构建理论分析模型，从理论上厘清互联网使用能否通过缓解消费不平等进而提升农村居民主观幸福感。

2. 实证指标

采用 Kakwani 指数，以村为研究单元，测度农村居民的各种消费不平等指数，以初步了解农村居民消费不平等状况，并为后文实证分析打好基础。

3. 实证目标

基于数据，对提出的研究假说进行实证检验和结果分析，主要回答以下三个问题：一是互联网使用能否缓解消费不平等及其作用机理；二是消费不平等如何影响主观幸福感及其作用机理；三是是否存在“互联网使用——消费不平等——主观幸福感”这一路径。

二、文献综述

（一）消费不平等的相关研究

作为经济不平等的重要组成部分，收入不平等一直是学界研究的重点，而消费不平等的研究一直被忽视。消费不平等的研究始于 Cutler 和 Katz（1992），自此全球经济不平等研究的重心由收入层面转向消费层面（Attanasio & Pistaferri，2016）。相对于收入不平等的研究，消费不平等的研究起步晚、成果少。目前，国内外学者对消费不平等的研究主要集中在消费不平等的测度、大小及演变趋势、影响因素及成因、不平等的分解等。本书结合研究需要对已有成果进行梳理。

1. 消费不平等的测度

量化消费不平等是研究消费不平等的核心问题。在既往关于经济不平等的研究中，学者们最先关注收入不平等，并形成了一系列度量收入不平等的方法，这些方法被后续学者沿用以测度消费不平等。目前，常用的消费不平等测度方法可以分为描述统计法和不平等指数法。

（1）描述统计法

①方差和标准差。方差和标准差根据个体消费支出绝对值和样本均值计算得出，可以综合反映样本总体中个体间的平均差异。如个体数量为 n 的样本，第 i 个个体的消费支出记为 x_i，样本方差和标准差可分别由公式 $V=\sum_{i=1}^{n}(x-\bar{x})^2/n$ 和 $S=\sqrt{V}$ 计算得出；也可以先将 x_i 取对数后再根据以上公式计算得出方差和标准差。因方差和标准差是绝对量指标，其数值大小受到个体消费支出绝对水平和度量单位的影响，导致现实中不同群体样本间不具有可比性，因此在具体研究中不宜采用（万广华，2006）。

②变异系数和相对平均差。变异系数是标准差与均值之比，是相对化的离散程度指标，其取值范围为（0，$\sqrt{n-1}$），取值越大，表明不平等程度越严重；取值越小，表明不平等程度越弱。相对平均差作为不平等测度使用是由 Bresciani 和 Turroni 于 1910 年提出的，计算公式为 $M=(2\mu n)^{-1}\sum_{i=1}^{n}|x_i-\mu|$。Cowell 对公式稍加修正，从样本角度提出另外一种形式的计算公式：$M=n/[2(n-1)]\sum_{i=1}^{n}|q_i-1/n|$，将相对平均差的取值界定在［0，1］范围内。变异系数和相对平均差皆为相对形式的不平等测度指标，能够避免方差和标准差受到所研究个体消费绝对水平的影响，增强了指标在衡量不平等程度时的客观性。Bresciani 和 Turroni 认为相对平均差的计算方法不能反映组内个体消费水平的变化对不平等的影响。

③分位数之比。分位数之比是用某一指标如消费支出按照升序排列后，计算其在 50%分位数与 10%分位数之比（P50/P10）、90%分位数与 50%分位数之比（P90/P50）和 90%分位数与 10%分位数之比（P90/P10）以衡量不平等

程度。此种测度指标在一定程度上可以表示不平等状况的相对差距，但过于简单粗暴，由于其仅利用了有限个样本点的信息，并不能完全反应所有个体的不平等状况。

(2) 不平等指数法

①基尼系数。基尼系数是由意大利经济学家基尼于 20 世纪初期提出的衡量收入分配差距的指标。基尼系数的测度方法有几何法、基尼平均差法、矩阵方法、协方差方法等，其相继被用于计算离散情形的基尼系数（徐宽，2003）。根据基尼（Gini，1912）提出的最初定义，基尼系数等于基尼相对平均差的 1/2，其计算公式为：$G=\frac{1}{2N^2\mu}\sum_{i=1}^{n}\sum_{r=1}^{n}|y_i-y_r|$，其中，$n$ 表示样本容量，μ 为样本收入均值，$|y_i-y_r|$ 是样本中两两间收入的绝对离差。

基尼系数是根据洛伦兹曲线演化而来的，因此样本基尼系数也可根据洛伦兹曲线计算得出。此时，基尼系数被定义为洛伦兹曲线与 45 度线围成区域的面积占整个 45 度线下所有面积的比重。假定样本容量为 N，可分为 n 组，w_i、m_i、$p_i(i=1, 2, \cdots, n)$ 分别代表第 i 组样本的人均收入、平均人均收入和样本数量，将总样本按照人均收入 w_i 的升序进行排列，计算出各组样本量占总样本量的比重 P_i 和按人均收入排序后的累计收入比例 Q_i，W_i 表示第 i 组样本支出占样本总支出的比例。则基尼系数的计算公式可表示为：$G=1-\sum_{i=1}^{n}P_i(2Q_i-W_i)$。

基尼系数的取值在 0 和 1 之间，数值越大表示不平等程度越大。其中，基尼系数为 0 则表示收入绝对平等；基尼系数为 1 表示收入绝对不平等。其特点是对中等收入水平的变化比较敏感，而且可以进行分解。在所有经济不平等的测度方法中，基尼系数的应用最广。

②Theil 指数。Theil 指数是 Theil（1967）基于信息论提出不平等程度的熵测度。他假设调查资料分为 k 组，每组单位数所占比重为 p_i，每组收入数所占比重为 q_i。则 Theil 指数的计算公式为 $L=\sum_{i=1}^{k}p_i\ln(p_i/q_i)$ 或 $T=\sum_{i=1}^{k}q_i\ln(q_i/p_i)$，分别得到 Theil L 指数和 Theil T 指数。其中，Theil L 指数对底层收入水平的变化敏感，Theil T 指数对上层收入水平的变化很明显。Theil 指数取值范围为［0，+∞），取值越大，表明样本中的不平等程度越高，当取值为 0 时，说明样本中绝对平等。Theil 指数也可以进行分解，分别考察组内和组间因素的影响程度。

③Atkinson 指数。Atkinson（1970）认为研究经济不平等应该关注社会

福利函数的影响，并提出了具有平均分配收入特征的经济不平等测度方法。其计算公式为 $A_\varepsilon = 1 - \left[n^{-1}\sum_{i=1}^{n}(x_i/\mu)^{1-\varepsilon}\right]^{1/(1-\varepsilon)}$。其中，$\varepsilon(\varepsilon>0$，且 $\varepsilon\neq1)$ 表示不同收入阶层相对转移敏感度，也被称为不平等厌恶参数，ε 值越大表示不平等厌恶程度越大，意味着赋予低收入群体转换更高的权重和高收入群体转换更低的权重，反之亦然。Atkinson 指数的取值范围为［0，1］，取值越大，表明样本中不平等程度越大。如当其取值为 0 时，表明样本中所有个体的经济指标（如收入）均相等，意味着绝对平等；如其当取值为 1 时，表明样本中仅有一个个体的经济指标不为 0（如有收入），意味着绝对不平等。

④Zenga 指数。Zenga（2007）提出一种新的测度经济不平等指数，其基本出发点为：将所研究样本分为低收入群体和高收入群体两部分，进而比较两个群体的收入均值，如果低收入群体均值与高收入群体均值之比较低，说明样本的收入不平等程度较低，反之，则较高。Zenga 构造了 Zenga 指数表达式：$Z=\int_0^1\left(1-\frac{L(p)}{p}\cdot\frac{1-p}{1-L(p)}\right)\mathrm{d}p$，其中，$L(p)=\mu^{-1}\int_0^p F^{-1}(t)\mathrm{d}t$，$(0<p<1)$，计算结果即为 Z 指数，其在数值上等于 1 减去低收入群体与高收入群体收入均值之比。因此，Z 指数取值范围为［0，1］，数值越大，表明样本总体收入不平等程度越大。如当 Z 指数等于 0 时，表明样本中低收入群体和高收入群体收入均值相等，样本总体经济不平等表现为绝对平等；当 Z 指数等于 1 时，表明样本中低收入群体和高收入群体收入均值之比基本为 0，低收入群体收入均值远远小于高收入群体收入均值，样本总体经济不平等表现为绝对不平等。与基尼系数一样，Zenga 指数也可以进行可加性分解。

⑤Yitzhaki 指数。Yitzhaki（1979）指出个体剥夺产生于其与参照群内收入比其高的人的比较。Yitzhaki 在测度剥夺指数时假设了一个总量为 n 的样本，该样本中有一个 X 群体，对应的收入向量为 $X=(x_1, x_2, \cdots, x_n)$，其中，$x_1\leqslant x_2\leqslant\cdots\leqslant x_n$，个体 x_k 受到的相对收入剥夺记为 $RD(x, x_k)$，用 μ_{xk}^{+} 表示 X 中收入超过 x_k 的样本收入均值，γ_{xk}^{+} 表示 X 中收入超过 x_k 的样本量在总样本 x 中所占的百分比，构造计算公式：$RD(x, x_k)=\frac{1}{n}\sum_{i=k+1}^{n}(x_i-x_k)=\gamma_{xk}^{+}[(\mu_{xk}^{+}-x_k)]$。该表达式的结果被后来学者称为 Yitzhaki 指数。随后，Yitzhaki 进一步证明了所有个体收入剥夺的加权平均为绝对基尼系数。Yitzhaki 指数计算时采用收入的绝对值，因此其对参照群体样本规模和收入分布具有敏感性，不满足无量纲性和正规化性质。

⑥Podder 指数。为克服 Yitzhaki 指数对样本收入分布的敏感性问题，一些学者在其研究中假设收入服从正态分布（Li & Zhu，2006），将 Yitzhaki 指

数中的收入替换为对数形式。此种方法是由 Podder 于 1996 年提出的，故又称为 Podder 指数。其计算公式为：$RD(x, x_k) = \frac{1}{n}\sum_{i=k+1}^{n}(\ln x_i - \ln x_k) = \gamma_{xk}^{+}[(\mu_{\ln xk}^{+} - \ln x_k)]$，式中各符号的意义同 Yitzhaki 指数。但是 Podder 指数依然是非正规化的。

⑦Kakwani 指数。Kakwani 指数也是在 Yitzhaki 指数的基础上得到的。Kakwani（1984）认为个体 k 在一个群体内相对剥夺指数应该等于 Yitzhaki 指数除以该群的均值。该观点得到了 Chakravarty（1997）和 Deaton（2001）等学者的支持。也有学者将 Kakwani 指数称为 Deaton 指数。其计算公式为：$RD(x, x_k) = \frac{1}{n\mu_X}\sum_{i=k+1}^{n}(x_i - x_k) = \gamma_{xk}^{+}[(\mu_{xk}^{+} - x_k)/\mu_X]$，其中，$\mu_X$ 表示 X 群体中 k 所在群体的收入均值，其他符号的意义同 Yitzhaki 指数。Kakwani 指数取值范围为［0，1］，取值越大，表明群体中被剥夺现象越严重。Kakwani 指数克服了 Yitzhaki 指数和 Podder 指数的主要缺陷，即满足无量纲性和正规化特性，但该指数在计算时纳入了参照群的平均收入，会受较低收入群体变化的影响。此外，Kakwani 指数的均值即为基尼系数，是收入不平等的测度（Lhila & Simon，2010）。因此，部分学者采用 Kakwani 指数测度经济不平等（杨晶、黄云，2019；黄云等，2019；张雅淋等，2022）。

通过文献分析发现，既往研究中常用的消费不平等测度指标有基尼系数（李涛、么海亮，2013）、Theil 指数（曲兆鹏、赵忠，2008；邹红等，2013b）、分位数之比（杨继东，2013；周广肃、李沙浪，2016）、Kakwani 指数（杨晶、黄云，2019；张雅淋等，2022；李晓飞、臧旭恒，2022）等。由于不同测量指标各有优缺点，因此学者们在其研究中并非仅采用一种测度方法，而是同时使用多种方法进行测度，增强了结果的稳健性。如周广肃和李沙浪（2016）采用消费基尼系数衡量县级消费差距（即消费不平等），同时还使用分位数支出比 P90/P10、P90/P50 和 P50/P10 来衡量消费差距以进行稳健性检验；朱梦冰（2018）在其研究中同时使用相对平均离差、变异系数、基尼系数和泰尔指数衡量农村居民消费不平等，以期更加细致地考察农村居民消费不平等的变化趋势；黄云等（2019）同时使用 Yitzhaki 指数、Kakwani 指数、Podder 指数衡量农村居民的收入不平等。张海洋和韩晓（2022）采用基尼系数、泰尔指数和分位数之比衡量地区消费不平等，并结合地级市的数字普惠金融指数探究了数字金融对消费不平等的影响。

不同经济不平等指数在适用的样本层面上有所区别，如基尼系数虽然可以看作是 Kakwani 指数的加总，但是在个体层面，如果使用基尼系数衡量经济不平等，样本中所有个体将具有同样的经济不平等程度，即会使样本中相对剥夺较低的个体和相对剥夺较高的个体忍受不平等带来的相同的负面影响，可能会掩盖微观水平的经济不平等诱因（任国强等，2014）。因此，在实证研究中，不同层面的经济不平等问题需要采用不同的不平等指数。如基尼系数、泰尔指数等主要用于刻画群体层面的收入或消费不平等（杨耀武、杨澄宇，2015；孙豪等，2017；周广肃、李沙浪，2016）；方差、分位数之比等主要用于测度阶层层面的收入或消费不平等（Pardo & Santos，2014）；Kakwani 指数、Yitzhaki 指数和 Podder 指数主要用于测度个人层面的经济不平等（杨晶、黄云，2019；张雅淋等，2022；黄云等，2019；李晓飞、臧旭恒，2022）。

2. 消费不平等的影响因素研究

既往研究分别从宏观和微观角度研究消费不平等。不同层面消费不平等的影响因素略有不同。而当微观层面消费不平等是以同一区域、省或县的居民作为参照群体时，微观消费不平等的宏观影响因素与从宏观视角衡量的消费不平等基本一致。因此本书主要从宏观和微观两个层面对微观消费不平等的影响因素进行梳理。

（1）宏观因素

收入是影响消费的根本性因素，其影响因素也将影响消费，进而影响消费不平等。因此，消费不平等的宏观影响因素多围绕收入的影响因素展开。一是经济发展与区域价格差异，如徐敏和姜勇（2015）发现经济发展水平、产业结构升级是影响消费不平等的重要因素。也有学者发现由地区间经济发展不平衡导致的区域价格差异是影响消费不平等的重要原因。如 Qu 和 Zhao（2008）认为价格效应和城市家庭更高的消费增长是城乡消费不平等增加的主要来源。宋泽等（2020）的研究表明，地理空间的价格差异是导致消费不平等的重要原因。此观点与部分国外学者的研究一致。如 Mishra 和 Ray（2014）、Majumder 等（2013）发现，区域间经济发展不平衡，再加上人口年龄结构的显著差异，进而影响家庭消费支出水平和偏好，造成消费分类相对价格的结构变化，形成消费的实际不平等。二是政策、保障与客观现状方面，有学者认为转移支付制度（Forteza & Rossi，2009）、房价（刘靖、陈斌开，2021）、人口老龄化（曲兆鹏、赵忠，2008；宋泽、何阳，2019）、社会养老保险（周广肃等，2020；李晓飞、臧旭恒，2022）等影响居民消费不平等。

（2）微观因素

通过文献梳理发现，学者们大多从以下几个方面探究消费不平等的微观影响因素：一是个体特征方面，个体特征是影响微观主体消费决策的重要因素，已有研究发现年龄、受教育程度、健康、性别等均显著影响消费不平等（朱梦冰，2018；姚健、臧旭恒，2022）。二是经济因素方面，主要从绝对收入（刘欢、刘静，2020）、收入波动（Krueger & Perri，2006）、财富（Blundell 等，

2008；张雅淋等，2022)、负债（张雅淋、姚玲珍，2020）等方面探究支付能力对消费不平等的影响。部分研究则从收入不平等角度探讨其对消费不平等的影响。如邹红等（2013a）的研究结果表明收入不平等是消费不平等的主要原因。此观点得到了陈志刚和吕冰洋（2016）、姚健和臧旭恒（2022）的支持。三是其他因素方面，有研究表明家庭结构（曲兆鹏、赵忠，2008）、金融素养（王慧玲等，2021）、人力资本和社会资本（杨晶、黄云，2019）等显著影响消费不平等。如王慧玲等（2021）的研究得出金融素养显著降低了农户消费不平等的结论。

（二）主观幸福感的相关研究

1. 主观幸福感的测度

在幸福感能否被测度的问题上长期存在截然相反的两种观点。以边沁、杰文斯、萨缪尔森等为代表的学者强调效用的幸福内涵，认为幸福感可以通过效用衡量，是可测量的，且在不同人群之间具有可比性。经济学曾一度演化为一门研究效用或幸福的学科，并在研究中将效用区分为决策效用、体验效用（Kahneman 等，1997）和过程效用，进一步借助调查获取的主观幸福感数据对幸福进行研究。而一些经济学家则对主观幸福感代表客观效用及其在不同人群和时间上的可比性持怀疑态度，并对使用调查获取的主观幸福感数据来研究幸福的做法予以指责（Bertrand & Mullainathan，2001）。随着研究不断深入，主观幸福感能够反映幸福客观性及其具有可比性的观点获得越来越多的证据支持。如 Clark 等（2006）从交叉评价实验结果、总结生理学和神经学的研究成果、检验-重复检验之间相关性实验结果和预期实验结果四个方面论证了主观幸福感能够反映幸福的客观性且具有可比性。同时，21 世纪以来，越来越多的关于主观幸福感的经济学研究论文出现在国际一流的经济学刊物上，表明主观幸福感能够反映幸福的客观性的观点被越来越多的经济学家所接受。

既往研究常用自陈量表法、幸福指数、体验取样法、往日重现法和生理指标法等测度幸福感。这些方法均被学者证明是有效的，但操作技术和资金需求不同，因此，不同学科背景的学者在研究幸福感时，往往根据自身条件选择适合的方法。

在上述测量幸福感的方法中，自陈量表法中的单一问题提问法通过让被调查者回答一项幸福感相关的问题即可获取个体主观幸福感数据，如“一般来说，你觉得自己幸福吗?”。Abdel - Khalek（2006）指出该种自我报告式的方法虽然只包含一个问项，但是该量表与其他广泛应用的幸福感测量量表高度相关。尽管这一度量并非完美，但研究表明这一指标具有心理测量学的充分性，能够在很大程度上反映受访者关于幸福的内心真实感受，有充分的效度和信度

(陆铭等，2008)。所以该量表被认为是可靠而有效的，已被学术界广泛接受(Brown等，2011)。同时，因其应用简单、成本较低，可以进行区域间如不同国家间幸福感的比较研究（Easterlin，2013)，而被广泛应用于大样本对象、跨时间段的比较研究，以及各种社会调查中，是目前测度个体主观幸福感时应用最广的方法。如美国一般社会调查（GSS)、世界价值研究机构（WVS)、中国家庭追踪调查（CFPS）等。在CFPS问卷中，通过问题“总的来说，您觉得自己有多幸福?”获取个体幸福感数据。被调查者根据目前自身对幸福感感知情况，就问题给出0分（非常不幸福）至10分（非常幸福）的答案，进而获取被调查者自己报告的幸福指数数据，然后进行汇总得到社会幸福指数，再分析各种因素对幸福的影响。在西方学者的文献中将人们自我报告的幸福称为心理幸福或主观幸福。主观幸福指数已被众多学者应用于实证研究中，并得出了许多有价值的结论，为民众福利水平提升做出了极大贡献。

在福利经济学研究中，微观主体幸福感同样采用单一问题提问法，从居民自我报告的幸福感（SWB）与生活满意度表（SWLS）角度研究，数据获取也以问卷调查为主。遵循现有经济学研究的普遍做法，本书的核心变量为农村居民主观幸福感，同样采用单一问题提问法测度，数据来源于CFPS问卷中题目“总的来说，您觉得自己有多幸福?”获取的数据。

2. 个体主观幸福感的影响因素

传统发展经济学认为经济增长过程与人们的福利改善过程是一致的，经济增长必将导致福利改善或主观幸福感的增强（任国强等，2012)。因此，长期以来经济因素（主要是收入）被认为是影响主观幸福感的关键因素。如Easterlin等（2012）发现收入水平是绝对贫困状态下影响人们幸福感的决定性根源。罗楚亮（2009）的研究表明，收入增加对中国农民幸福感的提升产生显著的正向影响。鲁元平和王韬（2011）则发现收入不平等对居民的主观幸福感有显著的负面影响，且对农村居民和低收入者的负面影响更大。而Easterlin(1974）基于跨国比较研究发现，当国家变得更富有时，人们的平均幸福水平并未随之提高，说明国家经济的增长并不必然会使国民的主观幸福感提高。此观点被称为“伊斯特林悖论”，得到了众多学者的支持（Easterlin，1974，1995；Oswald，1997；何立新、潘春阳，2011)。为了探究伊斯特林悖论背后的原因，学者们对收入因素进行细分，从绝对收入（Cummins，2000；Frijters等，2004；Ferrer－i－Carbinell，2005；Alpizar等，2005；罗楚亮，2009；任国强等，2012)、相对收入（Easterlin，1995；Ferrer－i－Carbinell，2005；官皓，2010；罗楚亮，2009；贺京同等，2014)、收入差距或收入不平等（Oshio等，2010；彭代彦、吴宝新，2008；王鹏，2011）等方面深入探讨收入对主观幸福感的影响。而有学者则认为只有通过消费才能真正体现收入的增加，消费能够更加直接地衡量居民的福利水平，能够反映其持久收入和终身福利的变化（Cutler & Katz，1992；Blundell & Preston，1998；Krueger & Perri，2006），消费与居民福利联系更为密切（杨继东，2013）。马丁·瑞沃林（2005）也认为家庭消费比收入能更为精确地度量家庭福利。也有学者从消费角度探究其对主观幸福感的影响，如 Alpizar 等（2005）指出绝对收入及绝对消费对个人主观幸福感都很重要。

相对于早期研究注重于探究经济因素对居民主观幸福感的影响，近期研究则将主观幸福感影响因素的范围拓展到了非经济因素，着重探讨了个体特征（崔红志，2015；陈卓等，2016；白描、吴国宝，2017）、健康（Jones & Wildman，2008）、社会资本（Helliwell & Putnam，2004）、环境污染（Smyth 等，2008；Welsch，2006）、社区关系（Laurence，2019）、公共服务（胡洪曙、鲁元平，2016；许海平、傅国华，2018）、保险（邓大松等，2019）、相对剥夺（Jones & Wildman，2008；Zhang 等，2010；Ravallion & Lokshin，2010；邓大松等，2019）等非经济因素对主观幸福感的影响。

（三）互联网使用、消费不平等及居民主观幸福感的相关研究

1. 互联网对消费不平等影响的研究

（1）互联网对不平等影响的研究

长期以来，互联网与不平等间的关系受到众多学者的关注。已有研究成果的观点主要集中在以下两点。

一是互联网本身就是不平等的体现，互联网的发展或使用引发了新的不平等，主要是指互联网发展或使用的不平等以及由此引发的结果不平等。互联网是一把“双刃剑”，一方面，互联网加速了世界走向全球化的进程；另一方面，在发达国家和发展中国家，互联网推广和使用的程度和成本不平衡加剧了全球不平等（纪宝成，2009）。由于各个国家和地区互联网的扩散速度不等，导致互联网接入机会、使用行为和使用结果在不同人群或区域间的差异，有学者将该现象称为“数字鸿沟”（Lois & Kalogeressis，2006），并进一步细分为“一级数字鸿沟”“二级数字鸿沟”和“三级数字鸿沟”（Wei 等，2011）。Lio 和 Liu（2006）发现互联网有助于现代农业发展，且富裕国家的互联网获益效率要高于贫穷国家。Scheerder 等（2017）指出，互联网接入和使用方面的明显差异可能引发经济增长和社会发展的不平等。Philip 等（2017）认为在不断发展的数字化社会中，地域间的数字鸿沟现象限制了农村地区人群充分利用数字化技术带来的便利性。这说明互联网进一步加剧了国与国间、地区间和群体间的不平等。互联网引发的数字鸿沟广泛存在于不同国家、地区、人群之间以及同一国家、地区、人群内部。现代社会中数字鸿沟标志着一种新的社会不平等

(Bonfadelli，2002)。

二是互联网使用或发展对原有不平等问题的影响。部分学者发现互联网进一步加剧了社会、经济中原有不平等问题的程度。如刘晓倩和韩青（2018）发现互联网使用扩大了农村居民内部收入差距。但是也有学者得出相反的结论，认为互联网发展或使用能够缓解不平等。如已有研究发现互联网能够缓解收入不平等（戚聿东、刘翠花，2020；张自强，2022）、健康不平等（冉晓醒、胡宏伟，2022）、主观幸福感差距（龙翠红、韩佳峻，2022）等。还有部分学者发现互联网使用与不平等间的非线性关系。如程名望等（2019a）发现互联网普及的后发优势能够缩小城乡收入差距，两者呈倒U形关系。陈纯槿和顾小清（2017）发现互联网使用差异对教育结果不平等的影响存在异质性。

（2）互联网对消费不平等影响的研究

一是宏观维度。既往研究主要从互联网发展视角，探究互联网发展或普及对国与国间或一国内部省际、县域、地区间等消费不平等的影响。如部分学者通过对比互联网对城乡消费的影响，发现互联网不仅能够提高农村居民消费支出，而且其对农村居民消费的影响力度大于城镇居民，进而缩小了城乡居民间的消费差距（程名望、张家平，2019b）和文化消费差距（陈鑫、王文姬，2020）。洪铮和章成（2022）基于省际面板数据探讨了互联网发展对城乡、城镇和农村消费不平等的影响，并考虑了在城镇化门槛效应下，互联网对消费不平等的非线性作用。Zhang 等（2020）通过构造面板数据，探讨我国互联网渗透率与县域消费不平等之间的关系，发现互联网普及率会扩大消费不平等，进一步分析发现高等教育和超过一定的互联网普及率缓冲了互联网的积极影响，在某些情况下，互联网对教育水平较高、门槛渗透率过高地区的消费不平等的正面影响较小甚至表现出负面影响。

二是微观维度。既往研究主要从家庭或个体互联网使用与否的视角，检验互联网使用对家庭或个体消费不平等的影响及其作用路径。如罗娟和李宝珍（2021）从县域视角探究了数字普惠金融发展对居民间消费不平等的影响，研究结果表明数字普惠金融发展可以显著缩小居民间的消费不平等程度，且对教育水平较低家庭的消费不平等的缓解效应最大。洪铮和章成（2022）从微观角度分析互联网对消费不平等影响的作用机制，发现互联网可以通过收入、收入分配、家庭创业影响消费不平等，扩展了互联网经济效益的微观机制探讨。

2. 互联网对居民主观幸福感影响的研究

（1）从宏观层面上来看，互联网发展对社会主观幸福感的影响具有不确定性

一种观点认为互联网发展能够促进经济发展，缩小城乡不平等（程名望、张家平，2019a），带来整个社会幸福感的提升。另一种观点认为互联网发展不

仅进一步放大了现有不平等（金文朝等，2005），扩大了社会分化（马亮，2015；汪明峰，2005），并通过创造新的不平等（孔文豪等，2021），进一步扩大了贫富差距（罗廷锦、茶洪旺，2018；周向红，2016），损害了社会整体幸福感。

（2）从微观层面上来看，互联网使用对居民主观幸福感的影响具有不确定性

一是部分学者发现互联网使用降低了居民主观幸福感水平。如 Kraut 等（1998）发现互联网的使用减少了个人与家庭成员的交流，缩小了个人的社会交际圈，进而增加了情绪的低落感和孤独感。Frey 等（2007）也发现互联网使用会减少人们在真实世界中与他人面对面交流的时间，居民的幸福感会因此而降低。Huang（2010）利用荟萃分析方法分析了以失落感、孤独感、自尊和生活满意度等指标衡量主观幸福感，发现互联网的使用对主观幸福感具有损害作用。Zheng 和 Walsham（2021）研究发现，老年人、低受教育程度群体可能被逐渐发展成熟的信息化社会所排斥，而数字社会参与度的降低可能造成老年人、低受教育程度群体的幸福感降低。Frydman 等（2022）研究发现，并非所有患者都能平等地享受远程在线医疗服务，可能会扩大医疗健康不平等程度。

二是也有学者发现互联网使用能够提升居民主观幸福感。如 Becchetti 等（2008）发现利用互联网参与社交活动能够提高居民的幸福感。Steinfield 等（2008）发现使用 Facebook 能够增加社会间的互动交流，促进个人社会资本的积累，显著提升居民的主观幸福感。Graham 和 Nikolova（2013）的研究也表明，使用手机、电视、电脑等新兴信息技术对居民主观幸福感具有显著促进作用。我国学者的研究也发现互联网对居民主观幸福感的正向影响。如祝仲坤和冷晨昕（2018）、鲁元平和王军鹏（2020）也发现互联网对居民幸福感的积极作用。龙翠红和韩佳峻（2022）发现互联网使用缓和了中国城乡青少年的主观幸福感差距。周广肃和孙浦阳（2017）研究结果表明，互联网使用可以提升居民幸福的概率，但存在个体差异性，互联网使用对幸福感的显著效果主要存在于中等收入阶层、中等教育阶层、较少社会网络群体及大中城市居民中。

3. 消费不平等对居民主观幸福感影响的研究

消费不平等既是消费问题也是不平等问题。本书从消费和不平等两个层面对相关文献进行梳理。

（1）不平等对居民主观幸福感影响的研究

自“伊斯特林悖论”提出以来，出现了大量关于不平等对幸福影响的研究。然而，已有研究侧重于对悖论成因的解释，且目前尚未形成一致的结论。

一些研究指出不平等与幸福感之间存在负向相关（Biancotti & D'Alessio，2008；Verme，2011），也有一些学者发现不平等与幸福感之间存在正向关系（Bjørnskov 等，2008；Ngamaba 等，2018）。究其原因，一是主观幸福感的测度指标不同。"主观幸福感"一词包括各种幸福感的指标——幸福、生活满意度、健康等（Easterlin，2013），后续研究由于基于不同的幸福感衡量指标导致结果出现差异化；二是参照群体的选择差异，主观幸福感是微观主体对自身整体生活状态的主观评判，评价的基础源于比较，因此参照对象不同，比较的结果必然存在差异，导致对幸福感的主观评价结果差异；三是数据特征不同，截面数据往往得出两者间的正向关系，而长期面板数据更容易得出两者间负向或非线性关系；四是变量间相互影响的结果。如 García - Muñoz 等（2019）通过衡量机会在国家层面上发挥的作用，深入研究了收入不平等和主观幸福感之间的关系，发现机会和不平等本身对生活满意度有显著影响，它们的共同作用解释了低收入和中等收入国家收入不平等与生活满意度之间的正相关关系，而当机会较少，收入不平等会降低个人幸福感，但机会较多，收入不平等就与生活满意度无关。

（2）消费对居民主观幸福感影响的研究

虽然收入是消费的重要决定因素，并一度被认为是幸福感的重要影响因素，而随着"伊斯特林悖论"的提出，学者们发现收入增加不必然带来居民幸福感提升，金钱"买"不来幸福的根源在于没有正确消费（Dunn 等，2008，2011），收入的增加只有通过消费才能带来真实效用的提高，消费能够更加直接地衡量居民的福利水平，能够反映其持久收入和终身福利变化（Cutler & Katz，1992；Blundell & Preston，1998；Krueger & Perri，2006）。因此，如何利用收入进行消费直接影响居民幸福感（吴丽民、袁山林，2012）。那么，消费多少、消费什么才能提升居民幸福感？现有文献多从消费支出、消费类型上研究其对居民幸福感的影响，关注的重点是如何让居民在消费活动中获得更大的满足和积极的情感体验，并形成了一系列有价值的研究成果。

一是有学者研究发现消费支出显著正向影响居民主观幸福感。如 Guillen - Royo（2008）发现在物资匮乏的情况下，消费与主观幸福感呈正相关。许玲丽等（2016）发现消费支出的增加能显著提升个人的幸福感。胡荣华和孙计领（2015）的研究结果表明，消费的绝对值和相对值对幸福感均存在显著的正向影响，且服装、交通通信、耐用消费品、文化休闲娱乐、人情送礼等支出对幸福感的影响较大。

二是也有学者同样发现消费对主观幸福感的影响存在类型差异，物质消费并不能提升居民幸福感，而体验性消费（Easterlin，1995；陈炜等，2014）、休闲消费（Zimmermann，2014；宋瑞，2014）等则能显著提升居民幸福感。同样属于物质消费，相较于基本品消费，奢侈品消费更能显著提升幸福感（Hudders & Pandelaere，2012）；相较于食物和住房消费，衣物消费能显著提升幸福感（Noll & Weick，2015）。不同消费类型的幸福感效应差异的原因，除了与居民个体特征有关外，经济发展水平被认为是重要的外在影响因素。经济不发达国家和地区，物质消费的幸福效应显著，而经济发达地区或国家居民的消费需求层次已经超越物质层面，发展型、享受型等精神层面的消费更能提升其幸福感。

（3）消费不平等对居民主观幸福感影响的研究

相对于收入对幸福感影响的研究，消费对幸福感影响的研究较少，消费不平等对居民幸福感影响的研究更少。本书通过梳理经济不平等对居民主观幸福感的已有研究成果，并就消费不平等对居民主观幸福感影响的既有研究进行总结。

部分学者从相对剥夺视角探讨经济不平等对幸福感的影响。倪志良等（2016）认为在探讨相对收入、不平等、社会比较等对幸福的影响时往往涉及相对剥夺问题。宏观层面上，Hu（2013）分析了幸福与相对剥夺的关系，并认为公共部门就业能降低城镇劳动者的经济地位相对剥夺，进而间接提高其主观幸福感。大部分学者从微观角度检验了经济相对剥夺与个体幸福感的关系，发现与相似属性群体相比，社会经济地位越低群体的相对剥夺感越强，对幸福感知程度就越低（Kragten，Rözer，2017；Esping-Andersen & Nedoluzhko，2017）。如Zhang等（2010）分别分析了个体经济方面的相对剥夺感与生活不满意度之间的关系，发现随着经济相对剥夺感程度上升，个体的生活不满程度随之提高；廖永松（2014）指出，中国农民在生活改善中较容易获得满足感，即相对于同村人或亲朋好友的生活水平，农民生活改善程度与幸福感存在显著的正向关系；Knight等（2009）、Knight和Gunatilaka（2011）在研究中国农民幸福感的影响因素时指出，以同村居民作为参照群，收入相对剥夺与幸福呈现显著的负相关关系。

虽然大部分学者强调，经济相对剥夺对个人主观幸福感有一定的负面影响，但也有一些研究得出了相反的结论，认为经济相对剥夺具有外部正效应。Hirschman（1973）提出的“隧道效应”理论即强调了收入不平等对幸福感的正向效应，即参照群体的收入增加时，个人便会对自己的未来收入水平产生良好的预期，从而使其幸福感得以提升。Caporale等（2009）的研究结论支持该观点。Ravallion和Lokshin（2010）实证分析了居住在马拉维贫困地区居民的相对剥夺感，发现对他们而言，社区中其他富有的成员是一种资产，能够增强朋友或邻居间相互支持、共同承担风险、提供公共产品、增加就业机会等保障能力，进而提高整体福利水平，经济相对剥夺表现出一定的正外部性。而任国强等（2012）认为这种正效应的作用只是局限在一定范围内，当考察城市地区时，社区中其他成员经济福利的增加对个体主观幸福感有负面作用。可见，经济相对剥夺对幸福感具有负向影响是目前的主流结论。

也有少部分学者将经济相对剥夺（不平等）的视角聚焦于消费，探讨了消费不平等与幸福感的关系。Ganglmair - Wooliscroft（2019）认为消费不平等与人们的生活质量和心理幸福感存在密切联系。相对于收入不平等，Blundell 和 Preston（1998）认为消费相对剥夺能够更加真实地反映居民福利差距。此观点得到了部分学者的支持（孙豪等，2017；邹红等，2013a）。许玲丽等（2016）认为相对于收入不平等的变动，个人幸福感对消费不平等的变动更加敏感，参照组消费支出每增加1%，个人感觉幸福的概率下降0.168%，消费不平等的变化对个人主观幸福感产生了较大的影响。邓大松和杨晶（2019）的研究结果表明消费差异既可以直接降低农村老年人幸福感，也可以通过相对剥夺感，造成农村老年人心理上的悬殊差异而影响其幸福感。

（四）文献述评

通过对相关文献进行梳理，我们理清了互联网使用、消费不平等和居民主观幸福感的研究现状，以及互联网使用对消费不平等和居民主观幸福感影响的研究现状、消费不平等对居民主观幸福感影响的研究现状，为本书的研究奠定了基础，提供了实证参考。同时，我们也发现已有研究尚有待进一步完善的空间。具体而言，主要体现在以下几个方面：

1. 互联网使用衡量指标的维度拓展与细化

从微观角度探讨互联网对个体行为决策或某一状态（如收入、消费、幸福感）的影响时，现有研究多从互联网使用与否的单一维度展开研究。而事实上，随着互联网普及率不断提升，互联网使用带来的影响差异已不仅仅体现在使用与否上。技术层面的“鸿沟”比接入层面的“鸿沟”影响更深远（陆杰华等，2021）。因此，日益加剧的互联网使用行为分化将引致更深层次的效应差异。而这些差异恰恰是借助互联网赋能以实现更大效用的关键点，也是政策制定的具体着力点。但是现有研究对该方面的关注尚显不足。

本书将互联网使用的衡量维度从使用与否拓展到使用广度和使用深度，不仅能更加全面地反映互联网使用引起的结果差异，并且通过比较各维度间回归结果的系数显著性和数值大小，还可以清楚地获取互联网使用不同层次的影响效果差异，为相关政策制定提供参考。同时，不同维度回归结果可视为稳健性检验，增强了结果的可信度。

2. 从村级层面测度农村居民的各种消费不平等，完善消费不平等的相关研究

参照群体的选择是研究不平等问题的关键。同一个体以不同的对象作为参照群体时，其不平等状况不同，进而引起研究结论的差异性。通过梳理既有研究成果发现，一是以同村居民作为参照群体探讨农村居民个体消费不平等的研究较少，而研究表明农村居民更倾向于同身边熟悉的个体进行比较，且比较结果对其影响更大；二是既往研究主要聚焦于总消费不平等，对农村居民消费不平等内部各种细分消费内容的不平等状况缺乏关注；三是已有研究多基于截面数据展开实证分析，研究结论的稳健性尚显不足。

本书以同村居民作为参照群体测度农村居民个体的总消费不平等及各细分消费不平等，并基于面板数据进行实证分析，以期更加全面地了解农村居民的消费不平等状况，探明各种消费不平等中的短板，为制定更加精准的缓解农村居民消费不平等问题政策提供参考依据。

3. 以消费不平等作为突破点，探究互联网使用对主观幸福感的作用路径

在共同富裕背景下，各界将关注的目光聚焦于收入，学界也主要从收入或收入不平等视角探究实现共同富裕，进而提升居民主观幸福感的路径。而收入仅是实现消费的手段，消费状况是更能反映居民经济福利水平的指标。同时，随着我国实现全面脱贫攻坚，由绝对贫困步入相对贫困阶段，各界对经济指标的关注也由绝对值转向相对值。因此，相对于消费绝对值，消费不平等对农村居民主观幸福感的影响可能更大。而通过文献梳理发现，既往研究主要关注消费绝对值对主观幸福感的影响，对消费不平等影响主观幸福感的关注不足。从不平等视角探究消费对农村居民主观幸福感状态的研究更少，且尚未发现从农村居民消费不平等视角探究互联网使用对其主观幸福感影响的研究。

本书从消费不平等视角切入，主要探究农村居民的互联网使用影响其主观幸福感的消费不平等路径，同时深入探讨互联网使用对消费不平等的影响及作用机制、消费不平等对主观幸福感的影响及作用机制。既厘清了农村居民的互联网使用、消费不平等和主观幸福感的逻辑关系，也拓展了通过互联网使用缓解消费不平等进而提升农村居民主观幸福感的作用路径，为相关政策制定提供靶向。

三、研究内容、思路与框架结构

（一）研究内容

根据上述研究目标，本书主要内容安排如下：

研究内容一：互联网使用对农村居民消费不平等的影响

本部分主要检验互联网使用会对农村居民各种消费不平等产生怎样的影响。首先，在理论分析的基础上提出相关研究假设；其次，基于相对剥夺理论，采用 Kakwani 指数计算农村居民的各种消费不平等指数和收入不平等指数；之后，构建模型并选取变量，从互联网使用的三个维度探讨其对农村居民总消费不平等、分项消费不平等和分类消费不平等的影响，并进行稳健性检验；最后，探究互联网使用对消费不平等的影响机制。

研究内容二：消费不平等对农村居民主观幸福感的影响

本部分主要探究农村居民的消费不平等对其主观幸福感的影响。首先，从理论层面系统探讨消费不平等影响主观幸福感的理论机制，并提出研究假设；其次，构建实证模型，并进行实证检验，考察各种消费不平等对主观幸福感的影响；最后，进一步分析消费不平等影响主观幸福感的作用路径。

研究内容三：互联网使用、消费不平等对农村居民主观幸福感的影响

本部分主要梳理农村居民互联网使用、消费不平等及主观幸福感间的逻辑关系。首先，从理论层面分析互联网对主观幸福感的影响逻辑，并提出研究假设；其次，构建实证分析模型；之后，选取相关变量，分别就互联网使用对主观幸福感的影响、消费不平等的中介作用进行实证检验和结果分析。

研究内容四：优化互联网使用和消费不平等促进农村居民主观幸福感的政策启示

本部分在总结本书主要研究结论的基础上，结合研究中发现的问题，就如何促使互联网使用在缓解农村居民消费不平等和提升主观幸福感中持续发挥更大作用提出政策建议，并在指出本书研究不足的基础上提出进一步研究的展望。

（二）研究思路

提升农村居民主观幸福感是党和政府“三农”工作的重要目标之一。那么，如何提升农村居民主观幸福感是一个备受各界长期关注的重要问题。随着互联网在农村地区的普及，互联网为农村居民提升主观幸福感赋能，学界也从多个方面探究通过互联网提升农村居民主观幸福感的路径。随着我国实现全面脱贫并步入共同富裕的新阶段，发展不均衡不充分问题引发的群体间或群体内部福利差异或将成为影响农村居民主观幸福感的重要因素。同时，消费不平等被证实是更能体现居民间真实福利差距的指标。那么，以缓解消费不平等为突破点，探究互联网使用对农村居民主观幸福感的影响路径具有重要意义。

基于上述出发点，本书主要关注农村居民互联网使用、消费不平等与主观

幸福感的逻辑关系。具体研究思路见图 1-1：

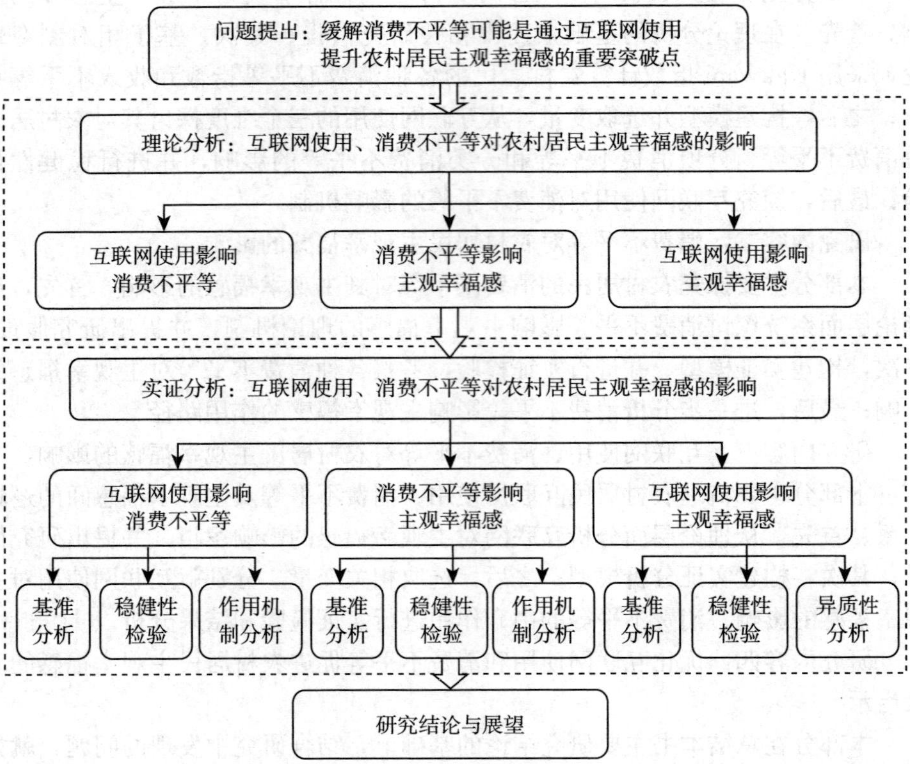

图 1-1 研究思路

首先，对本书所关注问题的研究背景和既往文献进行梳理，明确本书的研究价值和研究拓展边界，进而确定本书的研究目标、研究内容和研究方法。

其次，基于缓解消费不平等视角，探究互联网使用影响农村居民主观幸福感的路径。具体而言，本书根据“行为差异——客观结果差异——主观结果差异”的逻辑，按照“互联网使用——消费不平等——主观幸福感”的基本思路展开具体研究，即基于相关理论，依次从理论上分析了农村居民互联网使用对消费不平等的影响及作用机制、消费不平等对主观幸福感的影响及作用机制和消费不平等在互联网使用对主观幸福感影响中的中介作用，并提出相关研究假说。

再次，基于 CFPS 数据，对提出的相关研究假说进行检验，并着重分析了互联网使用、消费不平等对主观幸福感影响在主观幸福感不同分位点、个体特征和区域特征上的异质性。

最后，根据实证分析结果，提出研究启示，并总结本书尚待进一步完善的地方。

（三）框架结构

根据研究目标和研究内容，本书将从以下七个章节展开研究：

第一章是绪论部分，主要介绍了本书的研究背景及意义，阐明研究目标及内容，并根据主要研究内容，从互联网使用、消费不平等和主观幸福感角度对已有相关研究成果进行梳理，根据梳理结果进行文献述评，进一步细化本书可能的边际贡献点。同时，阐述本书的研究方法、技术路线、结构和主要创新点。

第二章是概念界定与理论基础。首先，界定本书的相关概念，如农村居民、互联网使用、消费不平等、主观幸福感，明确研究边界。其次，对本书写作中所用理论进行梳理和简单介绍，并阐明各理论对本书研究内容的启示，主要说明各理论对相关章节内容的指导意义。最后，在理论分析的基础上构建本书的理论框架。

第三章是数据来源与样本描述性统计分析。主要介绍本书实证分析所使用数据的来源和处理过程，并对样本进行描述性统计分析和主要变量间的交互分析，以初步了解样本的基本情况和主要变量间的相互关系。

第四章是互联网使用对农村居民消费不平等影响的实证分析。首先，本章采用相对剥夺指数测度消费不平等；其次，采用双向固定效应模型估计方法检验农村居民互联网使用对其消费不平等的影响；再次，通过纳入工具变量、替换解释变量和被解释变量再测度等方法，并分别采用工具变量法、双向固定效应模型、面板 Ologit 进行稳健性检验；最后，从收入效应、信息渠道效应、购物渠道效应和社会资本积累效应角度探究互联网使用对农村居民消费不平等的作用机制。

第五章是消费不平等对农村居民主观幸福感影响的实证分析。首先，采用双向固定效应模型估计方法检验农村居民消费不平等对其主观幸福感的影响；其次，通过更换估计方法、被解释变量再测度等方法，并分别采用面板 Ologit 模型、面板 Logit 模型估计方法进行稳健性检验；最后，从主观社会地位、人际信任和未来信心三个角度探讨消费不平等对农村居民主观幸福感的影响机制。

第六章是互联网使用、消费不平等对农村居民主观幸福感影响的实证分析。首先，采用双向固定效应模型估计方法分析农村居民互联网使用对其主观幸福感的影响，并采用工具变量法、面板 Ologit 模型估计方法和面板 Logit 模型估计方法进行稳健性检验；其次，采用双向固定效应模型估计方法分析农村居民互联网使用、消费不平等对其主观幸福感的影响，检验消费不平等的中介作用，并采用面板 Ologit 模型估计方法、被解释变量再测度等方法进行稳健性检验；最后，采用分位数回归和双向固定效应模型估计方法检验互联网使用与消费不平等对主观幸福感影响的异质性。

第七章是研究结论、政策启示与研究展望。首先，对本书主要研究结论进行总结；其次，根据研究结论，针对发现的问题提出相关政策启示；最后，对本书中尚待进一步探究的问题进行简单梳理。

四、研究方法与技术路线

（一）研究方法

1. 文献研究法

梳理已有研究成果能够了解研究的进展及可以继续拓展的边界，为进一步研究提供基础和思路。本书通过对相关文献进行收集、整理和分析发现，一是微观层面主要从互联网使用与否的角度研究其对消费或幸福感的影响，从更深层次的互联网使用差异（如使用强度）研究其引起效果差异的成果鲜见。而随着互联网普及率提升，互联网使用行为分化加剧，有必要深入探讨互联网使用强度差异引致的结果变化；二是消费层面多集中于消费结构、消费水平和消费升级的研究，对消费不平等的研究关注不足，而随着脱贫攻坚目标完成，相对经济指标的重要性日益凸显，消费不平等作为重要的相对经济指标对于衡量农村居民生活水平更具价值和意义。因此，本书从互联网使用与否、使用广度和使用深度三个维度，全面分析互联网使用对农村居民消费不平等及主观幸福感的影响差异，并从消费不平等的各层面探究其对主观幸福感的影响，同时进一步分析消费不平等在互联网使用对主观幸福感影响中的中介作用。

2. 统计分析法

本书在第三、四、五和六章中均用到了统计分析法。为全面了解样本数据的总体特征，本书在第三章采用统计分析法，从样本个体及家庭特征、互联网使用特征、消费不平等特征及主观幸福感特征四个方面对总样本进行描述性统计分析，并进一步就互联网使用、消费不平等和主观幸福感间进行交互分析，详细分析了使用互联网样本（使用广度大、使用深度大）与未使用互联网样本（使用广度小、使用深度小）在消费不平等及主观幸福感方面是否存在差异、消费不平等在主观幸福感各分段区间内的差异，初步明确了主要变量间的相关关系，为后文深入研究做铺垫。在本书第四、五和六章的实证分析前，均对纳入实证分析的样本及变量进行了描述性统计分析，说明各变量的定义和赋值情况，分年份对数据进行统计并以表格的形式呈现，以便更加直观地反映各变量的变动趋势。同时，根据统计结果对变量进行系统分析，为实证分析结果的深入分析做准备。

3. 计量分析法

本书实证部分数据是根据微观家庭追踪调查数据构造的平衡面板数据。在实证分析中，主要利用 Stata15.1 软件根据变量类型及结构采用相应的计量模型估计方法进行实证分析。

在研究内容一中，消费不平等为数值型连续变量，为克服不随时间变化的可观测变量及不可观测变量对估计结果的影响，本书主要采用双向固定效应模型估计方法分析互联网使用对消费不平等的影响。同时，为克服测量误差及反向因果可能引起的内生性问题，本书进一步通过引入工具变量、替换解释变量和被解释变量再测度，并分别采用工具变量法、双向固定效应模型和面板 Ologit 模型估计方法进行稳健性检验。进一步地，为深入探究互联网使用对消费不平等影响的机理，本书引入中介效应模型，并采用双向固定效应模型和面板 Ologit 模型估计方法进行作用机制分析。

在研究内容二中，主观幸福感可视为连续变量或有序离散变量，为便于分析估计结果，本书参照既往研究的处理方法并结合数据特征，首先将主观幸福感视为连续变量，采用双向固定效应模型估计方法分析了消费不平等对农村居民主观幸福感的影响，克服了年份、个体差异及不随时间变动遗漏变量或不可观测变量可能引起的估计偏误；其次将主观幸福感视为有效离散变量，并进一步采用面板 Ologit 模型估计方法进行稳健性检验。同时，参照既往研究对主观幸福感进行重新赋值，分别变更为有序离散变量和二值选择变量，本书分别采用面板 Ologit 模型和面板 Logit 模型估计方法进行稳健性检验，以克服测量误差可能引起的估计偏误。为探究消费不平等对主观幸福感影响的作用机制，本书构建中介效应模型，并采用双向固定效应模型和面板 Ologit 模型估计方法进行机制检验。

在研究内容三中，本书采用双向固定效应模型估计方法分析了互联网使用对农村居民主观幸福感的影响，并采用工具变量法、面板 Ologit 模型和面板 Logit 模型估计方法进行稳健性检验；构建中介效应模型，并采用双向固定效应模型估计方法检验消费不平等的中介效应；同时，为检验互联网使用与消费不平等对主观幸福感影响的异质性，本书利用分位数回归方法和双向固定效应模型估计方法进行异质性分析。

（二）技术路线

基于以上分析，本书进一步构建了整体的研究技术路线图，见图 1-2。

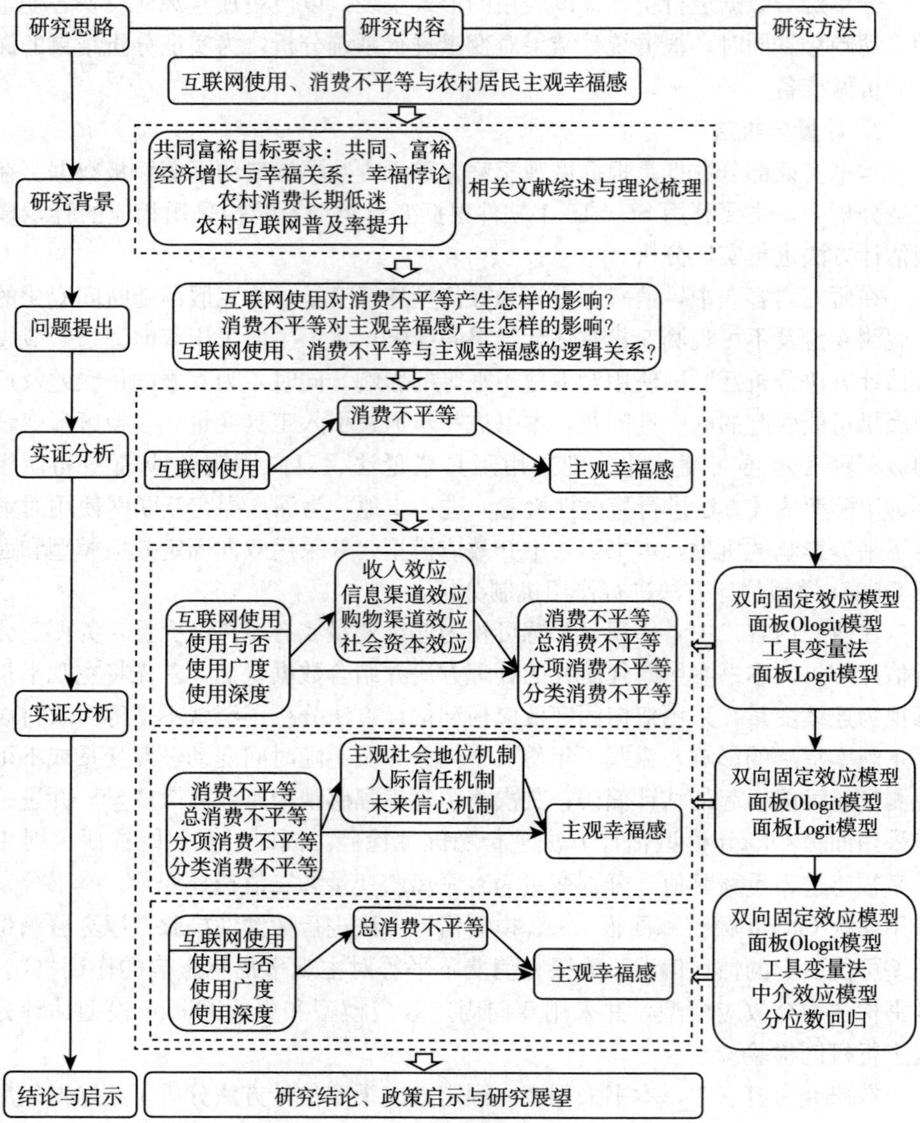

图 1-2　技术路线

五、研究的创新点

本书系统地探讨了互联网使用、消费不平等与农村居民主观幸福感间的逻辑关系，区分于已有研究，本书可能的边际贡献主要体现在以下三个方面：

1. 研究内容方面

一是厘清了互联网使用、消费不平等及农村居民主观幸福感间的逻辑关系。已有研究主要聚焦于探讨互联网对居民消费不平等或幸福感的影响，尚未发现将互联网使用、消费不平等及农村居民主观幸福感置于同一框架的研究成果。基于此，本书不仅从理论上对三者间的关系进行梳理，还通过实证分析进行检验。

二是多层面分析了互联网使用和消费不平等。首先，区别于既往研究从单一维度衡量互联网使用变量，本书从使用与否、使用广度和使用深度三个维度度量互联网使用行为。如此处理的原因是随着互联网普及，农村居民的互联网使用行为存在分化现象，不仅体现在使用与否，而且进一步体现在使用互联网所进行活动的广度和深度的差异上，以及互联网使用差异造成的不平等后果①。在相关实证研究中，既有研究普遍以地区层面的互联网普及率或是微观层面的“是否”使用互联网来检验其对消费或幸福感的影响，忽略了互联网使用更深层次差异对消费或幸福感的影响，也难以刻画微观个体互联网使用能力和带来效果的全部事实。本书将互联网使用进一步细分为三个维度，不仅丰富了解释变量的内容，而且各维度间相互依存又层层递进的关系可以更加全面地反映互联网使用行为的结果，同时不同维度间的结论能够相互印证，增加了结论的稳健性。其次，从多个层面测度农村居民的消费不平等状况，包括总消费不平等、分项消费不平等和分类消费不平等，进而能够全面了解互联网使用对细分后的消费不平等的影响，以及各细分消费不平等对主观幸福感影响的差异。

2. 研究视角方面

一是已有研究主要从绝对指标（如收入、消费、财产等）或相对指数中的收入不平等探讨其对居民主观幸福感的影响。鲜有研究从消费不平等视角探究其对农村居民主观幸福感的影响。而消费不平等是比收入不平等更具福利性质的指标，本书从消费不平等视角切入，探究其在互联网使用对农村居民主观幸福感影响中的中介效应。

二是既往研究多从宏观视角出发，聚焦于研究城乡、省域、县域和区域间居民的消费不平等问题，而以村为单元，研究村内居民个体间消费不平等的成果较少。根据相对剥夺理论可知，农村居民更倾向于同周围熟悉的人进行比

① 部分学者将其分别定义为数字鸿沟中的一级鸿沟、二级鸿沟和三级鸿沟，且我国居民已跨越一级鸿沟，现正处于二级鸿沟。张正平，卢欢．数字鸿沟研究进展［J］．武汉金融，2020（03）：64－71，84. Van Dijk J. Digital divide research，achievements and shortcomings［J］．Poetics，2006，34（4）：221－235.

较，说明农村居民对周围人的消费不平等状况更加关注，村内消费不平等对农村居民主观幸福感的影响可能更大。因此，本书以同村居民为参照群体，探究互联网使用、消费不平等与主观幸福感间的逻辑关系。

3. 研究方法应用方面

本书综合运用文献研究法、统计分析法、计量分析法等进行分析研究。在实证分析部分，本书基于构建的平衡面板数据并采用双向固定效应模型估计方法进行基准分析，以克服遗漏变量及不随时间变动变量产生的估计偏误；同时采用面板 Ologit 模型、面板 Logit 模型、工具变量法等估计方法进行稳健性检验，以期尽可能克服内生性问题产生的估计偏误；构建中介效应模型，并综合运用双向固定效应模型、面板 Ologit 模型和面板 Logit 模型估计方法，深入分析了互联网使用对消费不平等的影响路径、消费不平等对主观幸福感的影响路径和消费不平等在互联网使用对主观幸福感影响中的中介效应；采用分位数回归和面板 Ologit 模型估计方法进一步分析了互联网使用和消费不平等对主观幸福感影响的异质性。

第二章　概念界定与理论基础

一、概念界定

（一）农村居民

农村居民是一个群体，按照不同的划分标准其内涵不同。常见的农村居民划分标准主要有以下几种。

1. 户籍

《中华人民共和国户口登记条例》第一次明确将我国居民划分为农业户口和非农业户口。农业户口指靠自己生产口粮的农业人口，主要指农民。随着我国户籍制度改革，目前已建立城乡统一的户口登记制度，农业户口和非农业户口已经取消，但是在某些领域，人们仍习惯按照户籍划分出的农业户口指代农民。

2. 职业

按照职业划分时，将农民界定为一种职业。此时，农村居民主要是指农民。关于农民的定义，《辞海》中定义的农民为“直接从事农业生产的劳动者……在资本主义社会和殖民地、半殖民地社会，主要指贫农和中农。在社会主义社会，主要指集体农民。”《国际社会学百科全书》中的农民为“农业土地上生活资料的耕种者”。McElwee（2006）则认为农民是依附于土地，全职从事农业生产种植和饲养活动或者兼职从事农业活动的一类人，农业收入是其主要收入来源。我国学者对于农民普遍认同的释义是以土地等农业生产资料为主长期从事农业生产活动和农业经营的劳动者。

3. 居住地

按照居住地，农村居民是指居住在农村地域范围内的群体。根据 2008 年批复实施的《关于统计上划分城乡的规定》，城乡划分原则上以国务院批准的行政建制单位和行政区划作为划分对象，即对国家批准的市辖区、县级市、县和街道、镇、乡的行政区域进行划分，以政府驻地实际建设的连接状况为依据，以居委会、村委会为基本划分单元，将中国区域划分为城镇和乡村，城镇包括城区和镇区，乡村包括乡中心区和村庄①。进一步地，按照居民居住地可以将我国居民分为城镇居民和农村居民。此种划分标准下的农村居民包含居住在农村的农民，也包含居住在农村而从事非农工作的非农民。

4. 其他标准

有些学者为研究需要，综合使用上述划分标准。如巴尔扎克（1979）将户籍为农业户口，同时生活在农村满一年以上的居民定义为农村居民。

农村居民作为本书的研究对象，其界定的合理性直接影响研究结果的科学性和代表性。根据研究需要，本书旨在研究所有居住在农村地域范围内人口的相关问题，是以居民居住地为划分依据。因此，本书将农村居民定义为：以我国统计上的城乡划分为依据，居住在乡村区域的居民，包括居住在该区域从事农业生产的农村家庭，也包括居住在当地从事其他非农业经营活动的家庭。

（二）互联网使用

互联网使用是人们在生产生活过程中对互联网的利用情况。在学术研究中，互联网使用主要考察微观主体通过互联网进行信息获取、接受及传播的个体差异（陈福平，2012），以及这些差异对主体生产生活决策的影响。通过文献梳理发现，目前尚未就“互联网使用”形成统一的权威性概念。而在研究中，从“是否使用”和“使用强度”两个维度衡量互联网使用是学界形成的共识。

“是否使用”和“使用强度”分别从不同维度衡量了微观主体的互联网使用差异。“是否使用”是二分类选择变量，在研究中多基于微观数据研究是否使用互联网对个体或家庭生产生活某方面的影响效果。如崔宝玉和程耀庆（2022）分析了互联网使用对农户子女教育投资的影响；张永丽和徐腊梅（2019）探讨了互联网使用对西部贫困地区农户家庭生活消费的影响；张景娜和张雪凯（2020）检验了互联网使用对农地转出决策的影响及机制；朱红根和宋成校（2020）考察了互联网使用对家庭农场劳动力资源配置的影响等。

“使用强度”是连续变量，衡量微观主体互联网使用强度差异对主体行为或结果的影响。如果说“使用与否”是仅停留在表面的衡量互联网使用的指标，“使用强度”则是更深层次的衡量互联网使用的指标。在现有研究中，

① 资料来源：http：//lwzb.stats.gov.cn/pub/lwzb/ekp/jcbjzs/tjjczs/201707/t20170717_3850.html。

相对于“是否使用”，“使用强度”作为互联网使用衡量指标的研究相对较少，且表征变量尚未达成共识。如周广肃和梁琪（2018）在研究中用平均每天上网的时间衡量主体互联网使用程度；邱新国和冉光和（2018）、湛泳和徐乐（2017）等则使用互联网信息渠道对于家庭的重要程度衡量互联网使用程度。

围绕着研究的核心内容，本书的研究重点是互联网使用对农村居民消费不平等及主观幸福感的影响。为从更深层次挖掘互联网使用差异对居民消费及主观幸福感的影响结果，并结合数据的可得性，本书从互联网使用与否和使用强度衡量互联网使用。其中，互联网使用强度又分为使用广度和使用深度。因此本书从上述三个维度检验互联网使用对农村居民消费不平等及主观幸福感的影响。

基于上述分析，并结合研究目的，本书将互联网使用定义为：农村居民（主要指户主）基于家庭和个人效用最大化的目的，通过互联网获取所需相关信息、服务或辅助决策的行为，包含互联网使用与否、使用广度和使用深度。

（三）消费不平等

消费不平等是民众生活中不平等的重要组成部分。定义消费不平等应首先从厘清不平等的概念开始。在文献梳理中发现，学界对于不平等术语的使用称谓繁多，较为常见的有“差距”“平等或不平等”“公平或不公平”等。这些术语都可以表达不平等，但是内涵却不尽相同。“差距”“平等或不平等”是对事实的陈述，属于中性词，不掺杂主观评判，而“公平或不公平”则具有感情色彩，包含对事实公平与否的主观评判。某一问题是否由“差距”“平等或不平等”上升到“公平或不公平”是该问题在不同群体间差异的程度决定的。“差距”“平等或不平等”的存在是社会发展过程中的必然现象，合理的差距或不平等有利于社会良性发展，当这种差距或不平等超越合理范围，往往会上升为不公平，而随着不公平感知人群的扩大，就会引起社会问题（万广华，2009）。而一味地追求完全平等也是不可取的，因为完全平等意味着资源的平均分配，不但缺乏效率，且有失公平，不利于社会发展。正如 Starmans 等（2017）所说，人们宁可要公平的不平等，也不要不公平的平等。因此，研究不平等不是为了消除不平等，而是要把不平等控制在合理的范围内，消除不平等可能引起的不公平，以促进社会和谐、良性发展。

《新帕尔格雷夫经济学大辞典》给出了最广泛意义上的不平等定义，指出不平等表示不同的单位占有的此类具有价值属性的要素是不等量的。其中，单位可以是个人、家庭、社会集团、社区或国家；而具有价值属性的要素包括收入、财富、地位、权力等。根据此定义可知，不平等的核心问题有两个，一是分配主体的选择，不同分配主体间的不平等结果不同；二是分配的内容，即在什么方面的不平等。因而对不平等的研究就是要解释这些要素在相应的单位之间进行分配的决定因素和后果。

根据上述不平等的定义，如果将具有价值属性的要素聚焦于消费，从消费支出的角度进行衡量，则消费不平等可定义为不同的单位占有的消费支出是不等量的。这是最广泛意义上的消费不平等。同时，从单位上来讲，可以细分为个人、家庭、社会集团、社区或国家间的消费不平等；从要素上来看，可以细分为不同消费内容，如食物、衣物、居住、教育等方面的消费不平等。

从消费不平等的成因上来看，一是源于经济增长，即消费不平等是经济增长的必然产物。随着经济不断增长，人们的生活水平日益提高，生活得到改善，然而在这个过程中，并非所有人都会因此受益，受益与否及多少的差异往往会扩大人们之间的差异，进而带来不平等（Deaton，2013）。因此，消费不平等是群体间在经济增长过程中受益差异的结果，产品、劳务消费水平和质量在特定主体之间的差距，如食品、保健、住房、教育等方面存在的差距（纪江明、张乐天，2010），广泛存在于不同国家间，同一国家的不同区域间、不同群体间及同一群体内部等。二是源于社会比较。部分既往研究基于消费支出探讨消费不平等，认为消费支出的绝对值即表示其消费不平等状况。而本书认为消费不平等应该取决于消费支出的相对值，只有通过不同单位间的比较才能得出。消费支出的绝对值仅是一种事实，无所谓平等与否。因此，消费不平等程度取决于居民自身消费支出的多少及选择的参照群体。参照群体不同，消费平等与否的结果也不相同。Lhila 和 Simon（2010）认为人们倾向于向上的社会比较。而社会比较是相对剥夺感产生的核心过程，向上的社会比较容易使个体产生被剥夺感。Fehr 和 Schmidt（1999）认为，相对剥夺在一定程度上可作为个体层面不平等的一种衡量指标。事实上，相对剥夺概念自产生以来已逐渐被应用到消费、收入等领域（Fehr & Schmidt，1999；黄云等，2019），并衍生出“消费相对剥夺”“收入相对剥夺”等概念（张雅淋等，2022），以衡量消费或收入不平等现象。

本书以农村居民为研究对象，以消费支出为研究内容，探究农村居民与参照群体相比在消费支出上的不平等状况。而农村的地缘关系较为强烈，农村居民社会生活和交际的地理范围主要以村庄为主（苏钟萍、张应良，2021），他们在进行社会比较时，多倾向于选取自身周围的人作为参照群体，且相对于以抽象群体作为参照群体，与周围熟悉的个体进行比较的结果对他们的影响更大。

基于上述分析，本书将消费不平等定义为：农村居民以同村其他村民为参照群体进行向上的社会比较，发现自己处于劣势时所产生的相对剥夺感，反映了其相对消费地位或消费状况。在后文阐述中，消费不平等与消费相对剥夺同义。

（四）主观幸福感

主观幸福感的缘起。不同学科对于幸福感的称谓不同。效用、福利、幸福等都是衡量幸福感的常见词语。从经济学的角度来讲，效用的内涵最小，福利次之，幸福最大。而路易吉诺·布鲁尼（2007）则认为康乐、效用、幸福、生活满意度及福利这些词语间是可以相互转化的。经济学中幸福的客观衡量思想或多或少都来源于亚里士多德的理论体系，即从可以带来幸福的事物入手来衡量幸福。亚里士多德的幸福论和社会或生活的客观内容相联系，它是客观幸福观和理性幸福观的典型代表。但幸福经济学的先驱 Easterlin 提出的“伊斯特林悖论”则是向传统经济学仅从客观要素衡量社会幸福感状况发起的挑战，强调幸福的主观性，从而促进幸福经济学的兴起。2015 年度诺贝尔经济学奖获得者安格斯·迪顿在人类消费、贫困和福利领域做出了巨大贡献，幸福经济学是他研究人类福祉的重要基石和切入点。在迪顿看来，“主观幸福感”才是“福利”“福祉”“效用”最好的、可量化的代理变量，值得深入研究。主观幸福作为人类追求的终极目标一直是哲学、心理学等研究的内容，也是经济学研究追寻的重要目标。

主观幸福感的度量。幸福感内涵异常丰富，不同个体，甚至同一个体在不同情境下都可能存在巨大的主观差异性。因此，个体主观幸福感的准确定义和测度困难异常。边沁、穆勒、戈森、西尼尔、萨伊等经济学家构建了效用函数，主张用可衡量的客观商品来间接测度效用，效用的大小表示福利的多寡，即基数效应理论。但是，由于未能突破主观效用的准确计量问题，被后来的经济学家所放弃。帕累托和希克斯等提出了序数效用理论，主张用个人的实际消费支出来测量个人的幸福感或愉快体验，这也是现代经济学中占主流的效用概念。

主观幸福感的定义。本书的研究目的是验证互联网使用通过消费不平等对农村居民主观幸福感的影响，即使用互联网是否直接给农村居民带来主观幸福感提升，以及使用互联网是否通过缓解农村居民消费不平等进而提升其主观幸福感。因此，本书从幸福经济学角度出发，将主观幸福感定义为：农村居民根据自身整体生活状态对所感知到的幸福程度进行自我评价，即农村居民自我汇报的主观幸福感水平。

二、理论基础

（一）相对剥夺理论

1. 内涵

相对剥夺（RD）是指当人们将自己的处境与参照对象进行比较而发现自己处于劣势时所产生的受剥夺感，这种感觉会产生愤怒、怨恨或不满等消极情绪。相对剥夺最早由美国学者斯托弗于 1949 年在《美国士兵》一书中提出，用于描述美国部队中升迁速度与士兵士气负相关的反常现象。斯托弗等认为该种反常现象出现的原因是社会比较后产生了相对剥夺感，致使士气低下，但是他并未就相对剥夺给出具体的概念界定和测量方法。默顿在斯托弗研究的基础上对相对剥夺进行更加深入的研究，进而形成相对剥夺理论。

自斯托弗提出相对剥夺后，社会学、心理学、政治学等社会学科的学者，分别从不同的视角界定相对剥夺。Runciman 在 1966 年出版的《相对剥夺感与社会公平》一书中，从相对剥夺形成的过程对其进行定义，认为别人拥有我们期待拥有但是自己还没有拥有的某个事物时，我们就会产生相对剥夺感。郭星华（2001）认为相对剥夺是人们通过与参照群体比较而产生的一种自身利益被其他群体剥夺的内心感受。Walker 和 Smith（2002）认为相对剥夺感是与参考对象相比，个体对自我劣势地位的主观感知。也有学者认为相对剥夺感指的是个体或者群体通过与参照对象比较而感知到自身处于劣势地位，并且体验到愤怒和不满等负面情绪的一种主观认知和情绪体验（Smith 等，2012；Xiong & Ye，2016）。以上定义均是人们与周围其他人或群体进行比较后获得的感知，属于横向比较的结果。Gurr（1970）则是从纵向比较的角度对相对剥夺感进行定义，认为相对剥夺感是个体的价值期待与价值能力不一致时产生的认知，即个体在生活中客观获得或保有的一般价值地位低于或远远没有达到他们主观上期待的一般价值地位时，就会产生相对剥夺感。

从已有相对剥夺的定义可知，相对剥夺具有相对性，是否存在相对剥夺的心理感受关键在于人们对参照群体的选择（Merton，1968），与研究对象自身的客观优劣势关系不大或无关。只有当个体与参照群体相比处于劣势时，才会产生相对剥夺感。因此，社会比较是相对剥夺感产生的核心过程（Stiles 等，2000；Zhang 等，2010；Smith 等，2012）。其次，相对剥夺感不仅包括社会比较，还包括比较后的感知及由感知诱发的情感，如愤怒、不满和不公平感等（Smith 等，2012；Walker & Pettigrew，1984）。

依据参照群体选择不同，可以将相对剥夺划分为横向相对剥夺和纵向相对剥夺、个体相对剥夺和群体相对剥夺。横向相对剥夺感的主要来源是个人或群体与横向参照群体的比较；纵向相对剥夺感的主要来源是个人或群体与纵向参照群体的比较。Runciman（1966）首次区分了个体相对剥夺和群体相对剥夺，前者通过与周围其他人比较而感知到自身处于不利地位，后者将内群体与其他外群体比较而感知到内群体处于不利地位。不同种类的剥夺感具有不同的影响效应，并用于分析不同层面的问题。

2. 启示及应用

平等与否是基于比较的结果，是相对指标。消费支出本身并无所谓平等与否，只有当个体将自己的消费支出与参照群体进行比较时，才会产生平等与否的判断。当个体消费支出与参照群体相同或相差无几时，大家的消费支出基本相同，即不存在消费不平等；当个体的消费支出与参照群体的消费支出不相等时，则表明产生了消费不平等。特别地，在上行比较过程中，个体消费支出在群体中处于劣势，不仅表现出消费不平等，而且由这种劣势地位或消费不平等容易引发出个体的相对剥夺感。基于相对剥夺理论的相对剥夺指数已逐渐被应用于经济领域作为衡量经济不平等的指标。Xiong 和 Ye（2016）认为相对剥夺感领域的大多数研究集中在经济方面劣势地位引发的相对剥夺感，较少关注其他领域。消费是重要的经济指标，因此基于相对剥夺理论获取消费不平等变量是可行的，即相对剥夺指数可以作为衡量消费不平等的指标。本书聚焦于农村居民的个体消费不平等，以同村居民（户主）作为参照群体，重点关注通过与参照群体进行上行社会比较而体现出的消费不平等程度，相对剥夺理论为本书研究消费不平等提供了思路和参考。因此，本书根据相对剥夺理论，选取合适的相对剥夺指数（Kakwani 指数），并通过计算得出消费不平等变量。

（二）可行能力理论

1. 内涵

可行能力理论是经济学家阿马蒂亚·森在批判新古典经济学理论的基础上对福利内涵的重新解释。森认为传统福利效用论单纯用个人效用指标来衡量福利存在缺陷，财富仅是人们生活的外在条件和手段，获取财富的最终目的在于提升人自身的福利水平并促进人的自由。因此，在评价人们的主观幸福感水平和不平等状况时，森（1992）强调将评估的重点从生活的手段转移到生活的目的上来，主张不能根据其拥有的财富多少来考察，从财富中所能获得的能力不平等和选择自由不平等比财富不平等本身更为重要，并明确提出用功能、能力与自由等概念来衡量。

功能和能力是森可行能力理论的核心概念。森认为功能是一个人目前能够做某事或已经处于某种状态，能力是一个人拥有实现各种功能组合的潜力以及拥有在不同生活方式中做出选择的自由（Sen，1993）。功能是该理论关注的最初概念，包括一个人生活中的活动或所处的状态，如拥有健康的身体、良好的人际关系、参与社会活动、幸福感等，是其生活水准的各个不同层面或侧面，直接决定了人们生活水准的好坏。能力是功能的派生概念，能力越强的人，意味着其拥有的实质自由程度越高，越趋近于马克思说的“真正的人”的状态。

功能和能力作为可行能力理论的核心概念，既有内在联系又相互区别。首先，功能既是能力的结果，其状况又是拥有真正能力的基础和保证。功能是个人拥有的实现功能的真正自由，反映的是在实现功能时人们拥有的选择自由度大小和选择机会多寡。其次，拥有某种能力不等于一定会实现相应的功能（成就）。森（1999）认为个人使用资源的能力存在差异，并将个人以最小资源实现某一可行能力水平的能力定义为转换效率。个人实现的功能状态不仅取决于其所拥有的能力集合，还受到转换效率和外生因素影响（Sen，1985，1993）。按照森的理论，个人 i 实现的功能状态 b_i 表示为：

$$b_i=f_i\ (c_i\ (x_i|z_i,\ z_e,\ z_s))\ \forall f_i\in F_i,\ \forall x_i\in X_i \quad 式\ (2-1)$$

其中，b_i 表示功能向量，即个人实现的功能状态；x_i 为个人 i 所拥有的商品向量；$c_i(x_i)$ 表示把个人 i 的商品转化成商品特征向量的功能转换函数；$f_i(c_i(x_i|z_i,\ z_e,\ z_s))$ 为个人 i 把商品向量转化成功能向量 b_i 时的转换函数，z_i，z_e，z_s 表示转换因子，即影响转换的个人因素、社会因素和环境因素；F 是所有可能的功能转换函数集，$f\in F$；X_i 表示所有可能的商品向量集，即资源约束，且 $x\in X$。

同时，森提出了新的平等观，即“可行能力平等”观，认为从收入和财富中所能获得的能力的不平等和选择自由的不平等比收入和财富不平等本身更为重要。森的可行能力平等观超越了主流经济学的收入平等、功利主义的效用平等及罗尔斯基的本善平等，始终坚持人类的基本异质性，从更广泛的公平角度来探讨经济中的不平等问题。

2. 启示与应用

可行能力理论强调个体的功能、能力和自由是比经济因素更为重要的影响主观幸福感的因素。由于受到资源约束和个人能力的限制，在机会平等下可能存在功能状态差异。该理论为重新审视非经济因素对个体主观幸福感的影响提供了思路。

通过文献梳理我们发现，消费不平等已被证实是更能体现福利水平的指标，可以看作是衡量主观幸福感的客观指标；主观幸福感是衡量主观幸福感水平的主观指标。因此，消费不平等和主观幸福感均可视为个体的某种功能状态，这种功能状态所能达到的水平即实现的消费不平等水平和主观幸福感水平。根据可行能力理论，实现的消费不平等水平或主观幸福感水平取决于个体拥有的能力及受到的资源约束，能力水平越低或受到的资源约束越大，个体可实现的消费不平等水平或主观幸福感水平状态越差。因此，实现更好的功能状态（即低水平的消费不平等或高水平的主观幸福感）的前提是释放资源约束、提升能力转化的机会和自由。

农村地区互联网基础设施的完善提升了农村居民获取资源的机会和自由度，缓解了农村居民的资源约束。同时，农村居民可以借助互联网赋能提高能力转换效率，进而实现更高水平的功能状态，如缓解消费不平等、提升主观幸福感。因此，本书依据可行能力理论，探究互联网使用对农村居民消费不平等和主观幸福感的影响。

（三）社会比较理论

1. 内涵

社会比较是人们通过与他人比较以获得明确的自我评价的过程，是人类社会生活中普遍存在的现象（李彩娜等，2019）。美国社会心理学家 Festinger（1954）最早对该现象进行系统阐述，并提出社会比较理论，又称为经典社会比较理论。该理论认为人具有想清楚地评价自己能力和观点的动机；当缺乏自我评价的客观信息时，人们倾向于通过与他人比较以判明自己的观点和能力；而只有当那些比较对象与自己相似时，人们才可能对自己作出有效的评估。经典社会比较理论仅涉及观点、能力和身份地位的自我评价，后续学者将社会比较的研究领域拓展到了情绪（邢淑芬、俞国良，2005）、健康（Haferkamp & Krämer，2011）、公平感（徐晓惠等，2022）、消费（车诚等，2020；潘定等，2022）等方面。同时，相较于经典社会比较理论，近期的社会比较理论认为社会比较产生的前提更加多样，不仅仅局限于是否缺乏客观标准，而是通过与周围人进行比较的方式获得相对性信息，从而为自我评估提供比较性评价标准（李彩娜等，2019）；社会比较发生具有自发性，可以在无任何主观意图的情况下自动发生，并不一定是个体主动发起的动机性过程（Mussweiler & Rüter，2003）。

根据比较对象选择的不同，可以将社会比较分为上行比较、平行比较和下行比较（Festinger，1954），分别指个体与表现优于自己的人、与自己相似的人以及不如自己的人进行比较。在社交中，上行比较最为常见（Lhila & Simon，2010；Park & Baek，2018）。通过上行比较，人们可以发现自身与他人的差距，从而自我激励、促进个体的自我完善（Taylor & Lobel，1989）。同时，如果个体将劣势归因于自我能力低下而不是其他非能力因素（如年纪、阅历差别等)，则会产生负向自我评价（Swallow，1988)，使得个体质疑自我能力，产生心理劣势和自我威胁（丁倩等，2017）以及相对剥夺感或失落感(郭星华，2001)。因此，上行比较极易诱发攀比心理，是个体产生相对剥夺的关键（Walker & Smith，2002)。现实生活中，个体进行社会比较的对象多是自己身边熟悉的个体（韩晓燕、迟毓凯，2012；李彩娜等，2019)。

2. 启示与应用

根据社会比较理论可知，社会比较具有广泛性、自发性和近目标性，即社会比较广泛存在于人们生活的各个方面，为确定自身状态所处位置，个体总是自发地、无意识地将自己的各方面状况与身边熟悉的个体进行比较，进而对自身状态进行评判。主观幸福感是个体对自身整体生活状态的主观评价，评价依据源于社会比较。个体通过比较互联网使用行为或消费不平等状态变化前后，其生活状态的差异状况，进而对其主观幸福感进行或高或低的评判。当农村居民发现互联网使用行为或消费不平等状态变化后，其幸福感状态较之前有所改善，如较之前或较周围的人明显更好，则容易做出更高水平的主观幸福感评价。因此，通过社会比较理论分析主观幸福感的影响因素是可行的。本书依据社会比较理论分析互联网使用与消费不平等对主观幸福感的影响。

（四）社会偏好理论

1. 内涵

传统经济学认为人是自利的。而随着行为经济学和实验经济学的兴起，学者们对自利人假说提出疑问。通过大量实验，他们证明了个体决策时不仅关注自身物质收益，同时也考虑他人利益，认为人具有社会偏好性。社会偏好的完整概念由 Camerer（1997）首次提出，自此被作为行为经济学的重要研究领域，经过后继学者的不断完善和发展，形成了社会偏好理论。

社会偏好理论试图在维持理性假设下，将心理学和社会学的偏好，如亲社会、公平、互惠等非“自利”的社会情感因素纳入原有效用函数中，以修正传统经济学经济人假设的不足，进而推导出新的理论框架。按照偏好类型，社会偏好可以近似地表述为亲社会性偏好、互惠偏好和不公平厌恶偏好，并分别对应了社会福利模型、基于意图的心里博弈模型和基于分配结果的模型。其中，不公平厌恶偏好更强调分配结果的公平性，以其为基础构建的基于分配结果模型则假定存在一个外生给定的“公平参照点”，通过比较个体收益与参照点数值大小进行收益判定。当个体收益大于参照点，则个体收益减少；反之，个体有增加自身收益的动机。

Fehr 和 Schmidt（1999）构建的 F&S 模型是该领域具有代表性的重要模

型。该模型假设个体不仅关心自身及其他人收入差异，同时也会与他人逐个比较，两种收益差加总构成“不公平收益”。模型将效用函数简单表述为：$U_i=U_i(\pi_i, \pi_{-i})$，假定社会分配 $X=(x_i, x_2, \cdots, x_n)$，则个体的效用函数表示为：

$$U_i(x)=x_i-\frac{\alpha_i}{n-1}\sum \max(x_j-x_i, 0)-\frac{\beta_i}{n-1}\sum \max(x_i-x_j, 0) \quad \text{式 (2-2)}$$

其中，α_i、β_i 分别表示优势厌恶系数和劣势厌恶系数；$\frac{\alpha_i}{n-1}\sum \max(x_j-x_i, 0)$ 表示劣势不平等加总的效用损失；$\frac{\beta_i}{n-1}\sum \max(x_i-x_j, 0)$ 表示优势不平等加总的效用损失，两者共同构成了个体与他人收入差异导致的效用损失。

2. 启示与应用

社会偏好理论强调个体决策时会同时兼顾自身和他人利益，特别是其中的不公平厌恶偏好理论更加关注分配结果的公平性，认为个体的总效用中应该考虑不公平因素导致的效用损失。该理论为理解消费不平等对主观幸福感的影响提供了参考。在本书中，主观幸福感可视为农村居民通过消费获得的最终效用，当农村居民关注消费不平等对主观幸福感的影响时，其最终消费效应等于消费总效用减去消费不平等导致的效用损失，而当存在消费不平等时，消费不平等导致的效用损失大于零，使得最终消费效用小于消费总效用，引起个体主观幸福感水平波动。因此，本书依据社会偏好理论分析消费不平等对农村居民主观幸福感的影响。

三、理论分析框架

主观幸福感是农村居民基于整体生活状态做出的主观评价，是现有客观生活状况在主观上的体现。根据“行为差异——客观结果差异——主观结果差异”的逻辑，在评判个体行为对主观幸福感的影响时，如互联网使用对主观幸福感的影响，主观幸福感是否通过互联网使用行为得到提升，其评判的依据既包括互联网使用本身的直接幸福感效应，也包括通过互联网使用引起的客观结果产生的间接幸福效应。消费不平等是反映农村居民生活状态的客观指标，也是更能体现经济问题本质和福利差距的指标。它不仅可以随互联网使用行为差异而变化，而且也是农村居民评价主观幸福感的重要依据。因此，本书以消费不平等为突破点，沿着“互联网使用——消费不平等——主观幸福感”的基本思路，从消费不平等角度探究互联网使用对农村居民主观幸福感的影响路径。上述思路体现了互联网使用影响主观幸福感的两条路径，一是互联网使用对主观幸福感的直接影响，二是互联网使用通过消费不平等进而影响主观幸福感。

1. 互联网使用对主观幸福感影响的直接效应

根据社会比较理论可知，个体往往通过社会比较对自己所处状态做出评判。因此，农村居民也在社会比较中对其幸福感进行主观评判。比较的对象可以是以前的自己或目前的他人，即进行纵向比较和横向比较。当农村居民感知自身生活状态较比较对象更好或改善的更多，则更容易做出乐观的幸福感评价，表现为主观幸福感得分更高，即拥有更高的主观幸福感水平。反之则主观幸福感水平较低。根据可行能力理论可知，主观幸福感可视为通过能力转化的一种现实状态（即实现的功能状态），主观幸福感水平取决于农村居民个体提高幸福水平的能力及受到的资源约束，能力水平越低或受到的资源约束越大，个体可实现的幸福感状态越低，主观感知的幸福感越差。因此，提升主观幸福感的关键是要提升个体追求幸福的能力及放松资源约束，以提升能力转化的机会和自由。

互联网能够为农村居民赋能，增强其获取资源的机会和自由度，缓解其资源约束。同时，农村居民还可以借助互联网赋能提高能力转换效率，进而实现更高水平的功能状态，如提升主观幸福感。因此，互联网使用能够直接提升农村居民主观幸福感。

2. 互联网使用对主观幸福感影响的间接效应

互联网使用对消费不平等具有缓解效应。根据相对剥夺理论，消费不平等源于农村居民将自身的消费支出与同村居民进行上行比较时，发现自身消费支出处于劣势而产生的被剥夺感。因此，提高农村居民个体消费支出是缓解不平等的关键。由可行能力理论可知，互联网使用为农村居民提高消费支出赋能，通过提高收入、增加信息来源渠道、拓展购物渠道和增强社会资本积累等途径，缓解农村居民在提高消费支出上的支付能力以及信息、商品或服务可获得性等资源约束，提高了消费的机会平等和自由度，进而降低消费不平等。

缓解消费不平等对主观幸福感具有提升效应。消费不平等对主观幸福感的影响来源于两个方面。一是消费不平等引起的直接效应损失。由社会偏好理论可知，人生而具有不平等厌恶偏好。当农村居民遭遇消费不平等时，不平等厌恶偏好被激发进而引起消费效用损失。二是消费不平等引起的被剥夺感。当农村居民同周围人进行上行比较时，消费不平等程度越高，被剥夺感就越强，感知到的生活状态越差，反之则感知到的生活状态越好。因此，消费不平等负向影响主观幸福感，缓解消费不平等能够提高主观幸福感。

基于以上分析可知，互联网使用能够缓解消费不平等，而缓解消费不平等能够提高主观幸福感。据此可以推测：消费不平等可能是互联网使用影响主观幸福感的作用路径，即消费不平等在互联网使用影响居民主观幸福感过程中起到中介作用。

本书结合研究思路和相关理论，在上述分析的基础上，进一步构建了如图 2-1 所示的理论框架。

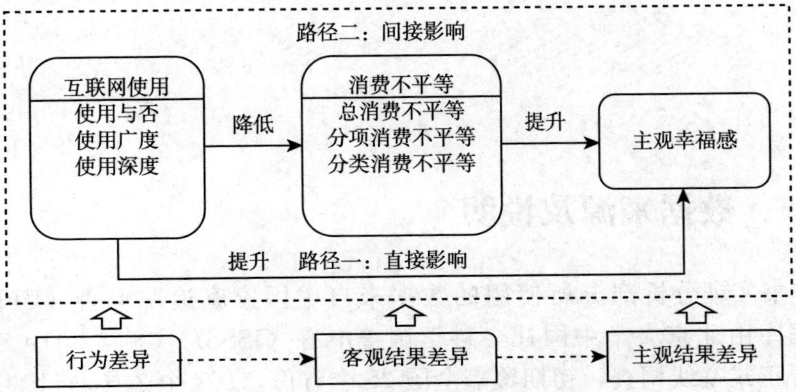

图 2-1　理论分析框架

第三章　数据来源与样本描述性统计分析

一、数据来源及说明

本书实证分析部分所使用的数据来自中国家庭追踪调查（CFPS）[①]。该数据库由北京大学中国社会科学调查中心（ISSS）实施，2010 年在全国展开正式基线调查，初期覆盖全国 25 个省份，162 个区县，649 个村的 16 000 户家庭。经 2010 年基线调查界定出来的所有基线家庭成员及其今后的子女成为永久追踪对象。CFPS 调查每两年一次，现已进行了六轮全国调查，数据更新至 2020 年。CFPS 调查通过跟踪收集个体、家庭、社区三个层次的数据，重点关注中国居民的经济与非经济福利，包括经济活动、教育成果、家庭关系与家庭动态、人口迁移、健康等在内的诸多研究主题，综合反映中国社会、经济、人口、教育和健康等变迁，是一项全国性、大规模、多学科的社会跟踪调查项目，为学术研究和公共政策分析提供数据基础。

本书使用的原始数据主要来源于 CFPS 2014 年至 2018 年（以下简称："CFPS2014""CFPS2016""CFPS2018"）共三年的数据[②]。经处理后的样本覆盖全国 24 省份，113 个区县，250 个村的 2 813 户居住在农村的家庭。省人均 GDP、省政府财政支出地区 GDP 平减指数和人均地区生产总值指数均来自历年中国统计年鉴。

---

① 中国家庭追踪调查数据库网址：http://www.isss.pku.edu.cn/cfps/。

② CFPS 数据库已更新至 2020 年，但是 2020 年仅公布了儿童库和成人库，缺少本书主要使用的家庭库的信息；2012 年缺少本书中核心解释变量（互联网使用）的数据统计。因此，为便于比较，本书选取 2014 年、2016 年和 2018 年的数据进行实证分析。

二、数据处理过程

根据研究需要，本书对原始数据做如下处理：

（一）数据库匹配

第一步，因 CFPS2018 家庭库缺少村居编码和区县编码，首先根据家庭编码匹配家庭关系库和家庭库；然后依据本书研究需要选取变量，得到 CPFS2018 年农村家庭消费数据库；最后根据村居编码，依次匹配生成 CFPS2014 和 CFPS2016 农村家庭消费数据库。

第二步，为避免极端值的影响，对第一步生成的新数据库中各年样本的消费、收入、家庭总净资产等数据进行上下 1%缩尾处理，并删除缺失值。同时，为保证样本数据的跨期可比性，本书对相关变量进行平减。宏观变量方面，首先根据人均地区生产总值指数（上年=100）、第三产业增加值指数（上年=100），分别计算得到人均地区生产总值平减指数、第三产业增加值平减数值，再对人均地区生产总值和第三产业增加值进行平减，得到以上变量以 2010 年为基期的数值。用地区生产总值（GDP）指数平减地区政府财政支出总额。微观变量方面，对各类消费支出、收入、资产均以 2010 年为基期利用省农村消费价格指数进行平减。根据平减后的数据计算出同村居民消费不平等指数，再根据缩尾后的数据，生成新的平衡面板。

第三步，根据第一步生成的平衡面板数据获得各年的村居编码，依据该村居编码与各年成人库、儿童库中的村居编码进行匹配，再依据本书研究需要选取变量，生成新的成人库。基于新生成的成人库，获得户主信息［CFPS 数据库未定义户主，本书参照徐亚东等（2022）、姚健和臧旭恒（2022）的研究，将家庭主事者/家庭财务熟悉人定义为家庭户主，以其个人编码与成人编码匹配，匹配一致的认定为户主］；依据家庭编码，进而生成家庭层面的互联网使用情况、老人占比、儿童占比、成人养老保险参与率等。

（二）样本筛选

本书以居住在农村的居民为研究对象，样本的筛选以各年数据库中城乡划分标准为依据，选取位于农村的家庭。为探究个体层面的互联网使用、消费不平等与主观幸福感的关系，本书以每户农村家庭的户主作为家庭个体代表，进行个体层面的相关研究。同时，在尽可能多地确保样本容量的基础上，本书进一步兼顾样本数据的代表性，删除同村样本数量少于 10 户的样本。

（三）缺失值处理

对于样本中不随年份变化或随年龄规律性变化的缺失值，如成人已完成的最高受教育年限、性别、年龄等，根据其他年份数据进行补充。无法补充的数据以家庭或村均值插补，或删除。

（四）异常值

如前文所述，对收入、消费等数值型变量进行上下1%缩尾处理。对诸如受教育年限为20年以上的、家庭人口规模大于或小于实际人口加总数值等特殊样本，根据其他年份相应数据进行修正或删除。

（五）特殊值处理

本书实证分析中的家庭总净资产数据仅在CFPS2018中未汇总，本书参照《中国家庭追踪调查2012年和2010年财产数据技术报告》中家庭财产的处理说明，对CFPS2018中的财产相关变量进行处理，进而生成2018年各农村家庭的总净财产。

三、农村居民消费不平等的测度

本书研究农村居民个体的消费不平等，借鉴已有研究（Kakwani，1984；任国强等，2017；杨晶、黄云，2019；张雅淋等，2022；李晓飞、臧旭恒，2022），采用Kakwani指数测度农村居民消费不平等。

由文献分析部分可知，相对剥夺的核心源于社会比较，故参照群体的选择至关重要。Silber和Verme（2010）认为个人在评价其在社会中的状况时，该个体将自己和所处环境与其类似的个体进行比较。Ferrer - i - Carbonell（2005）认为与个体的年龄相近、教育程度类似并且居住在同一区域内的群体可以作为其参照群。任国强等（2014）认为个体间进行收入比较时，一个人往往是和与其具有某些共同特征的人比较，而不一定是一个社会的所有个体。苏钟萍和张应良（2021）认为农村的地缘关系较为强烈，农村居民社会生活和交际的地理范围主要以村庄为主，他们对相对收入的感知也主要是和同村村民相比较。同时，已有部分学者以村为单位研究农村居民的经济不平等（温兴祥，2018；苏钟萍、张应良，2021；王慧玲等，2021），并得出了科学的结论，说明以村为单位进行经济不平等研究是可行的。因此，本书以村为参照单位，选取同村居民作为参照群体，测量农村居民消费不平等。

测度微观层面消费不平等时应该以家庭还是以个人为单位是一个有争议的问题。Deaton 和 Paxson（1994）认为，由于消费的统计都是以家庭为单位，任何把家庭消费转换成个人消费的努力都必须做比较严格的假设。而李实（2003）在计算收入不平等时指出，如果不以个人为单位计算，很有可能出现指数估计偏差。参照曲兆鹏和赵忠（2008）、邹红等（2013a）的研究，本书中所有收入、资产和消费指标均使用家庭人均值①，以期在一定程度内帮助我们控制家庭规模的影响。

具体测算过程如下：为克服家庭规模对消费支出的影响，本书假定每户家庭中各成员的消费支出均等，个体消费支出等于家庭总消费支出（或分项消费支出）除以家庭规模，以家庭户主作为该家庭的代表，第 k 个户主的消费支出记为 x_k；以村为单位，假定同村有 n 个样本家庭，人均消费支出均值记为 μ_X，将同村内户主消费支出按照升序排列，得到 n 个样本的人均消费向量 $X=(x_1, x_2, \cdots, x_n)$，其满足 $x_1 \leqslant x_2 \leqslant \cdots \leqslant x_n$；定义同村样本中人均消费支出超过 x_k 样本的人均消费支出均值为 μ_{xk}^{+}，人均消费支出超过 x_k 样本数量占村总样本 n 的百分比为 γ_{xk}^{+}，则本书用以衡量农村居民消费不平等状况的 Kakwani 指数可表示为：

$$RD(x, x_k)=\frac{1}{n\mu_X}\sum_{i=k+1}^{n}(x_i-x_k)=\gamma_{xk}^{+}[(\mu_{xk}^{+}-x_k)/\mu_X] \quad \text{式 (3-1)}$$

基于式（3-1）并借助各消费数据计算出样本中农村居民消费不平等程度（即消费剥夺值）。

四、样本描述性统计分析

在实证分析前，本书首先从样本个体特征、互联网使用、消费不平等和主观幸福感等方面对样本进行简单的特征描述性统计分析，为后文进一步的实证分析打下基础。

（一）样本特征描述性统计分析

1. 样本个体特征

在实证分析中，本书选择户主作为家庭成员的代表，进而分析互联网使用、消费不平等及其主观幸福感。表 3-1 显示了样本中户主的个体特征情况。

① 在计算个人层面收入或消费不平等时，应控制家庭规模经济的影响。国外文献的普遍做法是使用等值算子对指标进行调整，而我国并没有统一的公认的等值算子。因此本书参照已有研究，以家庭人均值为基础计算不平等指标。

（1）户主性别。从样本的性别情况来看，各年男性户主的数量和占比均高于女性。此种现象说明，在中国农村家庭中男性仍是生产生活的主要决策者。

（2）户主年龄。世界卫生组织对年龄分组的最新定义为：44 岁及以下为青年人，45～59 岁为中年人，60 岁以上为老年人。国际标准定义 65 岁以上为老年人。本书结合以上两种划分标准，对样本按年龄进行划分。由表 3-1 的统计结果可以看出，中年户主在各年样本中的数量均最多，占比均超过 50%，户主年龄均值 51.48 岁，上述情况说明中国农村家庭中主要的决策者为中年人。

（3）户主婚姻状况。根据户主是否结婚且有配偶将总样本户主的婚姻状况划分为两种类型。由表 3-1 可知，中国农村家庭户主婚姻状况为已婚且有配偶的样本占比在各年均在 85%以上。

户主受教育程度。由统计结果可知，样本中户主受教育程度为小学以下（即文盲或半文盲）、小学和初中的各人数占比相差不大，且三者年占比总和均接近 90%；总样本中户主受教育程度均值为 1.29，处于小学与初中之间。以上情况表明农村居民户主的受教育程度多为初中及以下，整体受教育程度不高。

（4）户主健康状况。根据统计结果中样本占比可知，户主健康状况分布呈两端低中间高的态势。总体来看，户主健康状况处于一般健康及以上的占比达 60%以上，均值 2.85，说明样本中户主健康状况总体处于一般水平。

表 3-1　户主特征

变量	说明	人数（人或岁）				占比（%）		
		2014 年	2016 年	2018 年	总样本	2014 年	2016 年	2018 年
性别	男	1 645	1 609	1 617	—	58.48	57.20	57.48
	女	1 168	1 204	1 196	—	41.52	42.80	42.52
年龄	16～44 岁	887	885	696	51.48	31.53	31.46	24.74
	45～64 岁	1 531	1 460	1 495		54.43	51.90	53.15
	65 岁以上	395	468	622		14.04	16.64	22.11
婚姻状况	结婚且有配偶	2 536	2 433	2 410	—	90.15	86.49	85.67
	其他	277	380	403	—	9.85	13.51	14.33
受教育程度	小学以下＝0	699	647	853	1.29	24.85	23.00	30.32
	小学＝1	878	863	806		31.21	30.68	28.65
	初中＝2	940	958	836		33.42	34.06	29.72
	高中及以上＝3	296	345	318		10.52	12.26	11.30

（续）

变量	说明	人数（人或岁）				占比（%）		
		2014 年	2016 年	2018 年	总样本	2014 年	2016 年	2018 年
健康状况	非常不健康	596	566	645		21.19	20.12	22.93
	不健康	399	485	368		14.18	17.24	13.08
	一般健康	904	949	1 073	2.85	32.14	33.74	38.14
	很健康	524	456	328		18.63	16.21	11.66
	非常健康	390	357	399		13.86	12.69	14.18

数据来源：作者根据 CFPS2014、CFPS2016、CFPS2018 数据整理。

2. 家庭特征

（1）家庭规模。由表 3－2 中各样本户家庭规模的分布情况来看，拥有 4 口人及以下的家庭在样本农村家庭中占比 60%以上，并逐年增加，2018 年达到 80%以上。说明中国农村家庭规模越来越趋同。由表 3－3 可知，农村家庭规模各年均值为 3.58，也说明目前中国农村家庭中主要以 3 至 4 口人为主，符合目前农村现状。

（2）家庭人均收入。农村家庭人均收入在 1 万元及以下的家庭占 60%以上，整体收入水平有待进一步提升。而各年不同收入水平家庭的占比基本稳定，说明自 2014 至 2018 年间，样本中各农村家庭收入的整体变动幅度基本一致。由表 3－3 可知，农村家庭人均收入均值为 9 357.14 元，且逐年增加，说明农村居民的收入状况逐年向好。

（3）家庭总净财产。样本中总净财产在 20 万元以下的家庭占比 60%以上，大于 20 万元占比 30%以上。虽然总财产小于 0 的家庭占比较少，但是其从 2014 年至 2018 年增长了近 1 倍，可能与创业贷款或购房贷款有关。

（4）健康状况。由表 3－2 可知，农村成人比较健康、很健康和非常健康的占比，各年总和均在 60%左右，说明农村家庭中成人的整体健康状况良好。表 3－3 中显示其均值为 3.07，即说明农村成人健康水平普遍处于比较健康的水平。

（5）养老保险参保率。由表 3－2 可知，有成人参与养老保险的农村家庭各年均在 40%左右，表 3－3 中各年均值仅为 0.21，说明仅有五分之一的成人参与了养老保险。以上情况说明农村家庭养老保险的参与率有待进一步提升。

（6）抚（赡）养人口占比。因本书样本中存在抚（赡）养人口不为 0，而其劳动力数量为 0 的家庭，从而造成其家庭抚（赡）养比［家庭抚（赡）养人口/劳动力人口］为缺失值。为将此部分家庭纳入实证分析中，参照熊瑞祥和李辉文（2017）、杨志海（2019）、冯大威等（2022）的做法，本书以家庭中儿童或老人数量占家庭总人口的比重表征家庭儿童抚养负担和老人赡养负担。从表3-2中家庭抚（赡）养人口占比情况来看，无老人或无孩家庭占比逐年增大，老人或儿童占比大于0.5的家庭数量也逐年增多，说明农村家庭抚养负担变化情况表现出两极分化态势。从表3-3中各年均值来看，家庭中老人占比均值基本维持在30%，整体呈上升态势，与目前农村老龄化情况一致；而家庭中儿童占比均值不足20%，与我国长期推行“一孩”政策有关，基本上形成了“2+2+1”（祖辈2人、父母辈2人和1个孩子）家庭结构，与目前农村家庭结构的实际情况相符；而老人占比大于儿童占比，说明目前农村家庭的老人赡养负担大于儿童抚养负担。

表3-2　家庭特征

变量	说明	户数（户）			占比（%）		
		2014年	2016年	2018年	2014年	2016年	2018年
家庭规模（人）	1～4（含）	1 912	1 960	2 257	67.97	69.68	80.24
	5～6（含）	729	698	480	25.92	24.81	17.06
	6以上	172	155	76	6.11	5.51	2.70
家庭人均收入	0.5万元及以下	1 053	1 068	1 102	37.43	37.97	39.18
	0.5万～1万元（含）	818	735	683	29.08	26.13	24.28
	1万～2万元（含）	720	720	687	25.60	25.60	24.42
	2万元以上	222	290	341	7.89	10.31	12.12
家庭总净财产（万元）	小于等于0	79	109	154	2.80	3.87	5.47
	0～20（含）	1 803	1 691	1 724	64.09	60.11	61.28
	大于20	931	1 013	935	33.09	36.01	33.23
成人平均健康状况	不健康	294	320	360	10.45	11.38	12.80
	一般	828	937	847	29.44	33.31	30.11
	比较健康	1 135	1 086	1 100	40.35	38.61	39.10
	很健康	471	403	398	16.74	14.33	14.15
	非常健康	85	67	108	3.02	2.38	3.84
成人养老保险参与率	等于0	1 735	1 673	1 818	61.68	59.47	64.63
	大于0	1 078	1 140	995	38.32	40.53	35.37
老人占比	等于0	880	960	1 059	31.28	34.13	37.65
	0～0.5（含）	1 496	1 408	1 170	53.18	50.05	41.59
	0.5以上	437	445	584	15.54	15.82	20.76

（续）

变量	说明	户数（户）			占比（%）		
		2014年	2016年	2018年	2014年	2016年	2018年
儿童占比	等于0	1 366	1 539	1 683	48.56	54.71	59.83
	0～0.5（含）	1 391	1 227	1 067	49.45	43.62	37.93
	0.5以上	56	47	63	1.99	1.67	2.24
是否从事个体经营	是	150	187	166	5.33	6.65	5.90
	否	2 663	2 626	2 647	94.69	93.35	94.10

数据来源：作者根据CFPS2014、CFPS2016、CFPS2018数据整理。

表3-3　家庭特征均值

变量	2014年	2016年	2018年	总样本
家庭规模（人）	3.81	3.74	3.19	3.58
家庭人均收入（元）	8 653.43	9 637.03	9 780.97	9 357.14
家庭总净财产（元）	181 274	207 186	200 396	196 295.9
成人平均健康状况	3.01	3.09	3.11	3.07
成人养老保险参与率	0.21	0.21	0.22	0.21
老人占比	0.31	0.30	0.33	0.32
儿童占比	0.17	0.14	0.14	0.15

数据来源：作者根据CFPS2014、CFPS2016、CFPS2018数据整理。

（7）从事个体经营。从样本统计结果可知，从事个体经营的农村家庭占比各年均较小，不到7%。但是相较于2014年均有所增加，可能与国家推行的创新创业战略有关。

3. 区域特征

表3-4显示了本书中样本地区特征分布情况。本书根据国家统计局对省份地理区域划分标准，将样本数据划分为东、中、西部地区。东部地区包括天津、河北、上海、江苏、浙江、辽宁、福建、山东和广东9个省市的916户农村家庭；中部地区包括吉林、黑龙江、安徽、山西、江西、河南、湖北和湖南8个省的831户农村家庭；西部地区包括广西壮族自治区、重庆、四川、贵州、云南、陕西和甘肃7个省（市、自治区）的1 066户农村家庭。东、中、西部地区样本分别占比32.56%、29.54%和37.90%，各区域样本基本均衡，说明本书样本具有区域代表性。

表 3-4 样本区域分布

变量	省份①	样本量（户）	占比（%）
东部地区	天津市、河北省、上海市、江苏省、浙江省、辽宁省、福建省、山东省、广东省	916	32.56
中部地区	吉林省、黑龙江省、山西省、安徽省、江西省、河南省、湖北省、湖南省	831	29.54
西部地区	广西壮族自治区、重庆市、四川省、贵州省、云南省、陕西省、甘肃省	1 066	37.90

数据来源：作者根据 CFPS2014、CFPS2016、CFPS2018 数据整理。

（二）互联网使用描述性统计分析

1. 互联网使用基本情况

表 3-5 显示了农村居民互联网使用的基本情况，包括互联网使用与否、互联网信息渠道重要程度、网络购物金额和每天业余上网时长（小时）。

（1）互联网使用与否。互联网使用与否通过 CFPS 问卷中关于是否上网的题目获取。具体而言，根据 CFPS2014 问卷中题目“您/你是否上网?”获取 2014 年户主互联网使用与否的数据；根据 CFPS2016 和 CFPS2018 问卷中题目“您/你是否使用移动设备，比如手机、平板上网?”和“您/你是否使用电脑上网?”两个题目生成，如果此两个问题中任一个问题的答案为“是”，则认为户主使用互联网，赋值为 1；两个问题答案都为“否”，则认为户主不使用互联网，赋值为 0。从表 3-5 中显示的统计结果来看，农村居民互联网使用占比均值为 22.48%，互联网普及率有待进一步提升。从动态趋势来看，农村居民互联网普及率逐年提升，由 2014 年的 10.35%增长至 2018 年的 33.84%，说明随着互联网基本设施建设的不断完善，农村居民的互联网使用率逐渐提升。

（2）互联网信息渠道重要程度。该变量源于 CFPS 问卷中就“互联网对您获取信息的重要性”采集到的数据。根据互联网使用对农村居民而言的重要程度，分别给予 1 到 5 分的分值，依次表示“非常不重要”到“非常重要”。由表中统计数据可以看出，虽然农村居民使用互联网作为信息获取渠道的重要程度仍然以非常不重要占比最大，均值为 65.86%，但是随着互联网普及率的不

① 由于北京、新疆、青海、西藏、内蒙古、宁夏、海南 7 个省份或自治区，有些省份数据库抽样为覆盖，或有些年份无农村样本，或同村农村样本数量在各年匹配后数量太少，计算出的消费剥夺指数不具有代表性，予以删除。

断提升，在农村居民中，互联网信息渠道的重要程度也逐年提升。

（3）网络购物金额。从样本数据统计结果来看，虽然农村居民网络购物普及率均值不足10%，但是其增长速度很快，特别是年网络购物金额在1 000元以上的农村居民，其在总样本中的占比由2014年的0.57%急速增长至2018年的6.68%，说明互联网的普及拓宽了农村居民的消费渠道，能够促使农村消费潜力释放。

（4）互联网业余使用时长。在每天业余时间使用互联网的农村居民中，使用时长主要集中于5个小时以内，且该使用时长内，使用人数逐年增加。

表3-5　互联网使用基本情况统计

变量	说明	人数（人）			占比（%）			总样本（%）
		2014年	2016年	2018年	2014年	2016年	2018年	
互联网使用	是	291	654	952	10.35	23.25	33.84	22.48
	否	2 522	2 159	1 861	89.66	76.75	66.16	77.52
互联网信息渠道重要程度	非常不重要	2 208	1 880	1 470	78.49	66.83	52.26	65.86
	不重要	191	181	222	6.79	6.43	7.89	7.04
	一般	190	283	412	6.75	10.06	14.65	10.49
	重要	94	214	260	3.34	7.61	9.24	6.73
	非常重要	130	255	449	4.62	9.07	15.96	9.88
网络购物金额（元）	0	2 758	2 603	2 387	98.05	92.54	84.86	91.81
	0～500（含）	20	61	139	0.71	2.17	4.94	2.61
	500～1 000（含）	19	58	99	0.68	2.06	3.52	2.09
	1 000以上	16	91	188	0.57	3.24	6.68	3.50
每天业余上网时长（小时）	0	2 527	2 161	1 865	89.83	76.82	66.30	77.65
	0～5（含）	277	607	923	9.85	21.58	32.81	21.41
	5小时以上	9	45	25	0.32	1.60	0.90	0.94

数据来源：作者根据CFPS2014、CFPS2016、CFPS2018数据整理。

2. 互联网使用频率、广度和深度

CFPS调查问卷中设计题目如“一般情况下，您/你使用互联网络xx的频率有多高?”，分别从学习、工作、社交、娱乐和从事商业活动方面就居民使用互联网的频率进行数据采集。备选答案为“几乎每天”“一周3～4次”“一周1～2次”“一个月2～3次”“一个月1次”和“从不”，依次赋值1～7分。基于研究需要，本书对互联网使用频率做如下处理：

（1）对上述答案中各选项重新赋值。按照思维惯性，从事某种活动越频繁，其频率数值则越大。本书将从“几乎每天”到“从不”，按降序依次赋值6至0分。

(2) 生成互联网使用广度变量。互联网使用广度表明户主借助于互联网所从事的活动在范围上的广泛程度。本书通过统计户主使用互联网进行学习、工作、社交、娱乐和从事商业活动的情况得到该指标。具体而言，本书针对户主的上述五种互联网使用方式，如果户主使用频率的答案为“从不”时，记为0，表明户主不使用互联网从事该种活动；其他记为1，表明户主使用互联网从事该种活动，进而通过加总统计得出户主的互联网使用广度，其取值范围为0至5，数值越大表明户主使用互联网进行的活动数量越大，使用广度越大。

(3) 生成互联网使用深度变量。互联网使用深度表明互联网使用嵌入户主生活的程度，参考已有研究对互联网变量的处理思路（张荣、曾凡斌，2011；周骥腾、付堉琪，2021），本书通过户主借助于互联网从事某种活动的频繁程度衡量其互联网使用深度。户主使用互联网进行某种活动的频率越高，表明户主在该项活动中的互联网使用深度越大。那么，通过汇总户主在各项活动中的互联网使用频繁程度可以得到其总的互联网使用深度。本书将户主借助互联网进行学习、工作、社交、娱乐和从事商业活动的频率进行加总，得到户主的互联网使用深度，其取值范围为0至30，数值越大表明互联网使用嵌入户主生活的程度越高，使用深度越大。

表3-6显示了本书研究样本的互联网使用频率情况。从数据统计结果来看，农村居民使用互联网进行上述活动的频率中，“从不”所占的比重在各年中均最大，说明农村居民互联网使用频率依然不高。从具体的互联网使用频率来看，农村居民互联网使用频率主要表现为社交和娱乐。这与Hargittai和Hinnant（2008）、陈福平（2013）的研究发现一致，即受教育水平较低和家庭资源较少的人更倾向于“娱乐消遣型”。可见我国农村居民互联网使用广度有限，忽视了互联网其他用途的优势，互联网促进农村居民生产生活的更大潜能尚未激发。从使用频率增长速度来看，“几乎每天”在上述各使用方面的增长速度均最快，说明互联网使用习惯养成后，网络使用具有很强的黏性。

表3-7展示了户主互联网使用广度的统计情况。由结果可以看出，样本中农村居民从不使用互联网从事学习、工作、社交、娱乐和商业活动的占比虽然逐年减少，但是占比均值仍然高达78.90%，该数值与表3-5中所示的样本中不使用互联网农村居民的占比均值（77.52%）基本一致，说明样本中农村居民使用互联网的方式基本可以概括为学习、工作、社交、娱乐和商业活动。在互联网使用广度大于0的样本中，互联网使用广度为2或3的占比较

大，说明样本中农村居民使用互联网多表现为非单一用途，互联网使用已深入到农村居民生活的多个方面。

表 3-6 互联网使用频率情况统计

变量	说明	人数（人）			占比（%）			总样本（%）
		2014 年	2016 年	2018 年	2014 年	2016 年	2018 年	
互联网学习	从不	2 653	2 529	2 447	94.31	89.90	86.99	90.40
	几个月 1 次	9	20	33	0.32	0.71	1.17	0.74
	一个月 1 次	8	34	42	0.28	1.21	1.49	1.00
	一个月 2～3 次	23	49	42	0.82	1.74	1.49	1.35
	一周 1～2 次	36	76	86	1.28	2.70	3.06	2.35
	一周 3～4 次	48	42	50	1.71	1.49	1.78	1.66
	几乎每天	36	63	113	1.28	2.24	4.02	2.51
互联网工作	从不	2 731	2 665	2 584	97.09	94.74	91.86	94.56
	几个月 1 次	11	9	13	0.39	0.32	0.46	0.39
	一个月 1 次	9	8	12	0.32	0.28	0.43	0.34
	一个月 2～3 次	11	17	14	0.39	0.60	0.50	0.50
	一周 1～2 次	15	17	45	0.53	0.60	1.60	0.91
	一周 3～4 次	16	10	29	0.57	0.36	1.03	0.65
	几乎每天	20	70	116	0.71	2.49	4.12	2.44
互联网社交	从不	2 592	2 285	1 990	92.14	81.23	70.74	81.37
	几个月 1 次	5	12	5	0.18	0.43	0.18	0.26
	一个月 1 次	5	10	7	0.18	0.36	0.25	0.26
	一个月 2～3 次	21	14	45	0.75	0.50	1.60	0.95
	一周 1～2 次	49	84	144	1.74	2.99	5.12	3.28
	一周 3～4 次	61	84	154	2.17	2.99	5.48	3.54
	几乎每天	80	324	468	2.84	11.52	16.64	10.33
互联网娱乐	从不	2 600	2 311	2 025	92.43	82.15	71.99	82.19
	几个月 1 次	12	12	16	0.43	0.43	0.57	0.47
	一个月 1 次	13	20	33	0.46	0.71	1.17	0.78
	一个月 2～3 次	29	32	54	1.03	1.14	1.92	1.36
	一周 1～2 次	46	114	148	1.64	4.05	5.26	3.65
	一周 3～4 次	44	97	145	1.56	3.45	5.16	3.39
	几乎每天	69	227	392	2.45	8.07	13.94	8.15

（续）

变量	说明	人数（人）			占比（%）			总样本（%）
		2014年	2016年	2018年	2014年	2016年	2018年	
互联网商业活动	从不	2 749	2 592	2 357	97.73	92.14	83.79	91.22
	几个月1次	23	46	100	0.82	1.635	3.56	2.00
	一个月1次	15	42	84	0.53	1.49	2.99	1.67
	一个月2～3次	14	61	136	0.50	2.17	4.84	2.50
	一周1～2次	6	50	66	0.21	1.778	2.35	1.45
	一周3～4次	4	11	36	0.14	0.39	1.28	0.60
	几乎每天	2	11	34	0.07	0.39	1.21	0.56

数据来源：作者根据CFPS2014、CFPS2016、CFPS2018数据整理。

表3-7　互联网使用广度情况统计

变量	说明	人数（人）			占比（%）			总样本（%）
		2014年	2016年	2018年	2014年	2016年	2018年	
互联网使用广度	0	2 540	2 208	1 910	90.30	78.49	67.90	78.90
	1	49	104	125	1.74	3.70	4.44	3.29
	2	81	170	258	2.88	6.04	9.17	6.03
	3	67	156	210	2.38	5.55	7.47	5.13
	4	52	104	159	1.85	3.70	5.65	3.73
	5	24	71	151	0.85	2.52	5.37	2.92

数据来源：作者根据CFPS2014、CFPS2016、CFPS2018数据整理。

表3-8汇报了户主互联网使用深度的统计结果。从整体结果上来看，样本中户主的互联网使用深度在区间分布和变化趋势上基本与互联网使用广度一致。在各分值区间内，互联网使用频率为0的样本占比最大，随着使用深度得分区间逐步向高分值区间移动，区间内样本数量占比呈下降趋势，说明样本中户主互联网使用深度普遍不足；从时间变化趋势上来看，随着使用深度得分区间逐步向高分值区间移动，区间内样本数量占比的增长率呈上升趋势，说明样本中户主的互联网使用深度逐年增大。

3. 互联网使用重要程度

CFPS调查问卷同样从学习、工作、社交、娱乐和从事商业活动五个方面就居民互联网使用的重要程度进行了数据采集。表3-9显示了本书所用样本的互联网使用重要程度情况统计结果。从结果来看，农村居民互联网使用重要程度在各方面表现出与使用频率同样的特征，即“非常不重要”所占的比重在各年中均最大，但是“非常重要”的增长速度最快。再次说明，农村居民一旦从使用互联网中获利，便会增大互联网使用频率，重视互联网使用的重要程度，并提高互联网使用的溢出效应。

表 3-8 互联网使用深度情况统计

变量	说明	人数（人）			占比（%）			总样本（%）
		2014 年	2016 年	2018 年	2014 年	2016 年	2018 年	
互联网使用深度	0	2 540	2 208	1 910	90.30	78.49	67.90	78.90
	1～5	47	70	81	1.67	2.49	2.88	2.35
	6～10	83	169	231	2.95	6.01	8.21	5.72
	11～15	72	187	286	2.56	6.65	10.17	6.46
	16～20	50	96	157	1.78	3.41	5.58	3.59
	21～25	16	59	100	0.57	2.10	3.55	2.07
	26～30	5	24	48	0.18	0.85	1.71	0.91

数据来源：作者根据 CFPS2014、CFPS2016、CFPS2018 数据整理。

表 3-9 互联网使用重要程度情况统计

变量	说明	人数（人）			占比（%）			总样本（%）
		2014 年	2016 年	2018 年	2014 年	2016 年	2018 年	
互联网学习	非常不重要	2 669	2 544	2 472	94.88	90.44	87.88	91.07
	不重要	21	28	26	0.75	1.00	0.92	0.89
	一般	57	106	90	2.03	3.77	3.20	3.00
	重要	30	57	76	1.07	2.03	2.70	1.93
	非常重要	36	78	149	1.28	2.77	5.30	3.12
互联网工作	非常不重要	2 739	2 677	2 592	97.37	95.17	92.14	94.89
	不重要	11	12	17	0.39	0.43	0.60	0.47
	一般	20	28	45	0.71	1.00	1.60	1.10
	重要	20	25	36	0.71	0.89	1.28	0.96
	非常重要	23	71	123	0.82	2.52	4.37	2.57
互联网社交	非常不重要	2 629	2 349	2 047	93.46	83.51	72.77	83.25
	不重要	36	73	70	1.28	2.60	2.49	2.12
	一般	67	182	254	2.38	6.47	9.03	5.96
	重要	45	98	148	1.60	3.48	5.26	3.45
	非常重要	36	111	294	1.28	3.95	10.45	5.23

（续）

变量	说明	人数（人）			占比（%）			总样本（%）
		2014 年	2016 年	2018 年	2014 年	2016 年	2018 年	
互联网娱乐	非常不重要	2 635	2 383	2 111	93.67	84.71	75.04	84.47
	不重要	41	107	118	1.46	3.80	4.20	3.15
	一般	75	185	290	2.67	6.58	10.31	6.52
	重要	33	64	126	1.17	2.28	4.48	2.64
	非常重要	29	74	168	1.03	2.63	5.97	3.21
互联网商业活动	非常不重要	2 774	2 640	2 414	98.61	93.85	85.82	92.76
	不重要	10	44	69	0.36	1.56	2.45	1.46
	一般	16	66	147	0.57	2.35	5.23	2.72
	重要	7	32	76	0.25	1.14	2.70	1.36
	非常重要	6	31	107	0.21	1.10	3.80	1.70

数据来源：作者根据 CFPS2014、CFPS2016、CFPS2018 数据整理。

（三）消费不平等描述性统计分析

1. 农村家庭消费支出情况

参照联合国制定的《按目的划分的个人消费分类》（COICOP）和中国国家统计局公布的《居民消费支出分类（2013）》，并结合 CFPS 调查问卷中家庭分项消费支出数据的实际情况，本书将农村家庭生活性消费分为食物、衣着、居住、设备及用品、医疗保健、交通通信、文化教育娱乐及其他①，以上分项消费支出加总得到家庭总消费支出。由于家庭消费具有不可分割性，需要将家庭层面的消费调整到个体层面，以克服家庭规模带来的影响，得到家庭的“真实”福利水平。文献中的普遍做法是用等值因子消除家庭规模经济的影响（邹红等，2013a）。因此，本书参照既往研究，将家庭总消费支出和各分项消费支出分别除以家庭规模得到家庭人均总消费支出和人均分项消费支出。同时，借鉴李旭洋等（2019）、齐红倩和刘岩（2020）、刘铠豪等（2022）、徐佳和韦欣（2021）等的研究，生存型消费采用“食品支出＋衣着支出＋居住支出”来衡

① 食品消费，包括在家吃饭（自产自销农产品等折现）和外出就餐的伙食费及购买零食、饮料、烟酒等；衣着消费，泛指身上的穿戴支出，还包括裤袜、手套、围巾等；居住消费，包括房屋维修、房租、物业费、水、电、燃料支出等；家庭设备及用品消费，包括耐用消费品、日用品、购置汽车及其他交通通信工具支出等；医疗保健消费，包括医疗器具、医药费、保健用品等；交通和通信，包括家庭交通工具维修、交通费、邮电费等；文化教育娱乐消费，包括各类教育培训费用、文化娱乐费用、旅游支出等。

量；发展型消费采用“教育支出”来衡量；享乐型消费采用“设备用品支出＋医疗保健＋交通通信＋文化娱乐支出＋其他支出”来衡量。表 3-10 显示了本书中样本家庭各项消费人均支出的情况统计。由统计结果可以看出，总样本的各项人均消费支出年均值逐年增加，说明农村居民的生活水平不断提升；从各分项消费支出在总消费支出中的占比来看，农村居民食物和衣物消费支出的占比逐年下降，这与中国农村恩格尔系数变化基本一致，同时，设备用品消费支出和享受型消费支出的占比逐年提升，以上说明中国农村居民的生活质量也在逐步提升。

使用等值因子将家庭层面调整至个人层面暗含了一个假定，即不存在家庭内部的不平等，资源对家庭的所有人都是平均分配的。文献中的普遍做法是用等值因子消除家庭规模经济的影响。由于家庭消费的不可分割性，获得个人消费数据不如个人收入那样方便。因此需要对家庭的消费和收入水平进行调整，将家庭层面的消费和收入调整到个体层面，得到家庭的“真实”福利。

表 3-10　农村家庭消费支出情况统计

变量	消费支出均值（元）				占比（%）			
	2014 年	2016 年	2018 年	总样本	2014 年	2016 年	2018 年	总样本
总消费	7 675.26	9 583.89	11 151.14	9 470.10	—	—	—	—
食物消费	2 666.89	3 318.52	3 597.47	3 194.29	34.75	34.63	32.26	33.73
衣物消费	401.36	482.74	526.34	470.15	5.23	5.04	4.72	4.97
住房消费	1 325.33	1 610.93	2 143.83	1 693.36	17.27	16.81	19.23	17.88
设备用品消费	718.97	1 127.01	1 284.08	1 043.35	9.37	11.76	11.52	11.02
医疗保健消费	1 036.90	1 222.64	1 457.49	1 239.04	13.51	12.76	13.07	13.08
交通通信消费	763.66	936.95	1 045.45	915.35	9.95	9.78	9.36	9.67
文教娱乐消费	689.57	785.84	971.85	815.75	8.98	8.20	8.72	8.61
生存型消费	4 580.81	5 656.13	6 541.35	5 592.76	59.71	59.02	58.66	59.06
发展型消费	639.61	706.67	858.67	734.98	8.34	7.37	7.70	7.76
享受型消费	2 451.34	3 221.09	3 751.13	3 141.19	31.95	33.61	33.64	33.17

数据来源：作者根据 CFPS2014、CFPS2016、CFPS2018 数据整理。

2. 农村居民消费不平等状况

本书以农村居民作为研究单元，以农村居民所居住村庄的其他家庭作为参照群体，根据式（3-1）的 Kakwani 指数计算公式，计算出农村居民的总消费不平等指数、各分项消费不平等指数和三大消费类型消费不平等指数。表 3-11

显示了各消费不平等情况的统计结果。由结果可以看出，同村内部的消费不平等均值随时间变化情况可以分为三种：一是消费不平等均值随时间先升后降，如总消费、食物、衣物、住房、设备用品和交通通信消费不平等，以及三大类型消费不平等；二是消费不平等均值随时间持续增大，如医疗保健消费不平等；三是消费不平等均值随时间持续下降，如文教娱乐消费不平等。其中，总消费不平等变化趋势与姚健和臧旭恒（2022）基于消费的对数方差度量的消费不平等一致。

从总样本均值来看，总消费不平等最小，为0.348，看似农村居民消费不平等情况良好。但是从分项消费来看，农村居民在衣、食、行（交通通信）等方面的消费不平等相对较小，而在设备用品、医疗保健、文教娱乐等方面的消费存在严重的不平等，从而造成农村居民生存型消费不平等相对较小，发展、享受型消费不平等相对严重的局面。这说明目前农村居民内部基本消费间的差距逐渐缩小，消费不平等主要表现为更高层次需求上的不平等。

表3-11　农村居民消费不平等情况统计

变量	消费不平等			
	2014年	2016年	2018年	总样本
总消费不平等	0.314	0.363	0.328	0.348
食物消费不平等	0.361	0.412	0.405	0.395
衣物消费不平等	0.416	0.474	0.469	0.462
住房消费不平等	0.515	0.557	0.445	0.508
设备用品消费不平等	0.535	0.596	0.580	0.576
医疗保健消费不平等	0.585	0.604	0.605	0.595
交通通信消费不平等	0.405	0.432	0.425	0.426
文教娱乐消费不平等	0.711	0.704	0.699	0.767
生存型消费不平等	0.345	0.401	0.367	0.374
发展型消费不平等	0.796	0.799	0.791	0.795
享受型消费不平等	0.424	0.458	0.451	0.446

数据来源：作者根据CFPS2014、CFPS2016、CFPS2018数据整理。

（四）主观幸福感描述性统计分析

本书将农村居民主观幸福感作为核心变量。而CFPS2016调查数据中的幸福感数据缺失严重，本书研究样本中缺失值达到了98.5%。因此，本书在后续主观幸福感部分的实证分析中，仅采用 CFPS2014 和 CFPS2018 的数据。表 3-12 为农村居民主观幸福感情况统计结果。由结果可以看出，总体上来说，农村居民主观幸福感 5 分及以下的人数占比均不足 27%；分项来看，自 2014 年至 2018 年，农村居民自评幸福感 5 分以下的各档次人数占比均下降，而自评幸福感 5 分及以上的各档次人数占比增大（除评分为 6 和 9 的人数占比略有下降）；从各年及总样本的幸福感均值来看，农村居民幸福感略有提升，均值为 7.362 分。以上说明农村居民整体幸福感处于中等偏上水平，且具有增长趋势。

表 3-12　农村居民主观幸福感情况统计

变量	说明	人数（人）		占比（%）		
		2014 年	2018 年	2014 年	2018 年	总样本
主观幸福感	0 分	31	29	1.10	1.03	1.07
	1 分	24	21	0.85	0.75	0.80
	2 分	42	26	1.49	0.92	1.21
	3 分	90	52	3.20	1.85	2.52
	4 分	66	65	2.35	2.31	2.33
	5 分	479	543	17.03	19.30	18.17
	6 分	284	263	10.10	9.35	9.72
	7 分	269	286	9.56	10.17	9.86
	8 分	610	628	21.69	22.32	22.01
	9 分	235	176	8.35	6.26	7.31
	10 分	683	724	24.28	25.74	25.01
	均值（分）	7.271	7.335	—	—	7.362

数据来源：作者根据 CFPS2014 和 CFPS2018 数据整理。

五、主要变量的交互分析

（一）互联网使用与消费不平等的交互分析

表 3-13 汇报了农村互联网使用与否与其消费不平等交互分析的结果。由结果可知，相对于未使用互联网的农村居民，使用互联网的农村居民其消费不平等更低（除医疗保健消费不平等外）。说明互联网使用与农村居民消费不平等间可能存在负相关关系，即互联网使用可能会降低农村居民消费不平等。而医疗保健消费不平等却随互联网的使用表现出先负相关不显著后显著正相关关

系，可能的原因是互联网使用通过健康知识传播、网络就医等途径，降低了农村居民的医疗保健消费支出，进而使得互联网使用者的医疗保健消费不平等指数增大。同时，本书根据各年互联网使用广度均值和使用深度均值进行样本分组，将各年互联网使用广度或使用深度大于其均值的赋值为 1，定义为使用广度大或使用深度大，小于均值的赋值为 0，定义为使用广度小或使用深度小，进而与消费不平等进行交互分析。交互结果与表 3－13 展示的结果基本一致。限于篇幅，本书将互联网使用广度、使用深度与消费不平等的交互结果呈现于附录中，详见附表 1 和附表 2。

表 3－13　互联网使用与否与农村居民消费不平等的交互分析

变量	2014 年			2016 年			2018 年		
	使用互联网	未使用互联网	均值差异	使用互联网	未使用互联网	均值差异	使用互联网	未使用互联网	均值差异
总消费不平等	0.209	0.326	−0.118***	0.257	0.394	−0.137***	0.261	0.362	−0.101***
食物消费不平等	0.279	0.370	−0.091***	0.302	0.446	−0.144***	0.336	0.440	−0.104***
衣物消费不平等	0.291	0.431	−0.139***	0.335	0.516	−0.181***	0.352	0.529	−0.177***
住房消费不平等	0.435	0.524	−0.139***	0.498	0.575	−0.077***	0.397	0.470	−0.073***
设备用品消费不平等	0.454	0.545	−0.091***	0.469	0.634	−0.165***	0.501	0.621	−0.120***
医疗保健消费不平等	0.571	0.587	−0.016	0.632	0.595	0.036**	0.624	0.595	0.029**
交通通信消费不平等	0.263	0.421	−0.158***	0.292	0.474	−0.182***	0.326	0.476	−0.151***
文教娱乐消费不平等	0.592	0.725	−0.133***	0.598	0.735	−0.137***	0.595	0.752	−0.157***
生存型消费不平等	0.255	0.355	−0.100***	0.289	0.435	−0.146***	0.296	0.403	−0.107***
发展型消费不平等	0.706	0.806	−0.100***	0.753	0.812	−0.059***	0.724	0.824	−0.100***
享受型消费不平等	0.325	0.435	−0.111***	0.367	0.485	−0.119***	0.393	0.480	−0.087***

数据来源：作者根据 CFPS 数据的 STATA 输出，*、**、*** 分别表示在 10%、5%、1%统计水平上显著。下同。

（二）互联网使用与主观幸福感的交互分析

表 3－14 汇报了互联网使用与否与农村居民主观幸福感交互分析的结果。从汇报结果可知，相较于未使用互联网的农村居民，使用互联网的农村居民拥有更高的幸福感，说明互联网使用可能与农村居民幸福感存在正相关关系。从均值差异来看，2018 年的均值差异小于 2014 年的均值差异，且显著性下降。说明随着互联网的普及，可能由互联网使用与否所带来的农村居民幸福感差异逐渐减小，互联网使用与否的幸福感效应在下降，需要从更深层次的互联网使

用差异提升居民主观幸福感。

表 3-14　互联网使用与否与农村居民主观幸福感的交互分析

变量	2014 年			2018 年			总样本		
	使用互联网	未使用互联网	均值差异	使用互联网	未使用互联网	均值差异	使用互联网	未使用互联网	均值差异
主观幸福感	8.039	7.182	0.858***	7.433	7.284	0.148*	7.591	7.296	0.294***

为探究互联网使用广度差异与农村居民主观幸福感间的关系，本书根据各年互联网使用广度均值进行样本分组，将各年互联网使用广度大于其均值的赋值为 1，定义为使用广度大，小于均值的赋值为 0，定义为使用广度小，进而与农村居民主观幸福感进行交互分析。表 3-15 汇报了交互分析结果。从结果来看，相较于互联网使用广度小的农村居民，互联网使用广度大的农村居民拥有更高的幸福感，说明互联网使用广度与农村居民幸福感存在正相关关系。从均值差异来看，2018 年的均值差异小于 2014 年的均值差异，且显著性下降。说明随着互联网使用广度增大，可能由互联网使用广度所带来的农村居民幸福感差异逐渐减小，互联网使用广度的幸福感效应在下降，与互联网使用与否与农村居民主观幸福感的交互结果一致。

表 3-15　互联网使用广度与农村居民主观幸福感的交互分析

变量	2014 年			2018 年			总样本		
	使用广度大	使用广度小	均值差异	使用广度大	使用广度小	均值差异	使用广度大	使用广度小	均值差异
主观幸福感	8.055	7.186	0.869***	7.441	7.285	0.156*	7.597	7.300	0.298***

为进一步探究互联网使用深度差异与农村居民主观幸福感间的关系，本书根据各年互联网使用深度均值进行样本分组，将各年互联网使用深度大于其均值的赋值为 1，定义为使用深度大，小于均值的赋值为 0，定义为使用深度小，进而与农村居民主观幸福感进行交互分析。表 3-16 汇报了互联网使用深度与农村居民主观幸福感交互分析的结果。从汇报结果来看，相较于互联网使用深度小的农村居民，互联网使用深度大的农村居民拥有更高的幸福感，说明互联网使用深度与农村居民幸福感存在正相关关系。从均值差异来看，主观幸福感年均值差异呈下降趋势。说明随着互联网使用深度增大，可能由互联网使用深度所带来的农村居民幸福感差异逐渐减小，互联网使用深度的幸福感效应也在下降，与前面互联网使用两个维度的交互结果一致。

基于上述结果可知，互联网使用各维度与农村居民主观幸福感交互结果表现出一致性，即相较于未使用互联网、使用广度小和使用深度小的农村居民，使用互联网、使用广度大和使用深度大的农村居民拥有更高的主观幸福感，同时农村居民主观幸福感在互联网使用各维度上的差异均随时间而减小。以上说明互联网使用与农村居民主观幸福感呈正相关关系，互联网使用可能是影响农村居民主观幸福感的原因，而该结论需要进一步的实证检验。

表 3-16 互联网使用深度与农村居民主观幸福感的交互分析

变量	2014 年			2018 年			总样本		
	使用深度大	使用深度小	均值差异	使用深度大	使用深度小	均值差异	使用深度大	使用深度小	均值差异
主观幸福感	8.122	7.189	0.933***	7.559	7.253	0.305***	7.626	7.301	0.325***

（三）消费不平等与主观幸福感的交互分析

本书采用两种形式分析总消费不平等与主观幸福感间变化趋势的关系。首先，本书根据农村居民的幸福感分值，将主观幸福感水平划分为 5 个档次，即 2 分及以下、2～4 分（含）、4～6 分（含）、6～8 分（含）和 8 分以上，进而结合农村居民总消费不平等对两者间变化趋势的相互关系进行分析，结果列示于表 3-17。其次，本书根据各年总消费不平等均值对样本进行分组，将年总消费不平等小于其年均值的赋值为 1，定义为消费不平等小，大于年均值的赋值为 0，定义为消费不平等大，进而将分组后的总消费不平等与主观幸福感进行交互分析，表 3-18 列示了交互分析结果。

由表 3-17 的结果可以看出，随着农村居民主观幸福感水平逐步上升，其总消费不平等逐渐下降；由表 3-18 的结果可以看出，相对于消费不平等大的样本，消费不平等小的样本拥有更高的主观幸福感，且该特征在各年具有一致性。以上结果说明农村居民总消费不平等与主观幸福感存在负相关关系，即随着总消费不平等程度降低，农村居民主观幸福感提升。而这种负相关关系是否进一步表现为因果关系，需要后续进一步的实证检验。

表 3-17 消费不平等与农村居民主观幸福感

变量	样本	主观幸福感				
		0～2（含）	2～4（含）	4～6（含）	6～8（含）	8～10（含）
消费不平等	2014 年	0.361	0.357	0.328	0.310	0.294
	2018 年	0.370	0.345	0.355	0.315	0.312
	总样本	0.364	0.352	0.342	0.313	0.303

表 3-18　消费不平等与农村居民主观幸福感的交互分析

变量	2014 年			2018 年			总样本		
	消费不平等小	消费不平等大	均值差异	消费不平等小	消费不平等大	均值差异	消费不平等小	消费不平等大	均值差异
主观幸福感	7.419	7.112	0.307***	7.461	7.197	0.264***	7.471	7.246	0.225***

六、本章小结

本章内容主要分为四个部分，即数据来源及说明、数据处理过程介绍、样本特征描述性统计分析和主要变量交互分析。数据来源及说明主要介绍了本书实证分析中所使用数据的来源，以及该数据的简单介绍；数据处理过程主要说明本书所用数据的生成过程；样本特征描述性统计主要从户主层面、家庭层面和区域层面对样本特征进行统计，并进一步就上述特征进行分析，以全面了解本书所用样本的主要特征情况；主要变量的交互分析主要从互联网使用、消费不平等和主观幸福感进行分析。本书就上述三个主要变量两两做交互分析，初步了解了主要变量间的相互关系。通过主要变量间的交互分析发现，互联网使用与农村居民消费不平等负相关，互联网使用可能是农村居民消费不平等的影响因素；互联网使用与农村居民主观幸福感正相关，互联网使用可能是农村居民主观幸福感的影响因素；农村居民消费不平等与其主观幸福感负相关，消费不平等可能是农村居民主观幸福感的影响因素。上述分析说明本书的主要变量间存在相关关系，为后续进一步的因果关系实证研究做好了铺垫。

第四章　互联网使用对农村居民消费不平等影响的实证分析

一、研究假设与分析框架

随着农村消费环境日益优化，农村居民消费支出不断增长。而经济基础和现实能力差异使得部分居民消费期待与现实满足之间出现负向偏差，导致自身消费需求实现速率不及参照群体，消费支出差异日渐增大，消费不平等程度升高。根据相对剥夺理论可知，在同村居民中，消费支出水平越高的个体，则其消费劣势越低，遭受的消费相对剥夺越低，表现为个体消费不平等程度越低。因此，农村居民消费不平等程度源于其消费支出与同村其他户主消费支出比较的结果，即相对于参照群体，居民自身消费支出的多少。在其他因素不变的情况下，居民消费不平等最直接的决定因素是其自身消费支出的多少。要降低消费不平等程度，居民需要不断提升自身的消费支出。根据文献分析可知，居民消费决策会受到时间、身体承受能力、储物空间等方面的“自然约束”（张海洋、韩晓，2022）。而从经济学的视角而言，相对剥夺其本质是缺乏充分参与社会所必需的商品或资源（Adjaye - Gbewonyo & Kawachi，2012）。因此，缓解消费不平等需要放松农村居民消费决策的“自然约束”，提升消费决策的自由度，拓展充分参与社会所必需的商品或资源。

互联网是一种重要的资源，能够促进学习、加强交流、创造市场机会，并鼓励政治参与（联合国开发计划署，2001）。随着农村地区互联网设施不断完善和智能手机的普及，农村居民的互联网可及性提升，拓展了农村居民充分参与社会所必需的商品或资源。根据可行能力理论可知，互联网可及性提升了农村居民使用互联网的机会和自由度（即能力），为农村居民通过使用互联网而改变生活质量提供了基础。由式（2 - 1）（$b_i = f_i\ (c_i\ (x_i \mid z_i,\ z_e,\ z_s))\ \forall f_i \in F_i,\ \forall x_i \in X_i$）可知，在探讨互联网使用对农村居民消费不平等影响的情况下，x_i 表示居民的互联网使用能力，b_i 表示居民通过互联网使用实现的消费不平等状态（功能）。对任一居民而言，如果其他因素均保持不变，则 b_i 取决于居民是否使用互联网及使用互联网的转换效率，体现为个体对互联网使用的意愿和能力差异。当农村居民发生互联网使用行为时，说明其不但具备使用互联网的意愿和能力且能够实现能力向功能的转换。一般情况下，使用互联网的农村居民比不使用互联网的农村居民拥有更强的能力，提高了其实现功能的可能性。以上说明，如果将消费不平等视为一种功能状态，其他条件保持不变的情况下，使用互联网的农村居民拥有更大的商品向量集，即资源约束放松，进而促使其功能实现，即消费支出增加或消费不平等下降。已有研究也证实了互联网使用能够提高农村居民消费支出（祝仲坤、冷晨昕，2017；刘根荣，2017），进而缓解消费不平等（程名望、张家平，2019b；陈鑫等，2020）。

基于上述分析，本书提出假说 H1：

H1：互联网使用能够显著缓解农村居民的总消费不平等，即使用互联网、使用广度越大或使用深度越大，农村居民的总消费不平等程度越低。

农村居民能够借助于互联网赋能促进消费增长。然而互联网使用对农村居民各分项消费支出的影响效应不尽相同。一是根据可行能力理论，即使拥有同等互联网使用机会和同样社会环境的同村居民，在互联网使用能力转换为消费支出增长的过程中，同时受到个体转换效率差异和互联网上商品供给端的约束，相同的互联网使用行为对不同商品的消费效果可能存在差异。二是受家庭传统消费观念的影响，每个家庭形成了不同的消费偏好，表现出对不同商品的需求强度差异，这种特征会随着互联网的使用由线下延伸至线上，说明即使借助于互联网消费，受固有消费偏好的影响，每个家庭对不同商品的消费支出存在差异。三是互联网拓展了农村居民的商品可及性渠道，为满足农村居民的潜在消费提供了机会，因此对潜在需求的满足可能会引起家庭各种消费支出比例的变化，进而引起不同商品的消费不平等变化。四是农村居民互联网普及率提升的同时，互联网使用日益分化，使用数字技术进行活动的内容差异化（王杰、蔡志坚，2022），而不同互联网使用内容对不同商品的消费效应不同。

基于上述分析，本书提出假说 H2 和 H3：

H2：互联网使用各维度对分项消费不平等的影响存在系数值和显著性上的差异。

H3：互联网使用各维度对分类消费不平等的影响存在系数值和显著性上的差异。

传统消费理论认为收入是消费的决定性因素。邹红等（2013a）、陈志刚和吕冰洋（2016）研究表明，收入不平等是消费不平等的主要原因。可见，收入及收入不平等是影响消费不平等的重要因素。Dimaggio 和 Bonikowski（2008）发现熟练掌握数字技能的人比另一些人更能获利，互联网使用与收入增长之间具有显著的正相关关系。农村地区的互联网发展和普及为农村居民增收赋能。互联网能够通过促进农村劳动力就业（Fabritz，2013；Atasoy，2013；周冬，2016；张勋等，2021）、提高农产品销售收入（Aker，2010；彭小辉，王宇，2021）、推动农村居民创业（周洋等，2017；王杰、蔡志坚，2022；张自强，2022）、增加财产性收入（韩长根、张力，2017）等途径提高农村居民家庭总收入，进而缓解其收入不平等（彭小辉、王宇，2021；张自强，2022）。因此，互联网表现出具有增加收入和缓解收入不平等的收入效应。

基于上述分析，本书提出假说 H4：

H4：互联网使用能够增加收入或缓解收入不平等，进而降低消费不平等。

信息广度不仅直接影响农村居民的消费支出，而且能够通过影响消费观念间接影响消费支出，进而影响消费不平等。互联网具有海量的与消费相关的信息，且具有强外部性。互联网作为人们获取信息的主要途径，极大地促进了居民消费（冯大威等，2022）。一方面，互联网购物平台打破了地方落后商品市场对居民消费潜力的制约，降低了摩擦和交易成本，极大地丰富和便利了农村居民消费，从而最大限度地激发了农村家庭消费潜力（程名望、张家平，2019b），促进居民消费；另一方面，互联网拓宽了农村居民的信息获取渠道，既降低信息不对称程度，极大地提高了农村群体的信息丰裕程度，弥补了信息劣势现状（Graham & Nikolova，2013），又强化了农村居民与外界的联系，使其更容易受到外界消费示范和引导的影响，传统消费观念逐渐淡化，新的消费概念和消费偏好日渐形成，从而激发新型消费需求，提高居民消费倾向（鲁元平、王军鹏，2020），促进居民消费。

基于上述分析，本书提出假说 H5：

H5：互联网使用能够拓展信息渠道来源，进而缓解消费不平等。

购物渠道是释放消费潜力的重要因素。互联网能够通过拓展农村居民购物渠道刺激消费，降低交易成本，进而促进消费支出增长，缓解消费不平等。

首先，互联网能够通过网购拓展农村居民的购物渠道。网购是居民基于互联网技术的线上购物渠道，是对线下实体购物渠道的拓展。由交易成本理论可知，交易过程需要当事人投入时间、精力及其他开支，而达成交易所付出的以上代价就是交易成本。居民在消费过程中，一般会比较不同交易方式的成本，并倾向于选择具有更低成本的交易方式。相对于线下购物渠道，网购借助于互联网优势，具有商品价格低、搜寻成本小、种类多、全天候在线等特点。网购不仅能够打破购物时空限制，增强农村居民的消费可获得性，而且丰富的商家和商品种类有助于居民比较价格，获得性价比更高的商品。同时，随着快递点在农村布控日趋合理，网购交易成本不断降低，进而促进潜在消费转化，并刺激新型消费。一系列研究表明，在网上购买活动较高的情况下，个人去实体店的次数增加（Zhou & Wang，2014；Zhai 等，2019），可见网购在实现线上支出的同时，还能够促进线下消费，进而增加总消费支出，缓解消费不平等。

其次，互联网通过移动支付发挥购物渠道效应。基于互联网的移动支付具有独特的网络规模效应，体现出低交易成本优势（谢平、刘海二，2013），使得居民支付方式不再受到空间的约束，也打破了消费的时间约束，一定程度上促进家庭消费（liu et al.，2020a）。由心理账户理论可知，人们在消费决策过程中，心理上同时存在两个通道，分别用于记录消费时获得的愉悦与付款时感知的疼痛，并在心中以特定的运算规则对支出"账户"进行损失-获益分析（Tversky & Kahneman，1981）。当人们感知愉悦多于疼痛，即收益大于损失时，消费行为更容易发生。相较于传统现金支出，基于互联网的移动支付能够降低消费与支付间的联结，减少支付疼痛感（杨晨、王海忠，2014；Meyll，2018），比现金支付更能刺激消费行为（张美萱等，2018；Liu 等，2020b），促进消费支出（陈铭聪、程振源，2021；裴辉儒、胡月，2020）。如刘向东和张舒（2019）发现使用移动支付方式的消费者其线下消费金额和消费频率均有显著提升，且随着使用的持续其促进作用逐渐增强；Ahmed 和 Cowan（2021）基于当地农村家庭数据分析发现，移动支付用户在面临疾病冲击时会增加医疗健康消费支出等；杨晨等（2015）发现移动支付还可能会带来意外支出和冲动消费。

基于上述分析，本书提出假说 H6：

H6：互联网使用能够促进网购和提升网购金额，进而缓解消费不平等。

在中国式人情社会中，社会资本作为一种特殊的资本，发挥着抵御风险和平滑消费的作用（马光荣、杨恩艳，2011）。社会资本积累越多，个体或家庭拥有的社会网络越庞大。而社会网络作为特定个人之间的一系列独特的关系，能给网络内部的成员提供信息和人情资源（边燕杰等，2012），并通过促进就业（赵羚雅、向运华，2016）、创业（刘会平等，2022）、融资（胡振等，2022）等增加居民收入。有研究发现农村居民在很大程度上依靠由地缘及亲缘关系形成的社会网络来应对风险、缓解收入波动的冲击（马小勇、白永秀，2009；Kinnan & Townsend，2012；Ambrus 等，2014），其主要形式有提供礼金来往、借款和转移支付等互助行为（Fafchamps & Gubert，2007）。社会网络的保障功能降低了农户的预防性储蓄动机（易行健等，2012）。对于绝大多数家庭，人情支出增加会提高正常消费倾向，且只有当人情支出与收入的比值达到非常高时，人情支出才开始对正常消费产生净挤出作用（周广肃、马光荣，2015）

互联网对社会资本有着重要影响，是近年来社会资本的重要来源（温雪等，2019）。从旧社会网络维系上来看，互联网使用能够通过多种便捷的交流软件，打破时空限制，实现亲朋好友间的无障碍沟通，进而保障了旧社会网络维系。特别是移动支付的推广增加了人情往来的灵活性和便捷性，从而促使线上“礼尚往来”的频率大大提高。韩永和李成明（2019）的研究也表明移动支付通过发挥社会资本效应，显著提升了家庭在医疗健康方面的消费支出。从新社会网络的构建上来看，刘传江等（2018）认为互联网社交媒体的使用帮助跨越型社会网络的建立，有利于个人扩大社会网络的规模。互联网使用打破了农村居民固化的生活圈层，拓展了其社会网络边界，这不仅有利于农村居民找到兴趣相投的朋友，在网络空间中构建新的社会网络，而且互联网使用能够增强农村居民对外界结合的了解，使得其更加愿意相信并与各种类型的人产生社会交往，从而增强个人以及社会的普遍信任态度（王金杰等，2019）。

因此，通过增强或拓展社会网络，互联网使用可以增进社会资本积累（陈铭聪、程振源，2021），进而可以增加农村居民收入或缓解居民当期预算约束，平滑消费支出，降低消费不平等。

基于上述分析，本书提出假说 H7：

H7：互联网使用能够增强社会资本积累，进而缓解消费不平等。

综上分析，构建本章的分析框架，如图 4－1 所示：

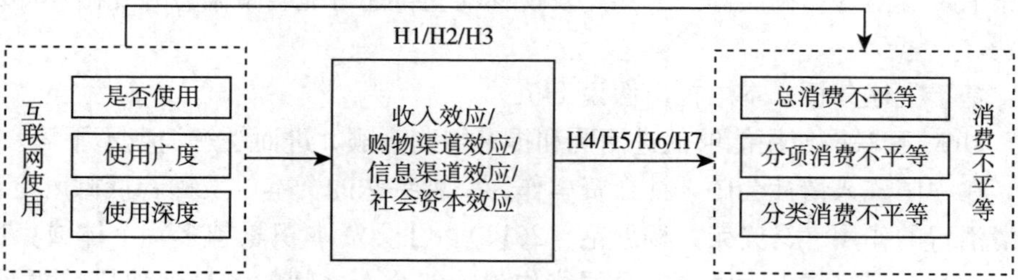

图 4－1　互联网使用对消费不平等影响的分析框架

二、变量选取与模型设定

本章使用 CFPS2014、CFPS2016 和 CFPS2018 三期数据构造的平衡面板数据进行实证检验。以下就变量的选取及测度进行说明。

（一）变量选取

1. 被解释变量

本章主要检验互联网使用对农村居民消费不平等的影响，因此被解释变量为农村居民消费不平等，具体数据源于前文中根据式（3－1）计算得出的 Kakwani 指数。本书不仅检验互联网使用对总消费不平等的影响，而且检验互联网使用对分项消费及分类消费不平等的影响，因此本章被解释变量包括总消费不平等、各分项消费不平等和分类消费不平等。其中，分项消费不平等包括食物、衣物、居住、设备用品、医疗保健、交通通信和文教娱乐消费不平等；分类消费不平等包括生存型、发展型和享受型消费不平等。各种消费支出包含的具体消费内容详见第三章。

2. 解释变量

互联网使用为本章核心解释变量，包括互联网使用与否、使用广度和使用深度，以检验农村居民互联网使用行为差异对其消费不平等的影响。

（1）互联网使用与否。互联网使用与否通过 CFPS 问卷中关于是否上网的题目获取，具体见第三章。户主使用互联网，赋值为 1；户主不使用互联网，赋值为 0。

（2）互联网使用广度。互联网使用广度表明户主使用互联网所进行的活动数量，即互联网使用方式。该变量根据户主互联网使用频率生成，具体过程详见第三章。根据生成过程可知，农村居民互联网使用广度为 0 至 5 的连续变量，数值越大，表明户主使用互联网进行的活动数量越大，其使用广度越大。

（3）互联网使用深度。互联网使用深度反映互联网嵌入户主生活的程度，用户主在各互联网使用方式上频率的总和来衡量，变量生成过程详见第三章。该变量为取值 0 到 30 的连续变量，数值越大表明户主的互联网使用深度越大。

3. 控制变量

为检验互联网使用对消费不平等的影响，应尽可能降低其他消费不平等影响因素的干扰。本书参照既往研究（曲兆鹏、赵忠，2008；朱梦冰，2021；王慧玲等，2021；张雅淋等，2022；姚健、臧旭恒，2022），从个人、家庭和区域三个层面选取控制变量。其中，个人层面变量选取了户主年龄、年龄平方/100、性别、婚姻状况、受教育程度和健康状况；家庭层面变量选取了家庭规模、家庭总净财产①、户养老保险参与率②、老人占比、儿童占比和从事个体经营情况；地区层面变量选取了各样本省年人均 GDP 和政府财政政策。

① 收入是消费的重要影响因素，农村家庭人均年收入具有不稳定性，而当收入减少时，家庭可以通过多种途径平滑消费。因此家庭的暂时收入并不能准确反映其真实的经济地位，而财产作为累积变量更能显示家庭的真实经济状况。本书同时选取家庭人均纯收入和总净资产分别衡量农村居民的短期收入和长期收入积累状况。

② 已有研究中有使用医疗保险参与状况来研究保险冲击对家庭消费不平等的影响。在本书样本特征统计过程中发现，样本家庭中成人医疗保险参与率达 93%，样本在医疗保险参与上差别不大；且在回归分析中其对因变量的影响不显著，故本书采用养老保险衡量不确定收入冲击对消费不平等的影响。

特殊数值生成和处理过程。考虑到不同年份及不同地区价格水平存在较大差异，直接使用原始数据会产生很大的误差，且不同年度和不同地区之间不可比，为了控制这种影响，本书以 2010 年为基期，通过相关平减指数对有关变量进行平减。①家庭总净财产：数据生成过程见前文。本书以利用农村消费价格指数家庭总净财产进行平减。因该数值较大，在回归中需要做取对数处理，而样本中某些家庭因总负债大于总资产而存在总净财产为负值的情况。本书参照 Busse 和 Hefeker（2007）的处理方法①，对平减后的家庭总净资产平移后取对数。②省人均 GDP：本书以各年人均地区生产总值指数（上年＝100）计算出人均地区生产总值平减指数，对年省人均 GDP 进行平减后取对数。③政府财政政策：本书以一般公共预算支出表征政府财政支出，以衡量各省对地方公共服务的投入力度。首先用各年地区 GDP 平减指数对各省年一般公共预算支出进行平减，然后参照张海洋和韩晓（2022）的研究，用平减后的一般公共预算支出除以平减后的省人均 GDP 衡量政府财政政策。

4. 变量描述性统计分析

表 4－1 和表 4－2 分别展示了本章所用变量的赋值情况说明及描述性统计结果。

（1）消费不平等。由表 4－2 的统计结果可知，样本中农村居民消费不平等情况总体表现为先升后降的波动式变化，各类消费不平等间差异较大。整体上来看，总消费不平等数值各年均最小，且均值仅为 0.335；分项消费来看，农村居民在衣、食、行（交通通信）等方面的消费不平等相对较小，而在设备用品、医疗保健、文教娱乐等方面的消费存在严重的不平等，从而造成农村居民生存型消费不平等相对较小，发展、享受型消费不平等相对严重的局面。这说明目前农村居民内部基本消费间的差距逐渐缩小，消费不平等主要表现为更高层次需求上的不平等。

（2）互联网使用维度。在 2014 年、2016 年和 2018 年，互联网使用与否的统计结果分别为 0.103、0.232 和 0.338，说明互联网使用人数呈递增趋势，这与中国互联网发展和普及的整体态势相一致；互联网使用广度分别为 0.263、0.598 和 0.946，说明农村居民使用互联网的目的越来越多样化，互联网逐渐深入到居民生活的多个方面；互联网使用深度分别为 1.127、2.731 和 4.323，说明农村居民的互联网使用频率逐年提升，互联网使用嵌入农村居民的深度日益增大。

（3）控制变量。由统计结果可知，样本中户主年龄均值在 50 岁左右。男性户主占比由 2014 年的 0.585 降至 2018 年的 0.575，说明农村家庭中女性户

① 在 Busse 和 Hefeker（2007）的文章中，负值转换公式为：$y=\ln[x+\sqrt{(1+x^2)}]$。

主占比呈递增态势，基本达到了户主性别中的男女比例持平，这可能与农村男性劳动力外出务工有关。家中男性外出务工后，女性成为家庭生产生活的主要决策者和主导者。结婚且有配偶户主各年占比均在85%以上。户主受教育程度均值在1.3左右，说明大部分户主为初中以下学历，整体文化水平不高。户主健康均值在2.8以上，说明大部分户主的健康水平一般。户人口规模为3至4人，其中，儿童占比均值为21.23%，老人占比均值为24.97%，即每户家庭中每4个人中必有一个是老人，说明农村老龄化的现实状态。但是从年占比来看，2014年、2016年和2018年，家庭中儿童占比分别为16.6%、13.9%和33.2%，而老人占比分别为30.9%、30.4%和13.6%，即儿童占比呈增长态势，而老人占比呈递减态势，可能的原因是二孩政策实施加大了儿童在家中人口的占比，弱化了老人占比。家庭总净财产均值呈增长态势，分别由2014年的181 273.8元，增长至2018年的200 396.4元，说明农村居民家庭经济水平逐步提升，这与国家持续推进惠农政策有关。户养老保险参与率均值基本处于21%的水平，说明农村养老保险参与率普遍不高。从事个体经营家庭的占比均值约为6%。平减后的省人均GDP均值呈递减态势，可能是省级经济发展不平衡所致。政府财政政策略有增长，说明在推进乡村振兴过程中，各省公共建设投资力度不断加大。

表4-1　变量赋值及说明

变量类型	变量名称	变量说明
被解释变量	总消费不平等 食物消费不平等 衣物消费不平等 居住消费不平等 设备用品消费不平等 医疗保健消费不平等 交通通信消费不平等 文教娱乐消费不平等 生存型消费不平等 发展型消费不平等 享受型消费不平等	根据各项消费支出的户人均值，采用Kakwani指数计算得出
解释变量	互联网使用与否	户主未使用互联网=0，使用互联网=1
	互联网使用广度	互联网使用方式覆盖面，为基数0～5
	互联网使用深度	互联网嵌入农村居民生活的程度，取值0～30

（续）

变量类型	变量名称	变量说明
控制变量	年龄	户主实际年龄
	年龄平方/100	户主实际年龄平方/100
	性别	女=0，男=1
	婚姻状况	已婚且有配偶=1，其他=0
	受教育程度	小学以下=0，小学=1，初中=2，高中及以上=3
	健康状况	非常不健康=1，非常健康=5，其余取值（1，5）
	家庭规模	家庭同住人口数量
	老人占比	家中65岁及以上老人/家庭规模
	儿童占比	家中16岁以下未成年人数/家庭规模
	家庭总净财产	家庭实际总净财产数量（元）
	人均纯收入	家庭年人均纯收入（元）
	户养老保险参与率	户实际参与养老保险人数/户成人数
	从事个体经营	未从事个体经营=0，从事个体经营=1
	省年人均GDP	平减后年省人均GDP数值
	政府财政政策	年省一般公共预算支出/省人均GDP

表4-2　变量描述性统计分析

变量名	2014年		2016年		2018年	
	均值	标准差	均值	标准差	均值	标准差
总消费不平等	0.314	0.225	0.363	0.242	0.328	0.222
食物消费不平等	0.361	0.261	0.412	0.267	0.405	0.271
衣物消费不平等	0.416	0.295	0.474	0.303	0.469	0.308
居住消费不平等	0.515	0.305	0.557	0.304	0.445	0.270
设备用品消费不平等	0.535	0.305	0.596	0.313	0.580	0.313
医疗保健消费不平等	0.585	0.324	0.604	0.322	0.605	0.321
交通通信消费不平等	0.405	0.281	0.432	0.283	0.425	0.285
文教娱乐消费不平等	0.711	0.358	0.704	0.353	0.699	0.361
生存型消费不平等	0.345	0.242	0.401	0.255	0.367	0.247
发展型消费不平等	0.796	0.292	0.799	0.287	0.791	0.299
享受型消费不平等	0.424	0.273	0.458	0.280	0.451	0.276
互联网使用与否	0.103	0.305	0.232	0.422	0.338	0.473
互联网使用广度	0.263	0.887	0.598	1.282	0.946	1.560

（续）

变量名	2014 年		2016 年		2018 年	
	均值	标准差	均值	标准差	均值	标准差
互联网使用深度	1.127	3.876	2.731	5.977	4.323	7.267
年龄	50.523	12.126	50.786	13.648	53.115	13.393
年龄平方/100	27.000	12.404	27.654	13.844	30.005	14.107
性别	0.585	0.493	0.572	0.495	0.575	0.494
婚姻状况	0.902	0.298	0.865	0.342	0.857	0.350
受教育程度	1.296	0.957	1.356	0.967	1.220	1.002
健康状况	2.898	1.312	2.841	1.274	2.811	1.303
家庭规模	3.813	1.724	3.738	1.735	3.185	1.593
老人占比	0.309	0.285	0.304	0.299	0.136	0.184
儿童占比	0.166	0.182	0.139	0.173	0.332	0.339
家庭总净财产	181 273.8	205 323.9	207 185.6	366 579.1	200 396.4	386 666.3
人均纯收入	8 653.429	7 327.227	9 637.03	9 288.051	9 780.968	10 242.01
户养老保险参与率	0.210	0.324	0.214	0.317	0.220	0.348
从事个体经营	0.053	0.225	0.066	0.249	0.059	0.236
省年人均 GDP	26 132.1	10 396.18	25 114.29	10 323.22	24 584.56	9 573.606
政府财政政策	0.235	0.085	0.256	0.105	0.261	0.103
观测值	2 813		2 813		2 813	

数据来源：作者根据 CFPS2014、CFPS2016、CFPS2018 数据整理。

（二）模型设定

1. 基准模型设定

根据本章研究内容，构建如下回归模型：

$$Consumption\_RD_{ijt}=\alpha+\beta Internet_{ijt}+\gamma X_{ijt}+\delta_t+\theta_j+\varepsilon_{ijt}$$

模型（4-1）

其中，$Consumption\_RD_{ijt}$ 为本章被解释变量，即农村居民消费不平等，包括总消费不平等、各分项消费不平等和分类消费不平等；$Internet_{ijt}$ 表示本章核心解释变量，即户主的互联网使用情况，包括使用与否、使用广度和使用深度；X_{ijt} 表示控制变量；下标 i、j 和 t 分别指代样本个体（户主）、家庭所在村和受访年份；δ 和 θ 分别为时间固定效应和个体固定效应；α、β、γ 为待估参数。其中，控制变量中的连续变量做取对数处理，如家庭总净财产、省人均 GDP。

2. 作用机制检验模型设定

为进一步揭示互联网使用影响消费不平等的作用机制，本书进一步构建回归模型，主要检验互联网使用与否对总消费不平等的影响路径。根据前文假说提出的四种可能存在的作用机制，同时预期互联网使用可能通过增加收入、降低收入不平等、促进网络购物、发挥信息渠道作用和增强社会资本积累而缓解消费不平等。为验证上述机制，厘清互联网使用与否影响消费不平等的可能路径，参考温忠麟和叶宝娟（2014）的研究，结合模型（4－1），并构建如下回归模型进行机制检验：

$$M_{ijt}=\alpha_0+\beta_0 Internet_{ijt}+\gamma_0 X_{ijt}+\delta_t''+\theta_j''+\varepsilon_{ijt}'' \quad \text{模型（4－2）}$$

$$Consumption\_RD_{ijt}=\alpha_1+\beta_1 Internet_{ijt}+\varphi M_{ijt}+\gamma_1 X_{ijt}+\delta_t'+\theta_j'+\varepsilon_{ijt}' \quad \text{模型（4－3）}$$

其中，M_{ijt}表示中介变量，包含农村居民家庭人均纯收入、收入不平等、网络购物（与否与金额）、信息渠道和社会资本；其他变量与模型（4－1）一致。各中介变量的衡量见后文。

在作用机制分析过程中，本书依据温忠麟和叶宝娟（2014）的研究方法，分三步以检验中介变量（包括人均纯收入、收入不平等、网络购物与否、网络购物金额、信息渠道和社会资本）在互联网使用对消费不平等影响过程中的中介效应。第一步，不引入中介变量M_{ijt}，直接就消费不平等对互联网使用做回归，检验农村居民互联网使用与否$Internet_{ijt}$对总消费不平等$Consumption_RD_{ijt}$的影响，观察模型（4－1）中的回归系数β是否显著；第二步，将各中介变量依次纳入模型（4－2）并进行归回，检验互联网使用与否$Internet_{ijt}$对各中介变量M_{ijt}的影响，观察模型（4－2）中的回归系数β_0是否显著；第三步，同时将互联网使用与否$Internet_{ijt}$与各中介变量M_{ijt}依次纳入模型（4－3）并进行回归，检验互联网使用与否与各中介变量同时对总消费不平等的影响，观察模型（4－3）中的回归系数β_1、φ是否显著。当回归系数β、β_0、β_1和φ均显著，且β大于β_1时，则中介变量发挥部分中介效应；当回归系数β、β_0和φ均显著，而β_1不再显著时，则中介变量具有完全中介效应。

三、实证结果与分析

基于前文构建的理论模型和 CFPS2014、CPFS2016、CFPS2018 三期数据构造的平衡面板数据，本部分运用 Stata15.1 对样本数据进行回归分析，从互联网使用与否、使用广度和使用深度三个维度检验互联网使用对总消费不平等及各不同类型消费不平等的影响。为提高估计结果的准确性，我们需要消除不同个体间的异质性差异对消费不平等的影响，以及随时间变化变量对消费不平等的影响。因此，我们在计量模型中加入了控制上述差异的个体固定效应和时间固定效应。鉴于同时考虑个体固定效应和时间固定效应能更好地反映个体消费决策的共性规律，本章在实证分析中主要使用双向固定效应模型进行估计。

（一）互联网使用对总消费不平等的影响

1. 互联网使用对总消费不平等的影响

为更清晰地分析互联网使用对总消费不平等的影响，本部分在同时控制了个体固定效应和年份固定效应的基础上，采用逐步回归方法，检验互联网使用各维度对农村居民总消费不平等的影响。表 4-3 汇报了估计结果。

由结果可以看出，即使同时控制个体固定效应、年份固定效应和控制变量，互联网使用各维度均在 1%统计水平上显著影响总消费不平等。从第（2）、（4）、（6）列的回归结果来看，互联网使用各维度的影响系数符号均为负，说明互联网使用各维度对总消费不平等均有抑制作用，即相对于未使用互联网，使用互联网能显著降低农村居民总消费不平等；增加互联网使用广度或使用深度均能显著降低农村居民总消费不平等。具体而言，相对于未使用互联网，使用互联网能促使总消费不平等下降 3%；互联网使用广度或使用深度每增加 1 个单位，总消费不平等分别下降 1.5%和 0.3%。各维度估计结果在符号和显著性上的一致性也说明估计结果是稳健的。可能的原因正如理论分析部分所述，互联网使用为农村居民赋能，放松了其消费需求实现的资源约束，促进消费支出增加，抑制了消费不平等。

控制变量方面。从第（2）、（4）、（6）列展示的回归结果可以看出，各列中控制变量对总消费不平等的影响是一致的，说明估计结果具有稳健性。具体来看，户主年龄对总消费不平等的影响系数显著为正，而年龄平方对总消费不平等的影响系数为负，但统计上不显著，说明户主年龄对总消费不平等的影响表现出非线性关系，为倒 U 型，即随着户主年龄增长，总消费不平等逐渐增大，当增长至某一临界值又逐渐下降。可能的解释是年轻户主承担的经济压力较大，预防性储蓄对消费产生了挤出效应，而随着年龄增长，抚养或赡养压力减少，或得益于农村社会保障体系的不断完善，户主的消费能力和欲望增强，总消费不平等状况缓解。户主受教育程度显著负向影响总消费不平等，即说明户主的受教育程度越高，其遭受的总消费不平等越低。这一现象表明教育能够降低总消费不平等。可能的原因是受教育程度越高的居民，其获取知识溢价越强，能借助多种途径增收，进而增强消费能力。户主健康状况的系数显著为正，即越健康的户主，消费不平等程度越高。这可能是因为医疗支出是农村居民重要的消费支出，健康状况良好户主的医疗消费支出少，拉低了总消费支出在村中的位次排名。家庭规模和家中儿童占比均显著正向影响总消费不平等，说明家庭人口越多，特别是儿童数量越多，会加大总消费不平等。这可能与农村居民的教育储蓄有关。中国居民对子女教育非常重视，特别是农村居民，他们迫切希望自己的子女摆脱农村的生活环境，跳出“农门”，而上学可能是捷径或唯一的途径。在我国推进义务教育的背景下，居民会在子女处于义务教育阶段时进行教育储蓄，以备子女将来上学所需。因此在家庭收入一定的情况下，人口越多，特别是家庭儿童人口的增加对家庭预防性储蓄动机产生强化作用，居民可能以维持基本需求的保守型消费为主，人均消费支出不高。家庭经济状况方面，总净财产和人均纯收入均负向影响消费不平等，但是总净财产统计上不显著，说明当期收入对当期消费支出影响更大。从事个体经营能够显著降低总消费不平等，可能是源于从事个体经营的农村家庭本身经济条件较好，同时个体经营拓宽了家庭增收渠道，消费能力进一步提升。其中，家庭层面控制变量中，年龄、受教育程度、健康状态和家庭少儿人口抚养比对消费不平等影响的结论与张雅淋和姚玲珍（2020）的研究一致。省人均 GDP 和政府财政政策均显著正向影响总消费不平等，即随着省人均 GDP 的增长和政府对一般性公共投资预算的增加，农村居民的总消费不平等会增大。可能的解释为宏观经济发展扩大了农村居民间的收入不平等，作为影响居民消费不平等的关键因素，收入不平等加大了消费不平等。在本书研究时间区间内，我国收入不平等逐步扩大，因此省人均 GDP 和政府财政政策对总消费不平等的影响情况是符合我国实际的。这也进一步说明了不断缩小收入差距，逐步实现共同富裕对于释放农村消费潜力的重要性。

表 4-3 互联网使用对总消费不平等影响的回归结果

变量	总消费不平等					
	(1)	(2)	(3)	(4)	(5)	(6)
互联网使用与否	−0.072***	−0.030***				
	(0.008)	(0.008)				
互联网使用广度			−0.029***	−0.015***		
			(0.003)	(0.003)		
互联网使用深度					−0.006***	−0.003***
					(0.001)	(0.001)
年龄		0.006***		0.005**		0.005**
		(0.002)		(0.002)		(0.002)
年龄平方/100		−0.003		−0.002		−0.002
		(0.002)		(0.002)		(0.002)

（续）

变量	总消费不平等					
	(1)	(2)	(3)	(4)	(5)	(6)
性别		−0.010		−0.010		−0.010
		(0.008)		(0.008)		(0.008)
婚姻状况		0.014		0.012		0.010
		(0.014)		(0.014)		(0.014)
受教育程度		−0.011**		−0.009*		−0.009*
		(0.006)		(0.006)		(0.005)
健康状况		0.004*		0.005*		0.005*
		(0.003)		(0.003)		(0.003)
家庭规模		0.014***		0.014***		0.014***
		(0.003)		(0.003)		(0.003)
儿童占比		0.076**		0.081**		0.082**
		(0.036)		(0.036)		(0.036)
老人占比		−0.010		−0.015		−0.014
		(0.019)		(0.019)		(0.019)
家庭总净财产		−0.002		−0.002		−0.002
		(0.001)		(0.001)		(0.001)
人均纯收入		−0.008***		−0.007***		−0.007***
		(0.002)		(0.002)		(0.002)
户养老保险参与率		−0.013		−0.013		−0.013
		(0.012)		(0.012)		(0.012)
从事个体经营		−0.048***		−0.046***		−0.046***
		(0.014)		(0.014)		(0.014)
省人均 GDP		0.126**		0.133**		0.132**
		(0.057)		(0.057)		(0.057)
政府财政政策		0.473***		0.484***		0.468***
		(0.159)		(0.158)		(0.158)
个体固定效应	控制	控制	控制	控制	控制	控制
年份固定效应	控制	控制	控制	控制	控制	控制

（续）

变量	总消费不平等					
	(1)	(2)	(3)	(4)	(5)	(6)
常数项	0.322***	−1.284**	0.322***	−1.329**	0.321***	−1.316**
	(0.003)	(0.597)	(0.003)	(0.596)	(0.003)	(0.597)
样本量	8 439	8 439	8 439	8 439	8 439	8 439
调整后 R^2	0.031	0.057	0.038	0.060	0.037	0.060

数据来源：Stata15.1 软件输出；***、**、*分别表示在1%、5%、10%的统计水平上显著，括号中的数值为回归变量的稳健标准误。后文皆同。

综上分析可知，互联网使用与否、使用广度和使用深度均能够显著缓解消费不平等。实证结果不仅更加全面地体现了互联网使用对总消费不平等的影响，而且结论的一致性也说明了各回归结果的稳健性。因此，我们可以得出互联网使用能够显著降低农村居民总消费不平等的结论。假设 H1 得到验证。

Bargh 和 McKenna（2004）的研究发现，互联网使用的影响效力取决于互联网的使用方式。比较互联网使用各维度的估计系数可知，互联网使用与否、使用广度和使用深度对总消费不平等的影响系数分别为−0.030、−0.015和−0.003，即说明互联网使用与否、使用广度或使用深度每提升 1 单位，农村居民总消费不平等下降 3%、1.5%或 0.3%。由此可见，互联网使用与否对总消费不平等的影响程度最大，随后依次为互联网使用广度、使用深度。此结论印证了 Bargh 和 McKenna（2004）的观点。通过该结论我们获得的启示是，通过互联网使用缓解农村居民消费不平等的关键是促使或辅助农村居民触网，这也是互联网使用广度和使用深度可以发挥消费效应的前提。

2. 拓展分析

互联网使用行为差异进一步表现为使用频率差异和重要程度差异，而这些差异可能会进一步造成所产生结果的差异。为进一步探究互联网使用在频率和重要程度上的差异对农村居民总消费不平等的影响，本书实证检验了互联网使用频率对农村居民总消费不平等的影响，以及互联网使用重要程度对农村居民总消费不平等的影响，结果分别列示于表 4－4 和表 4－5 中。

由表 4－4 中的结果可以看出，一是各互联网使用频率均显著负向影响农村居民总消费不平等，即随着农村居民使用互联网学习、工作、社交、娱乐和商业活动频率的提升，其总消费不平等均显著下降。二是不同目的的互联网使用频率对农村居民总消费不平等的缓解效应存在差异。具体来看，农村居民使用互联网从事商业活动的频率每提高 1 个单位，其总消费不平等下降 1.3%，是上述所有使用目的中对总消费不平等影响效应最大的。该结论符合实际。在

CFPS问卷中，从事商业活动包括使用互联网进行网购、使用网银等，这些都是与消费直接相关的活动。因此，农村居民使用互联网进行商业活动频率越高，其消费支出可能越多，消费不平等越小。其余使用频率的影响效应按降序排列，依次为工作、学习、娱乐和社交。互联网使用频率负向影响农村居民总消费不平等的可能原因是：网购具有娱乐的属性，是现代人方便生活、缓解压力的重要途径；而通过互联网学习可以增强人力资本积累，为通过找到更高薪水的工作而增加收入提供了途径；社交活动在积累人力资本的同时，也是获取新的消费理念和信息的重要途径。因此，互联网使用在各层面的使用频率越高，其通过网购、增收、消费理念等各种途径对总消费支出的影响越大，进而能够缓解总消费不平等。

表4-4　互联网使用频率对总消费不平等影响的回归结果

变量	总消费不平等				
	(1)	(2)	(3)	(4)	(5)
互联网学习频率	−0.008***				
	(0.002)				
互联网工作频率		−0.010***			
		(0.003)			
互联网社交频率			−0.007***		
			(0.002)		
互联网娱乐频率				−0.007***	
				(0.002)	
互联网商业活动频率					−0.013***
					(0.003 2)
年龄	0.006***	0.007***	0.006***	0.006***	0.006***
	(0.002)	(0.002)	(0.002)	(0.002)	(0.002)
年龄平方/100	−0.002	−0.003	−0.003	−0.003	−0.003
	(0.002)	(0.002)	(0.002)	(0.002)	(0.002)
性别	−0.010	−0.010	−0.011	−0.010	−0.010
	(0.008)	(0.008)	(0.008)	(0.008)	(0.008)
婚姻状况	0.013	0.011	0.012	0.012	0.011
	(0.014)	(0.014)	(0.014)	(0.014)	(0.014)
受教育程度	−0.011**	−0.011**	−0.011**	−0.011**	−0.011**
	(0.006)	(0.006)	(0.005)	(0.006)	(0.005)

（续）

变量	总消费不平等				
	(1)	(2)	(3)	(4)	(5)
健康状况	0.005*	0.005*	0.005*	0.005*	0.005*
	(0.003)	(0.003)	(0.003)	(0.003)	(0.003)
家庭规模	0.014***	0.014***	0.014***	0.014***	0.014***
	(0.003)	(0.003)	(0.003)	(0.003)	(0.003)
儿童占比	0.080**	0.079**	0.078**	0.079**	0.081**
	(0.036)	(0.036)	(0.036)	(0.036)	(0.036)
老人占比	−0.009	−0.009	−0.012	−0.013	−0.011
	(0.019)	(0.019)	(0.019)	(0.019)	(0.019)
家庭总净财产	−0.002	−0.002	−0.002	−0.002	−0.002
	(0.001)	(0.001)	(0.001)	(0.001)	(0.001)
人均纯收入	−0.008***	−0.008***	−0.008***	−0.008***	−0.008***
	(0.002)	(0.002)	(0.002)	(0.002)	(0.002)
户养老保险参与率	−0.013	−0.013	−0.013	−0.013	−0.013
	(0.012)	(0.012)	(0.012)	(0.012)	(0.012)
从事个体经营	−0.047***	−0.046***	−0.047***	−0.048***	−0.046***
	(0.014)	(0.014)	(0.014)	(0.014)	(0.014)
省人均 GDP	0.132**	0.134**	0.130**	0.123**	0.135**
	(0.057)	(0.057)	(0.057)	(0.057)	(0.057)
政府财政政策	0.466***	0.467***	0.481***	0.468***	0.466***
	(0.159)	(0.159)	(0.159)	(0.159)	(0.159)
个体固定效应	控制	控制	控制	控制	控制
年份固定效应	控制	控制	控制	控制	控制
常数项	−1.351**	−1.388**	−1.322**	−1.251**	−1.379**
	(0.596)	(0.598)	(0.597)	(0.597)	(0.598)
样本量	8 439	8 439	8 439	8 439	8 439
调整后 R^2	0.057	0.057	0.058	0.058	0.057

在农村居民使用互联网所从事的各项活动中，各项活动对互联网的依赖程度不同。互联网使用对农村居民的某项活动越重要，说明在该方面农村居民对互联网的依赖性越强，其可能对总消费不平等产生更大的影响。表 4 - 5 汇报了互联网使用重要程度对农村居民总消费不平等影响的结果。由结果可知，互

联网使用重要程度均在1%统计水平上显著负向影响总消费不平等。说明互联网使用对农民居民而言越重要，其总消费不平等程度越低。从影响系数来看，农村居民使用互联网进行不同活动的重要程度对其总消费不平等的影响表现出大小差异。其中，从事商业活动的重要程度对总消费不平等的影响程度最大。以上结论与前文一致。

表4-5　互联网使用重要程度对总消费不平等影响的回归结果

变量	总消费不平等				
	(1)	(2)	(3)	(4)	(5)
互联网学习重要程度	−0.014***				
	(0.003)				
互联网工作重要程度		−0.015***			
		(0.004)			
互联网社交重要程度			−0.011***		
			(0.003)		
互联网娱乐重要程度				−0.016***	
				(0.003)	
互联网商业重要程度					−0.017***
					(0.004)
年龄	0.006***	0.007***	0.006***	0.006***	0.007***
	(0.002)	(0.002)	(0.002)	(0.002)	(0.002)
年龄平方/100	−0.003	−0.003	−0.003	−0.002	−0.003
	(0.002)	(0.002)	(0.002)	(0.002)	(0.002)
性别	−0.010	−0.010	−0.011	−0.010	−0.011
	(0.008)	(0.008)	(0.008)	(0.008)	(0.008)
婚姻状况	0.012	0.012	0.013	0.013	0.012
	(0.014)	(0.013)	(0.014)	(0.013)	(0.014)
受教育程度	−0.010*	−0.011**	−0.011**	−0.011*	−0.011**
	(0.006)	(0.006)	(0.005)	(0.005)	(0.005)
健康状况	0.005*	0.005*	0.005*	0.005*	0.005*
	(0.003)	(0.003)	(0.003)	(0.003)	(0.003)
家庭规模	0.014***	0.014***	0.014***	0.014***	0.014***
	(0.003)	(0.003)	(0.003)	(0.003)	(0.003)
儿童占比	0.078**	0.079**	0.079**	0.079**	0.081**
	(0.036)	(0.036)	(0.036)	(0.036)	(0.036)

（续）

变量	总消费不平等				
	(1)	(2)	(3)	(4)	(5)
老人占比	−0.009	−0.009	−0.012	−0.012	−0.010
	(0.019)	(0.019)	(0.019)	(0.019)	(0.019)
家庭总净财产	−0.002	−0.002	−0.002	−0.002	−0.002
	(0.001)	(0.001)	(0.001)	(0.001)	(0.001)
人均纯收入	−0.008***	−0.008***	−0.008***	−0.008***	−0.008***
	(0.002)	(0.002)	(0.002)	(0.002)	(0.002)
户养老保险参与率	−0.013	−0.013	−0.013	−0.013	−0.013
	(0.012)	(0.012)	(0.012)	(0.012)	(0.012)
从事个体经营	−0.048***	−0.047***	−0.047***	−0.048***	−0.046***
	(0.014)	(0.014)	(0.014)	(0.014)	(0.014)
省人均 GDP	0.130**	0.133**	0.128**	0.119**	0.134**
	(0.057)	(0.057)	(0.057)	(0.057)	(0.057)
政府财政政策	0.460***	0.460***	0.471***	0.454***	0.465***
	(0.159)	(0.159)	(0.159)	(0.159)	(0.159)
个体固定效应	控制	控制	控制	控制	控制
年份固定效应	控制	控制	控制	控制	控制
常数项	−1.309**	−1.356**	−1.296**	−1.194**	−1.360**
	(0.596)	(0.597)	(0.597)	(0.598)	(0.596)
样本量	8 439	8 439	8 439	8 439	8 439
调整后 R^2	0.058	0.057	0.057	0.059	0.058

（二）互联网使用对分项消费不平等的影响

通过描述性统计分析我们已经得知，农村居民分项消费不平等程度大于总消费不平等。因此，缓解农村居民分项消费不平等的任务更加艰巨。前文实证分析我们得出了互联网使用能够显著降低总消费不平等的结论。那么，互联网使用是否也同样能够缓解分项消费不平等？结论对于通过推动互联网使用以缓解分项消费不平等具有重要意义。因此，本书采用双向固定效应模型估计方法，进一步检验了互联网使用对农村居民各分项消费不平等的影响。

1. 互联网使用与否对分项消费不平等的影响

表 4-6 汇报了互联网使用与否对各分项消费不平等影响的回归结果。根

据回归结果可知，互联网使用与否对各分项消费不平等影响的回归系数均为负值。从经济意义上来讲，表明互联网使用能缓解各分项消费不平等；从统计意义上来讲，互联网使用对各分项消费不平等影响的显著性存在差异，其对食物、衣物、居住、设备用品和交通通信消费不平等的影响效果更显著，而对医疗保健和文教娱乐消费不平等的影响未通过显著性检验。可见互联网使用与否并不能缓解农村居民所有分项消费不平等，而是存在影响异质性。

根据表 4-6 中互联网使用与否的回归系数绝对值可知，使用互联网对交通通信消费不平等影响最大，接下来依次为居住、衣物、设备用品和食物（|－0.040 1|＞|－0.037 6|＞|－0.032 1|＞|－0.028 4|＞|－0.023 9|）①。这也说明互联网使用对各分项消费支出的影响力度不同，按降序依次为交通通信、居住、衣物、设备用品和食物。可能的解释是交通通信费用中包含上网设备购置和维修费用、使用费用（手机通信费）等直接与互联网使用相关的费用，使用互联网必然带来交通通信费用一定程度的增长，直接缓解该项消费不平等。而通过网购，能够刺激家庭购置衣物、设备、日用品等消费支出的增加，进而缓解消费不平等。互联网使用也能够缓解食物消费不平等，但是相对于上述分项消费，其影响程度最小。可能的原因是农村居民食物消费多以自给自足为主，对满足基本温饱以外的食物消费需求较少。互联网使用对医疗保健和文教娱乐的影响不仅统计上不显著，影响系数也较小，可能的原因是农村居民医疗保健消费是由农村居民身体健康状况和消费理念（“小病”不用看，“大病”看不起）决定的，与互联网使用与否关联性不大；农村居民本身文教娱乐消费较小，即使使用互联网娱乐，也多以网络免费资源为主。因此，互联网使用对医疗保健和文教娱乐消费支出影响不大，对其消费不平等程度缓解作用不明显。

通过以上分析可知，互联网使用与否对各分项消费不平等的影响不仅存在显著性差异，而且存在影响大小差异。因此，通过该部分实证分析我们可以得出结论：互联网使用与否对各分项消费不平等的影响存在异质性。

表 4-6　互联网使用与否对分项消费不平等影响的回归结果

变量	消费不平等						
	食物	衣物	居住	设备用品	医疗保健	交通通信	文教娱乐
互联网使用与否	−0.024**	−0.032***	−0.038***	−0.028**	−0.018	−0.040***	−0.004
	(0.010)	(0.011)	(0.012)	(0.012)	(0.013)	(0.010)	(0.013)

① 仅罗列出了通过显著性检验的消费项目。

（续）

变量	消费不平等						
	食物	衣物	居住	设备用品	医疗保健	交通通信	文教娱乐
年龄	0.005*	0.005*	0.005	0.004	0.005	0.006**	−0.007**
	(0.003)	(0.003)	(0.003)	(0.003)	(0.003)	(0.003)	(0.003)
年龄平方/100	−0.000	−0.002	−0.003	−0.002	−0.004	−0.003	0.010***
	(0.003)	(0.003)	(0.003)	(0.003)	(0.004)	(0.003)	(0.003)
性别	−0.028***	−0.006	−0.002	0.001	−0.008	−0.009	−0.008
	(0.009)	(0.010)	(0.011)	(0.011)	(0.011)	(0.009)	(0.011)
婚姻状况	0.031*	0.043**	0.036*	0.047**	−0.048**	0.036**	0.011
	(0.016)	(0.019)	(0.020)	(0.020)	(0.021)	(0.016)	(0.020)
受教育程度	−0.017***	−0.012*	−0.012	−0.010	0.002	−0.008	−0.003
	(0.006)	(0.007)	(0.007)	(0.008)	(0.008)	(0.006)	(0.007)
健康状况	−0.005	0.001	0.001	−0.001	0.031***	−0.006*	0.003
	(0.003)	(0.003)	(0.004)	(0.004)	(0.004)	(0.003)	(0.004)
家庭规模	0.007*	−0.001	0.011**	0.004	0.007	0.006*	−0.001
	(0.004)	(0.004)	(0.005)	(0.004)	(0.005)	(0.004)	(0.005)
儿童占比	0.086**	0.000	0.075	0.019	0.056	0.105***	−0.073
	(0.039)	(0.044)	(0.049)	(0.050)	(0.049)	(0.040)	(0.050)
老人占比	−0.005	0.014	0.022	0.004	−0.018	−0.016	0.016
	(0.021)	(0.025)	(0.025)	(0.025)	(0.026)	(0.021)	(0.023)
家庭总净财产	−0.002*	−0.002*	−0.001	−0.001	0.001	−0.003**	−0.004***
	(0.001)	(0.001)	(0.001)	(0.002)	(0.001)	(0.001)	(0.001)
人均纯收入	−0.008***	−0.014***	−0.009***	−0.009***	0.002	−0.007***	0.004
	(0.002)	(0.003)	(0.003)	(0.003)	(0.003)	(0.002)	(0.003)
户养老保险参与率	−0.012	0.021	−0.014	−0.020	−0.005	0.019	0.010
	(0.014)	(0.016)	(0.017)	(0.017)	(0.018)	(0.015)	(0.015)
从事个体经营	−0.032**	−0.046**	−0.054***	−0.069***	−0.039**	−0.029*	−0.088***
	(0.015)	(0.018)	(0.021)	(0.021)	(0.019)	(0.017)	(0.021)
省人均 GDP	0.089	0.107	0.009	0.112	0.006	−0.012	−0.190**
	(0.065)	(0.076)	(0.085)	(0.086)	(0.090)	(0.072)	(0.081)
政府财政政策	0.481***	0.743***	0.358	0.108	0.358	0.460**	−0.167
	(0.181)	(0.204)	(0.224)	(0.228)	(0.233)	(0.185)	(0.213)

（续）

变量	消费不平等						
	食物	衣物	居住	设备用品	医疗保健	交通通信	文教娱乐
个体固定效应	控制	控制	控制	控制	控制	控制	控制
年份固定效应	控制	控制	控制	控制	控制	控制	控制
常数项	−0.811	−0.941	0.188	−0.732	0.223	0.236	2.750***
	(0.685)	(0.801)	(0.892)	(0.902)	(0.941)	(0.761)	(0.855)
样本量	8 439	8 439	8 439	8 439	8 439	8 439	8 439
调整后 R^2	0.064	0.054	0.060	0.026	0.016	0.041	0.014

2. 互联网使用广度对分项消费不平等的影响

表 4－7 汇报了互联网使用广度对分项消费不平等影响的双向固定效应模型估计结果。从互联网使用广度对各分项消费不平等影响的系数可以看出，各系数均通过了显著性检验，说明互联网使用广度能够显著缓解各分项消费不平等。同时，互联网使用广度对各分项消费不平等的影响力度也表现出异质性，按降序依次为交通通信、居住、设备用品、衣物、食物、医疗保健和文教娱乐。

表 4－7　互联网使用广度对分项消费不平等影响的回归结果

变量	消费不平等						
	食物	衣物	居住	设备用品	医疗保健	交通通信	文教娱乐
互联网使用广度	−0.013***	−0.015***	−0.016***	−0.016***	−0.011***	−0.017***	−0.008*
	(0.003)	(0.004)	(0.004)	(0.004)	(0.004)	(0.003)	(0.004)
年龄	0.004	0.004	0.004	0.003	0.004	0.005**	−0.008**
	(0.003)	(0.003)	(0.003)	(0.003)	(0.003)	(0.003)	(0.003)
年龄平方/100	0.000	−0.001	−0.002	−0.001	−0.004	−0.002	0.011***
	(0.003)	(0.003)	(0.003)	(0.003)	(0.004)	(0.003)	(0.003)
性别	−0.028***	−0.006	−0.002	0.001	−0.008	−0.009	−0.008
	(0.009)	(0.010)	(0.011)	(0.011)	(0.011)	(0.009)	(0.011)
婚姻状况	0.029*	0.040**	0.034*	0.045**	−0.050**	0.034**	0.010
	(0.016)	(0.019)	(0.020)	(0.020)	(0.021)	(0.016)	(0.020)
受教育程度	−0.015**	−0.010	−0.010	−0.008	0.003	−0.007	−0.002
	(0.006)	(0.007)	(0.007)	(0.008)	(0.008)	(0.006)	(0.007)
健康状况	−0.004	0.001	0.001	−0.001	0.031***	−0.005*	0.003
	(0.003)	(0.003)	(0.004)	(0.004)	(0.004)	(0.003)	(0.004)

（续）

变量	消费不平等						
	食物	衣物	居住	设备用品	医疗保健	交通通信	文教娱乐
家庭规模	0.007*	−0.001	0.012**	0.005	0.007	0.007*	−0.000
	(0.004)	(0.004)	(0.005)	(0.004)	(0.005)	(0.004)	(0.005)
儿童占比	0.090**	0.005	0.080*	0.024	0.060	0.111***	−0.071
	(0.039)	(0.044)	(0.049)	(0.050)	(0.049)	(0.040)	(0.050)
老人占比	−0.008	0.010	0.018	−0.001	−0.022	−0.020	0.013
	(0.021)	(0.025)	(0.026)	(0.025)	(0.026)	(0.021)	(0.023)
家庭总净财产	−0.002*	−0.002*	−0.001	−0.001	0.001	−0.003**	−0.004***
	(0.001)	(0.001)	(0.001)	(0.002)	(0.001)	(0.001)	(0.001)
人均纯收入	−0.007***	−0.014***	−0.009***	−0.008***	0.003	−0.007***	0.004
	(0.002)	(0.003)	(0.003)	(0.003)	(0.003)	(0.002)	(0.003)
户养老保险参与率	−0.012	0.021	−0.014	−0.020	−0.005	0.020	0.010
	(0.014)	(0.016)	(0.017)	(0.017)	(0.018)	(0.015)	(0.015)
从事个体经营	−0.030*	−0.044**	−0.052**	−0.066***	−0.038**	−0.027	−0.087***
	(0.015)	(0.018)	(0.021)	(0.021)	(0.019)	(0.017)	(0.021)
省人均 GDP	0.095	0.115	0.018	0.120	0.011	−0.003	−0.187**
	(0.065)	(0.076)	(0.085)	(0.086)	(0.090)	(0.072)	(0.081)
政府财政政策	0.491***	0.751***	0.366	0.120	0.368	0.468**	−0.156
	(0.181)	(0.204)	(0.225)	(0.227)	(0.233)	(0.185)	(0.213)
个体固定效应	控制	控制	控制	控制	控制	控制	控制
年份固定效应	控制	控制	控制	控制	控制	控制	控制
常数项	−0.846	−0.992	0.128	−0.774	0.199	0.171	2.750***
	(0.685)	(0.802)	(0.893)	(0.901)	(0.942)	(0.761)	(0.855)
样本量	8 439	8 439	8 439	8 439	8 439	8 439	8 439
调整后 R^2	0.065	0.055	0.061	0.027	0.017	0.042	0.014

3. 互联网使用深度对分项消费不平等的影响

表 4－8 汇报了互联网使用深度对分项消费不平等影响的双向固定效应模型估计结果。从回归系数可以看出，各系数均通过了显著性检验，说明互联网使用深度能够显著缓解各分项消费不平等。同时，互联网使用深度对各分项消费不平等的影响力度也表现出异质性，按降序依次为交通通信、居住、衣物、

设备用品、食物、医疗保健和文教娱乐。以上结果说明互联网使用深度对分项消费不平等的影响具有异质性。

表 4-8　互联网使用深度对分项消费不平等影响的回归结果

变量	消费不平等						
	食物	衣物	居住	设备用品	医疗保健	交通通信	文教娱乐
互联网使用深度	−0.003***	−0.004***	−0.004***	−0.003***	−0.002**	−0.004***	−0.002*
	(0.001)	(0.001)	(0.001)	(0.001)	(0.001)	(0.001)	(0.001)
年龄	0.004	0.004	0.004	0.003	0.004	0.005**	−0.008**
	(0.003)	(0.003)	(0.003)	(0.003)	(0.003)	(0.003)	(0.003)
年龄平方/100	0.000	−0.001	−0.002	−0.001	−0.004	−0.002	0.011***
	(0.003)	(0.003)	(0.003)	(0.003)	(0.004)	(0.003)	(0.003)
性别	−0.028***	−0.006	−0.002	0.001	−0.008	−0.009	−0.008
	(0.009)	(0.010)	(0.011)	(0.011)	(0.011)	(0.009)	(0.011)
婚姻状况	0.027*	0.038**	0.032	0.044**	−0.051**	0.032**	0.009
	(0.016)	(0.019)	(0.020)	(0.020)	(0.021)	(0.016)	(0.020)
受教育程度	−0.015**	−0.009	−0.010	−0.008	0.003	−0.007	−0.002
	(0.006)	(0.007)	(0.007)	(0.008)	(0.008)	(0.006)	(0.007)
健康状况	−0.004	0.001	0.001	−0.000	0.031***	−0.005*	0.003
	(0.003)	(0.003)	(0.004)	(0.004)	(0.004)	(0.003)	(0.004)
家庭规模	0.007*	−0.001	0.012**	0.005	0.007	0.007*	−0.000
	(0.004)	(0.004)	(0.005)	(0.004)	(0.005)	(0.004)	(0.005)
儿童占比	0.091**	0.007	0.082*	0.024	0.060	0.112***	−0.071
	(0.039)	(0.044)	(0.049)	(0.050)	(0.049)	(0.040)	(0.050)
老人占比	−0.009	0.008	0.016	−0.001	−0.021	−0.021	0.012
	(0.021)	(0.025)	(0.026)	(0.025)	(0.026)	(0.021)	(0.023)
家庭总净财产	−0.002*	−0.002*	−0.001	−0.001	0.001	−0.003**	−0.004***
	(0.001)	(0.001)	(0.001)	(0.002)	(0.001)	(0.001)	(0.001)
人均纯收入	−0.007***	−0.014***	−0.009***	−0.008***	0.003	−0.007***	0.004
	(0.002)	(0.003)	(0.003)	(0.003)	(0.003)	(0.002)	(0.003)
户养老保险参与率	−0.012	0.021	−0.014	−0.020	−0.005	0.020	0.010
	(0.014)	(0.016)	(0.017)	(0.017)	(0.018)	(0.015)	(0.015)
从事个体经营	−0.029*	−0.043**	−0.051**	−0.066***	−0.038**	−0.026	−0.087***
	(0.015)	(0.018)	(0.021)	(0.021)	(0.019)	(0.017)	(0.021)

（续）

变量	消费不平等						
	食物	衣物	居住	设备用品	医疗保健	交通通信	文教娱乐
省人均 GDP	0.093	0.114	0.017	0.118	0.009	−0.004	−0.188**
	(0.065)	(0.076)	(0.085)	(0.086)	(0.090)	(0.072)	(0.081)
政府财政政策	0.491***	0.755***	0.369	0.117	0.364	0.468**	−0.157
	(0.181)	(0.204)	(0.225)	(0.227)	(0.233)	(0.185)	(0.212)
个体固定效应	控制	控制	控制	控制	控制	控制	控制
年份固定效应	控制	控制	控制	控制	控制	控制	控制
常数项	−0.834	−0.973	0.147	−0.763	0.205	0.187	2.756***
	(0.685)	(0.801)	(0.894)	(0.901)	(0.941)	(0.761)	(0.854)
样本量	8 439	8 439	8 439	8 439	8 439	8 439	8 439
调整后 R^2	0.066	0.056	0.062	0.027	0.016	0.043	0.014

综合互联网使用各维度对分项消费不平等影响的回归结果可知，互联网使用对分项消费不平等的影响表现出异质性。首先，互联网各维度对各分项消费不平等影响的系数显著性存在差异。其次，互联网使用各维度对同一分项消费不平等影响的系数大小存在差异，具体而言，互联网使用与否对各分项消费不平等的影响程度最大，该结论与其对总消费不平等的影响一致，再次说明互联网可及性是释放互联网消费效应的关键。最后，互联网使用同一维度对各分项消费不平等的影响表现出异质性。以上说明互联网使用对分项消费不平等的影响具有异质性，假说 H2 得到验证。

（三）互联网使用对分类消费不平等的影响

本部分采用双向固定效应模型估计方法，进一步检验了互联网使用各维度对分类消费不平等的影响情况。表 4－9 汇报了回归结果。根据结果可以得出如下结论：

1. 互联网使用各维度对不同类型消费不平等的影响存在显著性上的差异

互联网使用各维度对生存型消费不平等和享受型消费不平等的影响系数均在 1%统计水平上显著，且系数为负数，表明使用互联网能显著缓解农村居民的生存型消费不平等和享受型消费不平等。而互联网使用对发展型消费不平等的影响系数未通过显著性检验，表明互联网使用对发展型消费不平等的影响不明显。可能的原因是农村居民通过互联网购置学习材料和资源的现象不普遍，或者互联网使用在促进线上教育支出增加的同时，网络免费学习资源又对线下付费学习产出挤出效应，使得互联网使用对总教育支出的影响不显著，互联网使用对发展型消费不平等的缓解作用不明显。

2. 互联网使用各维度对不同类型消费不平等的影响存在系数值上的大小差异

从各影响系数的具体数值可以看出，互联网使用各维度对生存型消费不平等影响系数的绝对值按降序排列为|−0.034|>|−0.017|>|−0.004|，表明互联网使用各维度对生存型消费不平等的影响效力按降序排列依次为：互联网使用与否>使用广度>使用深度。该特征在互联网各维度对发展型消费不平等和享受型消费不平等的影响上依然存在，说明在互联网使用各维度中，互联网使用与否对各分类消费不平等的影响最大，其次是使用广度，最后为使用深度。该结论与上文中互联网使用对总消费不平等和分项消费不平等影响效力的结论一致。再次说明在农村居民的互联网使用行为中，是否触网是互联网能否发挥作用的关键。

上述结论在互联网使用各维度上具有一致性，一方面说明回归结果具有稳健性，另一方说明互联网使用对分类消费不平等的影响存在异质性。假说 H3 得到验证。

表 4-9　互联网使用对分类消费不平等影响的回归结果

变量	生存型消费不平等			发展型消费不平等			享受型消费不平等		
	(1)	(2)	(3)	(4)	(5)	(6)	(7)	(8)	(9)
互联网使用与否	−0.034***			−0.007			−0.032***		
	(0.009)			(0.011)			(0.011)		
互联网使用广度		−0.017***			−0.002			−0.018***	
		(0.003)			(0.004)			(0.004)	
互联网使用深度			−0.004***			0.000			−0.004***
			(0.001)			(0.001)			(0.001)
年龄	0.006**	0.004*	0.004*	−0.008***	−0.008***	−0.008***	0.008***	0.007**	0.007**
	(0.002)	(0.003)	(0.002)	(0.003)	(0.003)	(0.003)	(0.003)	(0.003)	(0.003)
年龄平方/100	−0.002	−0.001	−0.001	0.009***	0.009***	0.009***	−0.006**	−0.005*	−0.005*
	(0.003)	(0.003)	(0.003)	(0.003)	(0.003)	(0.003)	(0.003)	(0.003)	(0.003)
性别	−0.016*	−0.015*	−0.015*	−0.005	−0.005	−0.005	−0.011	−0.011	−0.011
	(0.008)	(0.008)	(0.008)	(0.010)	(0.010)	(0.010)	(0.010)	(0.010)	(0.010)
婚姻状况	0.042***	0.039**	0.037**	−0.042***	−0.042***	−0.042***	0.011	0.008	0.007
	(0.016)	(0.015)	(0.015)	(0.016)	(0.016)	(0.016)	(0.018)	(0.018)	(0.018)
受教育程度	−0.017***	−0.015**	−0.015**	0.001	0.001	0.000	−0.007	−0.005	−0.005
	(0.006)	(0.006)	(0.006)	(0.007)	(0.007)	(0.007)	(0.007)	(0.007)	(0.007)

（续）

变量	生存型消费不平等			发展型消费不平等			享受型消费不平等		
	(1)	(2)	(3)	(4)	(5)	(6)	(7)	(8)	(9)
健康状况	−0.002	−0.002	−0.002	0.004	0.004	0.004	0.015***	0.015***	0.015***
	(0.003)	(0.003)	(0.003)	(0.003)	(0.003)	(0.003)	(0.003)	(0.003)	(0.003)
家庭规模	0.007*	0.007**	0.007**	−0.004	−0.004	−0.004	0.011***	0.012***	0.012***
	(0.004)	(0.004)	(0.004)	(0.005)	(0.005)	(0.005)	(0.004)	(0.004)	(0.004)
儿童占比	0.082**	0.088**	0.089**	−0.105**	−0.105**	−0.105**	0.048	0.054	0.055
	(0.037)	(0.037)	(0.037)	(0.047)	(0.047)	(0.047)	(0.045)	(0.045)	(0.045)
老人占比	0.005	0.001	−0.000	0.006	0.006	0.007	−0.011	−0.016	−0.017
	(0.020)	(0.020)	(0.020)	(0.019)	(0.019)	(0.019)	(0.022)	(0.022)	(0.022)
家庭总净财产	−0.002	−0.002	−0.002	−0.003**	−0.003**	−0.002**	−0.000	−0.000	−0.000
	(0.001)	(0.001)	(0.001)	(0.001)	(0.001)	(0.001)	(0.001)	(0.001)	(0.001)
人均纯收入	−0.011***	−0.010***	−0.010***	0.002	0.002	0.002	−0.005**	−0.005*	−0.005*
	(0.002)	(0.002)	(0.002)	(0.002)	(0.002)	(0.002)	(0.002)	(0.002)	(0.002)
户养老保险参与率	−0.018	−0.018	−0.017	0.025**	0.025**	0.025**	0.002	0.002	0.002
	(0.013)	(0.013)	(0.013)	(0.012)	(0.012)	(0.012)	(0.015)	(0.015)	(0.015)
从事个体经营	−0.044***	−0.042***	−0.041***	−0.044**	−0.044**	−0.044**	−0.065***	−0.063***	−0.062***
	(0.015)	(0.015)	(0.015)	(0.019)	(0.019)	(0.019)	(0.016)	(0.016)	(0.016)
省人均 GDP	0.057	0.065	0.064	−0.196***	−0.195***	−0.196***	0.154**	0.162**	0.160**
	(0.061)	(0.061)	(0.061)	(0.073)	(0.073)	(0.073)	(0.076)	(0.076)	(0.076)
政府财政政策	0.521***	0.533***	0.533***	−0.173	−0.174	−0.178	0.339*	0.352*	0.350*
	(0.173)	(0.172)	(0.172)	(0.189)	(0.189)	(0.188)	(0.200)	(0.199)	(0.200)
个体固定效应	控制	控制	控制	控制	控制	控制	控制	控制	控制
年份固定效应	控制	控制	控制	控制	控制	控制	控制	控制	控制
常数项	−0.508	−0.559	−0.543	3.056***	3.045***	3.046***	−1.504*	−1.551*	−1.536*
	(0.642)	(0.641)	(0.642)	(0.764)	(0.766)	(0.764)	(0.802)	(0.803)	(0.802)
样本量	8 439	8 439	8 439	7 679	7 679	7 679	8 439	8 439	8 439
调整后 R^2	0.072	0.074	0.075	0.012	0.012	0.012	0.027	0.029	0.029

综合互联网使用各维度对分项消费不平等影响的回归结果可知，互联网使用对分项消费不平等的影响表现出异质性。首先，互联网各维度对各分项消费不平等影响的系数显著性存在差异。其次，互联网使用各维度对同一分项消费不平等影响的系数大小存在差异，具体而言，互联网使用与否对各分项消费不平等的影响程度最大，表现出与其对总消费不平等影响特征的一致性，再次说

明互联网可及性是释放互联网消费效应的关键。最后，互联网使用同一维度对各分项消费不平等的影响表现出异质性。以上说明互联网使用对分项消费不平等的影响具有异质性，假说 H3 得到验证。

四、稳健性检验

前文实证分析采用面板数据，并同时固定了个体和年份，不仅能够避免不随时间变化的遗漏变量的影响，还可以避免因受个体随时间变化和不随时间变化因素的影响而造成的估计偏误。然而，回归结果还可能受到反向因果、变量测量误差等引起的内生性问题而产生估计偏误。通过前文实证结果可知，互联网使用对各种消费不平等总体表现为负向影响。同时，互联网各维度结果的一致性也说明了相应结果是稳健的。因此，本部分就互联网使用对总消费不平等的影响进行稳健性检验，主要采用工具变量法、替换解释变量和被解释变量再测度等方法，以克服反向因果、变量测量误差等引起的内生性问题而产生的估计偏误。

（一）工具变量法

由基准回归可知，互联网使用能够缓解消费不平等。而反过来，当人们感知自己的消费不平等程度增加时，为缓解这种不平等，也可能会借助互联网进行消费，促进互联网使用。因此，互联网使用与农村居民消费不平等间可能存在因反向因果及选择性偏误造成的内生性问题，导致估计结果有偏且不一致。在克服互联网使用与居民生产生活行为可能因上述原因导致的内生性问题时，已有研究多采用工具变量法。如苏岚岚等（2020）将农户平均每周上网时间作为其是否使用互联网获取信息的工具变量，检验互联网使用对农户创业的影响；张自强（2022）用农户每周上网时长作为其互联网使用的工具变量，检验互联网使用与农户收入不平等间的关系。参照上述做法，本书使用户主每天业余时间上网时长作为其互联网使用的工具变量，以克服互联网使用与否与总消费不平等间可能存在的内生性问题。从理论上来讲，有上网时长必然存在互联网使用行为，即上网时长与互联网使用显著相关；而上网时长只能通过互联网使用这一渠道影响消费不平等，即上网时长与消费不平等不直接相关。因此，上网时长满足作为工具变量的基本条件。

表 4－10 第（1）和（2）列分别展示了工具变量法（2SLS）一阶段和二阶段的回归结果。从一阶段回归结果来看，上网时长对互联网使用与否的影响系数显著为正，满足工具变量相关性。同时，一阶段回归的 F 统计量大于 10，Cragg－Donald 统计量也大于临界值 16.38，说明可以排除弱工具变量的问题。

因此，上网时长作为互联网使用的工具变量是有效的。由二阶段回归结果可以看出，互联网使用与否对总消费不平等的影响系数在1%统计水平上显著为负，说明在克服可能由反向因果造成的内生性问题后，互联网使用仍然能够显著抑制农村居民总消费不平等。该结论与基准回归一致，说明基准回归结果是稳健的。同时，本书采用工具变量法从互联网使用广度和使用深度方面进行稳健性检验，结果与表4-10基本一致。详见附表3。

表4-10 稳健性检验的回归结果（一）

变量	互联网使用与否 (1)	总消费不平等 (2)	总消费不平等 (3)
互联网使用与否		-0.096***	
		(0.013)	
上网时长	0.215***		
	(0.011)		
户互联网使用人数			-0.010**
			(0.004)
年龄	-0.019***	0.006***	0.007***
	(0.002)	(0.002)	(0.002)
年龄平方/100	0.010***	-0.004***	-0.003
	(0.002)	(0.001)	(0.002)
性别	-0.001	0.001	-0.011
	(0.007)	(0.005)	(0.008)
婚姻状况	0.021**	0.010	0.013
	(0.010)	(0.008)	(0.014)
受教育程度	0.057***	-0.014***	-0.013**
	(0.004)	(0.003)	(0.006)
健康状况	-0.002	0.006***	0.005*
	(0.002)	(0.002)	(0.003)
家庭规模	-0.001	0.019***	0.017***
	(0.002)	(0.002)	(0.004)
儿童占比	-0.010	0.045**	0.065*
	(0.024)	(0.019)	(0.036)
老人占比	0.022*	0.017	-0.012
	(0.013)	(0.013)	(0.019)

（续）

变量	互联网使用与否 (1)	总消费不平等 (2)	总消费不平等 (3)
家庭总净财产	−0.000	−0.002***	−0.002
	(0.001)	(0.001)	(0.001)
人均纯收入	0.011***	−0.014***	−0.008***
	(0.002)	(0.002)	(0.002)
户养老保险参与率	0.033***	0.002	−0.014
	(0.010)	(0.010)	(0.012)
从事个体经营	0.038***	−0.059***	−0.048***
	(0.015)	(0.009)	(0.014)
省人均 GDP	0.063***	0.042***	0.135**
	(0.015)	(0.012)	(0.057)
政府财政政策	0.216***	0.237***	0.485***
	(0.059)	(0.045)	(0.160)
年份固定效应	控制	控制	控制
常数项	−0.105	−0.285**	−1.415**
	(0.169)	(0.135)	(0.598)
样本量	8 412	8 412	8 439
调整后 R^2		0.101	0.040
F 统计量	365.59		
Cragg - Donald 统计量	3 255.05		

（二）替换解释变量

由同群效应可知，户主是否使用互联网与家庭成员中互联网使用情况密切相关。家庭成员中使用互联网的人越多，户主使用互联网的可能性也越大。因此，本书将核心解释变量替换为农村居民家庭互联网使用人数，再次检验家庭互联网使用情况对总消费不平等的影响。回归结果见表 4 - 10 第（3）列。结果显示户互联网使用人数对总消费不平等影响的系数显著为负，说明农村居民家中使用互联网的人数增多能够缓解总消费不平等。可能的解释是家庭中互联网使用的人数越多，通过互联网消费的可能性越大，家庭总消费支出增加，消费不平等降低。该结论与基准回归一致，说明基准回归结果是稳健的。

（三）被解释变量再测度

本书采用 Kakwani 指数衡量农村家庭户主消费不平等程度，根据计算过程可知，其数值源于与同村其他户主消费支出比较的结果，反映了户主在村内户主消费分布中所处的相对位置。基于该思想，户主消费支出在村内户主消费分布中任何形式的排序均能够反映其消费不平等程度。因此，本书参照既往研究，对户主消费不平等进行再衡量，以检验基准回归的稳健性。

首先，采用户主消费支出百分位衡量其总消费不平等。参照 Li 和 Zhu（2006）、温兴祥（2018）的做法，将同村户主消费支出按照降序排列，进而计算出每个户主年消费支出在其所在村的百分位排序。为与前文用 Kakwani 指数衡量消费不平等时所表示的方向相一致，将户主消费支出在其所在村最高的百分位排序取值为 0，排在第二位的取值为 1，依次类推生成各村户主消费支出的百分位。

其次，采用户主消费支出分位数衡量其总消费不平等。参照苏钟萍和张应良（2021）对收入不平等的处理方法，本书将同村户主消费支出按照降序排列后，再按照五分位数分组，消费支出从高到低排序在［0，20］的户主消费支出分位数赋值为 1，消费支出排序在［80，100］的户主消费支出分位数赋值为 5。

表 4－11 列示了将消费支出百分位和分位数作为被解释变量，再次检验互联网使用对总消费不平等影响的回归结果。第（1）～（3）列显示了将消费支出百分位作为因变量并采用双向固定效应模型估计方法的回归结果；第（4）～（6）列显示了将消费支出分位数作为因变量并采用面板 Ologit 模型估计方法的回归结果。从结果上来看，无论是采用消费支出百分位或是消费支出分位数对户主总消费不平等进行再衡量，互联网使用各维度对其影响的回归结果仍与基准回归保持一致，表明基准回归的结果是稳健的。

表 4－11　稳健性检验的回归结果（二）

变量	消费百分位			消费分位数		
	(1)	(2)	(3)	(4)	(5)	(6)
互联网使用与否	−0.312**			−0.373***		
	(0.143)			(0.068)		
互联网使用广度		−0.213***			−0.168***	
		(0.049)			(0.023)	
互联网使用深度			−0.050***			−0.038***
			(0.010)			(0.005)

（续）

变量	消费百分位			消费分位数		
	(1)	(2)	(3)	(4)	(5)	(6)
年龄	0.153***	0.134***	0.133***	0.082***	0.071***	0.069***
	(0.039)	(0.039)	(0.039)	(0.014)	(0.015)	(0.015)
年龄平方/100	−0.098**	−0.085**	−0.084**	−0.055***	−0.045***	−0.043***
	(0.040)	(0.040)	(0.040)	(0.015)	(0.015)	(0.015)
性别	−0.228*	−0.225*	−0.225*	−0.075	−0.073	−0.073
	(0.129)	(0.129)	(0.129)	(0.052)	(0.052)	(0.052)
婚姻状况	0.280	0.248	0.224	0.180**	0.159*	0.152*
	(0.233)	(0.232)	(0.231)	(0.082)	(0.082)	(0.082)
受教育程度	−0.185**	−0.153*	−0.151	−0.169***	−0.149***	−0.147***
	(0.092)	(0.092)	(0.092)	(0.029)	(0.030)	(0.030)
健康状况	0.073	0.075*	0.077*	0.050***	0.050***	0.051***
	(0.045)	(0.045)	(0.045)	(0.019)	(0.019)	(0.019)
家庭规模	0.203***	0.207***	0.207***	0.156***	0.157***	0.157***
	(0.051)	(0.051)	(0.051)	(0.019)	(0.019)	(0.019)
儿童占比	0.784	0.853	0.869	0.637***	0.641***	0.642***
	(0.546)	(0.546)	(0.546)	(0.198)	(0.199)	(0.199)
老人占比	0.258	0.187	0.174	0.151	0.133	0.127
	(0.312)	(0.312)	(0.312)	(0.125)	(0.125)	(0.125)
家庭总净财产	−0.023	−0.023	−0.023	−0.017**	−0.017**	−0.016**
	(0.018)	(0.018)	(0.018)	(0.008)	(0.008)	(0.008)
人均纯收入	−0.120***	−0.113***	−0.112***	−0.107***	−0.102***	−0.101***
	(0.034)	(0.034)	(0.034)	(0.016)	(0.016)	(0.016)
户养老保险参与率	0.062	0.065	0.067	0.172*	0.185*	0.185*
	(0.203)	(0.202)	(0.202)	(0.097)	(0.097)	(0.097)
从事个体经营	−0.938***	−0.905***	−0.895***	−0.606***	−0.579***	−0.574***
	(0.213)	(0.214)	(0.214)	(0.102)	(0.103)	(0.103)
省人均GDP	1.048	1.139	1.123	0.344**	0.353**	0.353**
	(1.147)	(1.145)	(1.145)	(0.140)	(0.140)	(0.140)
政府财政政策	3.143	3.345	3.352	1.279**	1.333**	1.314**
	(2.935)	(2.932)	(2.930)	(0.524)	(0.525)	(0.525)

（续）

变量	消费百分位			消费分位数		
	(1)	(2)	(3)	(4)	(5)	(6)
个体固定效应	控制	控制	控制	控制	控制	控制
年份固定效应	控制	控制	控制	控制	控制	控制
常数项	−10.243	−10.660	−10.451			
	(12.016)	(11.990)	(11.986)			
σ				1.084***	1.089***	1.088***
				(0.078)	(0.078)	(0.078)
样本量	8 439	8 439	8 439	8 439	8 439	8 439
调整后 R^2	0.040	0.043	0.043	—	—	—

五、作用机制分析

前文实证分析证明了互联网使用能够显著缓解农村居民消费不平等。为进一步探究其背后的作用机制，本书根据本章理论分析部分提出的研究假设及构建的作用机制检验模型，分别从收入效应、信息渠道效应、购物渠道效应和社会资本效应检验互联网使用对消费不平等的作用路径。本书通过实证检验发现，在各机制检验过程中，互联网各维度的回归系数仅表现为数值大小的差异，因此本部分仅展示了互联网使用与否对总消费不平等影响的作用机制检验结果。为简化表述，此部分中总消费不平等表述为消费不平等。

（一）收入效应

由消费理论可知，收入是影响消费的重要决定因素。而众多研究表明互联网在促进农村居民增收中发挥重要作用。那么，是否存在“互联网使用——收入——消费不平等”的作用路径？即互联网使用是否通过收入效应缓解农村居民消费不平等？本书同时使用绝对收入和相对收入衡量收入效应。

1. 绝对收入效应

本书采用农村居民家庭人均纯收入表征绝对收入，实证分析中取对数。在互联网影响消费不平等的分析中，收入既是重要的控制变量，同时也可能是重要的中介变量。为检验“互联网使用——绝对收入——消费不平等”的作用路径是否成立，参照冯大威等（2022）研究中做法，在基准回归中纳入家庭人均收入变量作为重要控制变量，在收入效应的机制检验中，将收入由控制变量调整为被解释变量，不再纳入控制变量中，而在其他回归中，被解释变量为消费不平等或其他非收入中介变量的情况下，家庭人均收入均为重要的控制变量。

2. 相对收入效应

相对收入表示相对于同村其他户主，该户主收入在同村户主收入分布中所处的位置。本书采用收入不平等指数表征农村居民相对收入，数据根据各年户人均纯收入和 Kakwani 指数计算得出，其计算过程同消费不平等。

根据前文构建的作用机制模型，从模型（4-1）和模型（4-2）的控制变量中去掉人均收入变量，分别将人均纯收入和收入不平等纳入模型（4-2）作为因变量，纳入模型（4-3）作为中介变量，再分别与控制变量中不包括人均纯收入变量的模型（4-1）一起构成方程组，采用双向固定效应模型进行估计，回归结果列示于表 4-12 中。

表 4-12 中第（1）、（2）和（3）汇报了绝对收入效应机制检验结果；第（1）、（4）和（5）汇报了相对收入（收入不平等）效应机制检验结果。由结果可知，相对于未使用互联网，使用互联网显著提升农村居民人均纯收入，印证了已有研究中互联网使用促进农村居民增收的结论。第（3）列为加入人均纯收入变量后，互联网使用与否对消费不平等影响的回归结果。互联网使用与否对消费不平等影响的系数由－0.032 变化为－0.030，说明加入人均纯收入后，互联网使用与否对消费不平等的影响减弱，人均纯收入在互联网使用与否对消费不平等的影响中发挥了部分中介作用，存在“互联网使用与否——绝对收入——消费不平等”的路径。

由第（4）列显示的结果可知，互联网使用显著缓解了农村居民的收入不平等，相对于未使用互联网，使用互联网能降低农村居民收入不平等的 2.3%，进一步说明互联网使用能够降低农村居民收入不平等，逐步实现共同富裕。由第（5）列显示结果可知，当模型中加入收入不平等变量后，互联网使用与否对消费不平等影响的系数由－0.030 变化为－0.029，表明互联网使用与否对消费不平等的影响减弱。因此，收入不平等在互联网使用对消费不平等的影响中发挥了部分中介作用，存在“互联网使用与否——相对收入（收入不平等）——消费不平等”的路径。

同时，本书从互联网使用广度和使用深度层面分析了互联网使用对总消费不平等影响中的收入效应机制，结果详见附表 4 和附表 5。回归结果与表 4-12 基本一致，说明存在“互联网使用——收入效应——消费不平等”的路径，假说 H4 得到验证。

进一步分析发现，互联网使用对人均纯收入的影响大于其对收入不平等的影响，说明互联网使用对绝对收入的提升具有普遍性，在参照群体绝对收入同时增长的情况下，个体间绝对收入增长幅度差异成为决定收入不平等的关键。而相较于绝对收入，收入不平等对消费不平等的影响更大。因此，通过缓解收入不平等而释放农村居民消费潜力是可行的路径，也进一步说明推动农村居民实现共同富裕的意义重大。

表 4－12　收入效应机制回归结果

变量	消费不平等	人均纯收入	消费不平等	收入不平等	消费不平等
	(1)	(2)	(3)	(4)	(5)
互联网使用与否	−0.032***	0.227***	−0.030***	−0.023**	−0.029***
	(0.008)	(0.057)	(0.008)	(0.011)	(0.009)
人均纯收入			−0.008***		
			(0.002)		
收入不平等					0.082***
					(0.011)
年龄	0.006***	0.040**	0.006***	0.001	0.005**
	(0.002)	(0.016)	(0.002)	(0.003)	(0.002)
年龄平方/100	−0.003	−0.049***	−0.003	0.002	−0.002
	(0.002)	(0.018)	(0.002)	(0.003)	(0.002)
性别	−0.011	0.085	−0.010	−0.015	−0.010
	(0.008)	(0.052)	(0.008)	(0.010)	(0.008)
婚姻状况	0.015	−0.178	0.014	0.045**	0.017
	(0.014)	(0.116)	(0.014)	(0.020)	(0.014)
受教育程度	−0.012**	0.029	−0.011**	−0.007	−0.011*
	(0.006)	(0.037)	(0.006)	(0.007)	(0.006)
健康状况	0.004	0.025	0.004*	−0.001	0.004
	(0.003)	(0.017)	(0.003)	(0.003)	(0.003)
家庭规模	0.013***	0.086***	0.014***	−0.029***	0.015***
	(0.003)	(0.021)	(0.003)	(0.004)	(0.003)
儿童占比	0.076**	0.020	0.076**	−0.019	0.077**
	(0.036)	(0.254)	(0.036)	(0.043)	(0.036)
老人占比	−0.006	−0.590***	−0.010	0.111***	−0.014
	(0.019)	(0.149)	(0.019)	(0.023)	(0.019)
家庭总净财产	−0.002	0.007	−0.002	−0.003**	−0.001
	(0.001)	(0.007)	(0.001)	(0.001)	(0.001)

（续）

变量	消费不平等 (1)	人均纯收入 (2)	消费不平等 (3)	收入不平等 (4)	消费不平等 (5)
户养老保险参与率	−0.013	0.012	−0.013	0.013	−0.013
	(0.012)	(0.120)	(0.012)	(0.017)	(0.013)
从事个体经营	−0.048***	−0.044	−0.048***	0.024	−0.048***
	(0.014)	(0.110)	(0.014)	(0.020)	(0.014)
省人均 GDP	0.111*	1.863***	0.126**	−0.288***	0.138**
	(0.057)	(0.531)	(0.057)	(0.083)	(0.057)
政府财政政策	0.443***	3.918***	0.473***	−0.536***	0.532***
	(0.159)	(1.013)	(0.159)	(0.205)	(0.165)
个体固定效应	控制	控制	控制	控制	控制
年份固定效应	控制	控制	控制	控制	控制
常数项	−1.190**	−12.051**	−1.284**	3.471***	−1.506**
	(0.601)	(5.542)	(0.597)	(0.868)	(0.603)
样本量	8 439	8 439	8 439	8 206	8 206
调整后 R^2	0.055	0.045	0.057	0.038	0.061

（二）信息渠道效应

信息效应是指互联网使用可以通过提高个体收集、整理信息的能力和拓宽个体获取信息的途径和渠道，加强同外界沟通的能力和渠道，从而逐渐改变农村居民的消费观念和消费信息获取，消费水平提高，消费不平等降低，即可能存在“互联网使用——信息渠道——消费不平等”的路径。

为验证上述路径是否存在，本书将信息渠道作为中介变量纳入机制检验模型中进行回归分析。信息渠道变量源于 CFPS 问卷中就“互联网对您获取信息的重要性?”问题采集到的数据。根据互联网使用对农村居民而言的重要程度，分别给予 1 到 5 分的分值，依次表示从“非常不重要”到“非常重要”。本书将该变量纳入机制检验模型进行回归，结果列示于表 4 - 13。总消费不平等为连续变量，而信息渠道为有序离散变量，因此第（1）和（3）列为采用双向固定效应模型估计的回归结果，第（2）列为采用面板 Ologit 模型估计的回归结果。

从估计结果可以看到，互联网使用对信息渠道影响系数显著为正，说明相对未使用互联网，使用互联网提升了其对农村居民获取信息的重要性。结合第（1）和（3）列的回归结果可知，当模型中加入信息渠道变量后，互联网使用对消费不平等影响的系数由－0.030变化为－0.021，影响力下降。这表明信息渠道在互联网使用与否对总消费不平等的影响中发挥了部分中介作用。

本书同时从互联网使用广度和使用深度层面分析了互联网使用对总消费不平等影响中的信息渠道效应机制，结果详见附表6和附表7。结论与表4-13基本一致，说明存在“互联网使用——信息渠道——消费不平等”的路径。假说H5得到验证。

表4-13　信息渠道效应机制回归结果

变量	消费不平等 (1)	信息渠道 (2)	消费不平等 (3)
互联网使用与否	－0.030***	2.221***	－0.021**
	(0.008)	(0.072)	(0.009)
信息渠道			－0.007***
			(0.003)
年龄	0.006***	－0.051***	0.006***
	(0.002)	(0.015)	(0.002)
年龄平方/100	－0.003	0.011	－0.003
	(0.002)	(0.016)	(0.002)
性别	－0.010	－0.028	－0.010
	(0.008)	(0.058)	(0.008)
婚姻状况	0.014	0.057	0.013
	(0.014)	(0.092)	(0.014)
受教育程度	－0.011**	0.363***	－0.010*
	(0.006)	(0.032)	(0.006)
健康状况	0.004*	0.025	0.004*
	(0.003)	(0.022)	(0.003)
家庭规模	0.014***	－0.028	0.014***
	(0.003)	(0.020)	(0.003)
儿童占比	0.076**	－0.235	0.078**
	(0.036)	(0.227)	(0.036)
老人占比	－0.010	0.105	－0.011
	(0.019)	(0.160)	(0.019)
家庭总净财产	－0.002	0.012	－0.002
	(0.001)	(0.009)	(0.001)

（续）

变量	消费不平等 (1)	信息渠道 (2)	消费不平等 (3)
人均纯收入	−0.008***	0.062***	−0.008***
	(0.002)	(0.020)	(0.002)
户养老保险参与率	−0.013	−0.176	−0.013
	(0.012)	(0.129)	(0.012)
从事个体经营	−0.048***	0.094	−0.048***
	(0.014)	(0.106)	(0.014)
省人均 GDP	0.126**	0.138	0.122**
	(0.057)	(0.145)	(0.057)
政府财政政策	0.473***	0.861	0.451***
	(0.159)	(0.529)	(0.159)
个体固定效应	控制	控制	控制
年份固定效应	控制	控制	控制
常数项	−1.284**		−1.217**
	(0.597)		(0.598)
σ		0.299***	
		(0.075)	
样本量	8 439	8 439	8 439
调整后 R^2	0.057	—	0.058

（三）购物渠道效应

购物渠道是影响居民消费支出的重要因素。而针对网购对家庭总消费支出的影响，既往研究尚未形成一致结论。本书基于微观数据，检验网购对农村居民总消费不平等的影响，并验证是否存在“互联网使用——网购——消费不平等”的路径，即互联网使用是否通过网购拓展了农村居民的购物渠道，进而提升消费支出，缓解消费不平等。

本书通过户主网购行为衡量互联网购物渠道效应，包含户主网购与否和网购金额，分别用以表示户主网购行为及其深度。数据来源于 CFPS 问卷中“过去 12 个月，您网上购物总共花了多少钱?”，当金额大于 0 定义为户主具有网购行为，赋值为 1，否则赋值为 0。实证分析时，网购金额取对数纳入模型中。表 4－14 为购物渠道效应机制检验的回归结果。其中，第（1）、（2）和（3）

展示了网购与否的作用机制，第（1）、（4）和（5）展示了网购金额的作用机制。因网购为二值选择变量，故采用面板二值选择模型中的Logit模型进行估计，其余均采用双向固定效应模型进行估计。

由回归结果可以看出，互联网使用与否显著促进了农村居民网购行为发生，并提升了网购金额；当把网购变量的两个维度变量分别加入模型进行回归时，如第（3）和（5）列的结果所示，互联网使用与否对消费不平等影响的系数均增大，表明网购与否和网购金额均降低了互联网使用与否对消费不平等的影响程度。因此，网购与否和网购金额均起到了部分中介作用。

同时，本书从互联网使用广度和使用深度层面分析了互联网使用对总消费不平等影响中的购物渠道效应机制，结果详见附表8和附表9。结论与表4-14基本一致，验证了存在“互联网使用——网购——消费不平等”的作用路径，假说H6得到验证。

表4-14　购物渠道效应机制回归结果

变量	消费不平等 (1)	网购与否 (2)	消费不平等 (3)	网购金额 (4)	消费不平等 (5)
互联网使用与否	−0.030***	0.190***	−0.023***	1.267***	−0.022**
	(0.008)	(0.012)	(0.009)	(0.082)	(0.009)
网购与否			−0.038***		
			(0.011)		
网购金额					−0.006***
					(0.002)
年龄	0.006***	−0.019***	0.006**	−0.138***	0.006**
	(0.002)	(0.003)	(0.002)	(0.024)	(0.002)
年龄平方/100	−0.003	0.012***	−0.002	0.087***	−0.002
	(0.002)	(0.003)	(0.002)	(0.024)	(0.002)
性别	−0.010	−0.003	−0.010	−0.018	−0.010
	(0.008)	(0.009)	(0.008)	(0.066)	(0.008)
婚姻状况	0.014	−0.050***	0.012	−0.459***	0.011
	(0.014)	(0.019)	(0.014)	(0.137)	(0.014)
受教育程度	−0.011**	0.022***	−0.010*	0.176***	−0.010*
	(0.006)	(0.007)	(0.005)	(0.049)	(0.005)
健康状况	0.004*	−0.003	0.004*	−0.018	0.004*
	(0.003)	(0.003)	(0.003)	(0.019)	(0.003)

（续）

变量	消费不平等 (1)	网购与否 (2)	消费不平等 (3)	网购金额 (4)	消费不平等 (5)
家庭规模	0.014***	0.009***	0.014***	0.068***	0.014***
	(0.003)	(0.003)	(0.003)	(0.025)	(0.003)
儿童占比	0.076**	0.105***	0.080**	0.809***	0.081**
	(0.036)	(0.036)	(0.036)	(0.259)	(0.036)
老人占比	−0.010	−0.057***	−0.013	−0.412***	−0.013
	(0.019)	(0.014)	(0.019)	(0.109)	(0.019)
家庭总净财产	−0.002	0.001	−0.002	0.005	−0.002
	(0.001)	(0.001)	(0.001)	(0.008)	(0.001)
人均纯收入	−0.008***	0.007***	−0.008***	0.054***	−0.007***
	(0.002)	(0.002)	(0.002)	(0.013)	(0.002)
户养老保险参与率	−0.013	0.004	−0.013	0.040	−0.013
	(0.012)	(0.009)	(0.012)	(0.066)	(0.012)
从事个体经营	−0.048***	0.050**	−0.046***	0.329**	−0.046***
	(0.014)	(0.020)	(0.014)	(0.140)	(0.014)
省人均 GDP	0.126**	0.208***	0.134**	1.557***	0.136**
	(0.057)	(0.061)	(0.057)	(0.430)	(0.057)
政府财政政策	0.473***	0.158	0.479***	1.024	0.480***
	(0.159)	(0.156)	(0.158)	(1.117)	(0.158)
个体固定效应	控制	控制	控制	控制	控制
年份固定效应	控制	控制	控制	控制	控制
常数项	−1.284**	−1.575**	−1.344**	−11.890***	−1.360**
	(0.597)	(0.641)	(0.598)	(4.554)	(0.598)
样本量	8 439	8 439	8 439	8 439	8 439
调整后 R^2	0.057	0.286	0.059	0.289	0.059

（四）社会资本效应

社会资本效应是指互联网使用可能通过影响家庭的社会交往来扩大和加强其社会网络，促进社会资本积累。根据理论分析部分可知，互联网使用能够促进社会资本积累，而社会资本积累能够平滑消费支出，进而缓解消费不平等。因此本书推测可能存在“互联网使用——社会资本——消费不平等”的路径。

在已有研究中，社会资本变量的衡量指标有“礼金支出网”“拜年网”和“求职网”等（王春超、袁伟，2016）。考虑数据可获得性，并参照章元和陆铭（2009）、周广肃等（2014）、王春超和袁伟（2016）、尹志超等（2021）、冯大威等（2022）的研究，本书选取“家庭礼金支出”作为衡量社会资本的指标。该变量来源于CFPS问卷中“包括实物和现金，过去12个月，您家总共出了多少人情礼?”在实证分析中，该变量做取对数处理。

表4-15汇报了社会资本效应机制检验的回归结果。由第（2）列显示结果可知，互联网使用能够显著促进农村居民社会资本积累，该结论与既往研究一致。由第（3）列显示结果可知，社会资本对消费不平等影响的系数显著为负，说明社会资本能够缓解总消费不平等；当模型中加入社会资本变量后，互联网使用与否对消费不平等影响系数的绝对值减小，表明社会资本降低了互联网使用与否对消费不平等的影响。基于上述分析，我们可以得出以下结论，社会资本与互联网使用均能缓解消费不平等，社会资本对互联网使用对消费不平等的影响具有替代作用。因此，社会资本在互联网使用与否对消费不平等的影响中发挥了部分中介作用。

同时，本书从互联网使用广度和使用深度层面分析了互联网使用对总消费不平等影响中的社会资本效应机制，结果详见附表10和附表11。结论与表4-15基本一致，表明存在“互联网使用——社会资本——消费不平等”的路径，假说H7得到验证。

表4-15 社会资本效应机制回归结果

变量	消费不平等	社会资本	消费不平等
	(1)	(2)	(3)
互联网使用与否	−0.030***	0.179*	−0.029***
	(0.008)	(0.092)	(0.008)
社会资本			−0.006***
			(0.001)
年龄	0.006***	0.126***	0.007***
	(0.002)	(0.025)	(0.002)
年龄平方/100	−0.003	−0.133***	−0.004
	(0.002)	(0.026)	(0.002)
性别	−0.010	−0.029	−0.010
	(0.008)	(0.085)	(0.008)
婚姻状况	0.014	0.608***	0.017
	(0.014)	(0.172)	(0.014)

（续）

变量	消费不平等 (1)	社会资本 (2)	消费不平等 (3)
受教育程度	−0.011**	0.004	−0.011**
	(0.006)	(0.060)	(0.006)
健康状况	0.004*	−0.121***	0.004
	(0.003)	(0.030)	(0.003)
家庭规模	0.014***	0.043	0.014***
	(0.003)	(0.042)	(0.003)
儿童占比	0.076**	0.702*	0.080**
	(0.036)	(0.420)	(0.035)
老人占比	−0.010	−0.259	−0.012
	(0.019)	(0.235)	(0.019)
家庭总净财产	−0.002	0.034***	−0.001
	(0.001)	(0.012)	(0.001)
人均纯收入	−0.008***	0.086***	−0.007***
	(0.002)	(0.024)	(0.002)
户养老保险参与率	−0.013	0.067	−0.013
	(0.012)	(0.163)	(0.012)
从事个体经营	−0.048***	0.188	−0.047***
	(0.014)	(0.136)	(0.014)
省人均 GDP	0.126**	3.330***	0.144**
	(0.057)	(0.660)	(0.057)
政府财政政策	0.473***	6.043***	0.507***
	(0.159)	(1.758)	(0.158)
个体固定效应	控制	控制	控制
年份固定效应	控制	控制	控制
常数项	−1.284**	−33.083***	−1.467**
	(0.597)	(6.941)	(0.597)
样本量	8 439	8 439	8 439
调整后 R^2	0.057	0.063	0.061

六、本章小结

随着互联网在农村普及，农村居民消费市场、收入、信息等可及性提升，居民消费观念和消费能力随之改变。然而农村居民在互联网使用上也同时表现出差异性，包括使用与否、使用广度和使用深度的差异。那么，互联网使用的这些差异又会对农村居民消费不平等产生怎样的影响？如果互联网使用能够缓解农村居民消费不平等，其作用路径又是什么？是否存在异质性？同时，互联网使用对农村居民各分项和各分类消费不平等的影响是否具有异质性？为了回答上述问题，本章运用相对剥夺理论和可行能力理论分析了互联网使用对农村居民消费不平等的作用机理，并提出相关假说；然后利用 CFPS2014 年、CFPS2016 年和 CFPS2018 年数据库中农村家庭样本数据，运用 Kakwani 指数计算得出同村居民各种消费不平等指数，进而构建模型并实证分析了互联网使用农村居民消费不平等的影响，同时就互联网使用对总消费不平等的影响进行了稳健性检验、异质性分析和作用机制探究。主要结论如下：

1. 互联网使用能够显著降低农村居民总消费不平等

具体而言，互联网使用与否、使用广度和使用深度均能够显著降低农村居民总消费不平等，通过比较互联网使用各维度的估计系数可知，互联网使用与否对总消费不平等的影响程度最大，随后依次为互联网使用广度、使用深度。在运用工具变量法、替换解释变量和被解释变量再衡量等克服内生性问题后，估计结果依然稳健。

2. 互联网使用对分项消费不平等和分类消费不平等的影响表现出异质性

具体而言，互联网使用能显著缓解农村各分项消费不平等，但是在显著性和影响系数数值大小上存在差异，互联网使用对交通通信消费不平等影响最大，接下来依次为居住、衣物、设备用品和食物消费不平等，而对医疗保健消费不平等和文教娱乐消费不平等的影响未通过显著性检验；互联网使用能显著缓解农村居民的生存型消费不平等和享受型消费不平等，而对发展型消费不平等的影响不显著。

3. 互联网使用能够通过收入效应、信息渠道效应、购物渠道效应和社会资本效应缓解农村居民消费不平等

具体而言，互联网使用能够促进农村居民增收，缓解收入不平等，拓展农村居民信息渠道和购物渠道，加强社会资本积累，增加居民消费支出，进而缓解消费不平等。

第五章　消费不平等对农村居民主观幸福感影响的实证分析

由文献综述部分内容可知，消费不平等是更能够反映经济问题本质的指标，也是更能够反映居民主观幸福感水平的指标。那么，总消费不平等、不同项目消费不平等和不同类型消费不平等又会对农村居民主观幸福感水平产生怎样的影响？本章将聚焦于消费不平等对农村居民主观幸福感的影响，着重检验各种消费不平等对农村居民主观幸福感的影响，进一步揭示消费不平等影响农村居民主观幸福感的作用机制。

一、研究假设与分析框架

根据社会偏好理论中的不平等厌恶偏好可知，个体获得的总效用不仅取决于自身收入，而且还受到与他人收入差距的影响。在考虑消费不平等对农村居民主观幸福感影响的情况下，以其消费作为效用来源，以效用作为衡量主观幸福感的指标，则农村居民的主观幸福感同时受到自身消费及与他人消费间差距的影响。根据F&S模型构建的个体效用函数（2-2）：

$$U_i(x)=x_i-\frac{\alpha_i}{n-1}\sum\max(x_j-x_i,\ 0)-\frac{\beta_i}{n-1}\sum\max(x_i-x_j,\ 0)$$

$U_i(x)$ 表示农村居民的消费总效用，x_i 表示消费直接效用，$\frac{\alpha_i}{n-1}\sum\max(x_j-x_i,\ 0)$ 和 $\frac{\beta_i}{n-1}\sum\max(x_i-x_j,\ 0)$ 分别表示消费劣势不平等加总的效用损失和消费优势不平等加总的效用损失。行为经济学和神经科学证实，人生而具有不平等厌恶（Kahneman & Krueger，2006；Tricomi 等，2010），且与比别人好比起来，人们更厌恶比别人差。因此，本书假定不平等厌恶系数 $1>\alpha_i>0$；$\beta_i\geqslant0$ 且 $\alpha_i>\beta_i$。令 $f(l)=\frac{1}{n-1}\sum\max(x_j-x_i,\ 0)$，$f(h)=\frac{1}{n-1}\sum\max(x_i-x_j,\ 0)$，此时表达式（2-2）可简化为：

$$U_i(x)=x_i-\alpha_i f(l)-\beta_i f(h) \quad 式（5-1）$$

在式（5-1）中，当 $x_i \neq x_j$ 时，则有 $f(l)>0$ 和 $f(h)>0$，进一步地有 $\alpha_i f(l)>0$ 和 $\beta_i f(h) \geqslant 0$。假定农村居民主观幸福感是由消费效用决定的，用 SWB 表示，则在不同情境下，第 i 个村民的主观幸福感函数分别为：

传统经济学中，第 i 人的效用只取决于消费效应：$SWB_1=x_i$

社会偏好理论中，需同时考虑他人消费带来的影响：$SWB_2=x_i-\alpha_i f(l)-\beta_i f(h)$

由此可知，当存在消费不平等时，即 $x_i \neq x_j$，根据社会偏好理论则有 $SWB_1>SWB_2$。说明当存在消费不平等，特别是存在相对剥夺时，居民的主观幸福感下降。

进一步地，在“不患寡而患不均”的传统文化观念影响下，农村居民对于不平等十分敏感。同时，农村是熟人社会，且对外流动不足，使得攀比心理广泛存在（鲁元平、王韬，2011）。由社会比较理论可知，通过与参照组的社会比较，个体能够做出积极的自我评价，这通常又被认为是提升幸福感的必要前提（Hadjar & Samuel，2015），说明在与参照群体比较过程中处于优势，个体的相对剥夺感降低，容易对自己作出积极的评价，其幸福感更强。廖永松（2014）指出，中国农民在生活改善中较容易获得满足感，即相对于同村人或亲朋好友的生活水平，农民生活改善程度与幸福感存在显著的正向关系。而如果居民在与参照群体比较过程中处于劣势，由相对剥夺理论可知，则其将会感知被剥夺，劣势越明显被剥夺感越强烈。而已有研究发现，与参照群体相比，个人的相对剥夺感越强，其对幸福的感知程度就越低（McBride，2001；Ferrer-i-Carbonell，2005），相对剥夺感将弱化居民对幸福的积极体验。本书的消费不平等变量是根据相对剥夺指数 Kakwani 指数计算得出的，因此消费不平等与居民被剥夺程度正相关。基于上述分析，本书提出假说 H8：

H8：总消费不平等程度越大，农村居民的主观幸福感越低。

Zimmermann（2014）发现总消费只通过体验性消费和炫耀性消费与幸福感显著相关。通过文献梳理我们已经发现，部分学者已经证实了居民分项消费支出对其幸福感的影响具有差异性。因此，有必要进一步分析农村居民分项消费不平等和分类消费不平等对其主观幸福感的影响。

由于居民消费需求层次和需求偏好等不同，其消费支出的用途必然存在差异，而且同样的消费支出实现的功能也存在差异。比如两个拥有相同消费总支出的同村居民，甲注重物质性消费，乙注重精神性消费，其结果是他们的总消费支出相同，不同项目的消费支出存在差异，即总消费不平等相同，分项消费不平等和分类消费不平等却存在差异。进一步地，我们可以预测到相同消费支出的不同商品对甲乙产生的消费效应也存在差异。正如阿马蒂亚·森（2002）指出的："认为消费相同价值商品的两个人获得了相同的效用，这在推理上是一个很大的跳跃"。同时，根据一般规律，只有人们认为重要的东西才能对其产生更大的影响。也即说明当个体认为某种商品的消费不平等更加重要，其对主观幸福感的影响也应更大。一个合理的预期是，不同的商品消费不平等对农村居民主观幸福感的影响不同。因此，我们提出假说 H9 和 H10：

H9：不同项目的消费不平等对主观幸福感的影响力度不同。

H10：不同类型的消费不平等对主观幸福感的影响力度不同。

社会比较理论认为，个人主观幸福感的性质与水平往往是社会比较的结果（Eid & Larsen，2008）。因此，主观幸福感的好坏与社会比较的方向和内容有关。在社会比较的内容中，社会地位比较是较为普遍也是对个体的主观幸福感影响较大的一种方式。处于不良社会地位的群体将面临更多的社会压力、暴力、社会排斥以及营养不良等情况，进而不利于主观幸福感（Vikram & Arthur，2003）。主观社会地位是个体相对于他人对自身所处位置的主观评估，不仅是依据客观的教育水平和收入状况，同时也蕴含着声望、控制感和社会认可感等其他因素（Jackson 等，2014）。在比较过程中，处于高地位使得个体感知到更多的力量和社会接纳，有更多的控制感和自主性，从而幸福体验较佳（Haught 等，2015）。因此，主观社会地位能更好地解释幸福感（李小保、吕厚超，2022），是幸福感更好的预测指标（Haught 等，2015）。

主观社会地位是个体依据综合因素对自身在群体中所处位置的主观评价。当处于经济不平等较高的情境中，个体有更高的地位焦虑，个体更可能与他人进行社会比较，在比较中处于劣势的群体往往会对自身主观社会地位作出悲观的评价。方迎风和黄仁豪（2021）发现消费不平等会对居民造成心理压力和生活压力，导致在评价社会阶层的时候存在负面情绪，造成主观地位评价的下降。Wickham 等（2014）研究发现社会地位可以完全中介儿童期相对剥夺感与主观幸福感的负相关关系。

基于以上分析，本书提出假说 H11：

H11：总消费不平等通过降低农村居民主观社会地位进而负向影响主观幸福感。

人与人之间相互信任是提高人民福利水平的人文生态保障（罗必良等，2021），对福祉有积极影响（Churchill，2017）。Krause 和 Wulff（2005）发现在关系信任较高的国家中，个人能从中得到慰藉精神的强力支持，以摆脱情感体验中的不愉快感。在已有关于信任与幸福感关系的研究中，大部分研究发现信任与幸福感显著的正相关。如 Yip 等（2007）在探究中国农村的社会资本与主观幸福感之间的关系时发现，社会信任与情感支持强烈相关，情感支持能促进社会网络，进而影响主观幸福感。Lou（2009）发现人际信任显著影响居民幸福，相信周边的人通常是可信任的受访者对生活有更积极的信念。Laurence（2019）积极的社交互动主要通过更高的邻居信任提升青少年主观幸福感。罗必良等（2021）发现农民的社区信任感知和社区安全对农民的幸福感水平具有显著的促进作用。可见信任对居民幸福感有显著的正向作用（Helliwell，2003；Tokuda & Inoguchi，2008；Kuroki，2011），越信任他人，幸福感越高（袁正、夏波，2012；黄嘉文，2016）。Inoguchi 等（2010）提出通过公共政策重建人际信任是提高幸福感的一个手段。

而不平等则体现了人们在资源占有上的差异。过度的不平等则意味着资源分配有失公允，将强化人们地位的差异性，容易造成人际间的隔阂与疏离（Rothstein & Uslaner，2005），人与人之间的关系信任将被侵蚀，人际关系紧张所产生的信任缺乏将激发个人的愤懑与不满，降低人们对幸福的感知程度，减弱人们对幸福的积极体验。而相对于收入不平等，消费具有较强的他人可见性，消费不平等更容易引起社会大众的不满和社会信任水平的下降（周广肃、李沙浪，2016）。周广肃和李沙浪（2016）发现县级层面消费差距的扩大可以显著降低中国居民的信任水平，消费基尼系数每上升 0.1，社会信任水平下降 2.11 个百分点。万广华和张彤进（2021）认为消费不平等可能会引起处于劣势的农村居民对其周围处于优势群体的排斥和嫉妒心理，人与人之间信任感下降，进而导致幸福感降低。基于以上分析，本书提出假说 H12：

H12：总消费不平等通过降低农村居民间的人际信任进而负向影响主观幸福感。

主观幸福感是微观个体基于自身整体生活状况而做出的主观判断，是个人结合过去、现在和未来进行的综合性评判。当个体的整体生活状态低于参照群体时，就会产生相对剥夺感，从而造成幸福感下降；当他们对未来经济社会地位产生可能改善的预期，将会容忍眼前的不平等，进而减缓对未来生活的悲观情绪（Benabou & Efe，2001）。可见个体主观幸福感不仅取决于过去和当下的生活状况，对自身未来的积极预期也是重要影响因素。已有研究以对未来信心衡量个体对自身未来的预期，探讨其与幸福感的关系。刘小鸽等（2018）认为对未来信心是幸福感的组成因素，是个体从对未来生活可能的认识与评价角度对幸福感的评价。吴静（2009）则利用结构方程方法进行实证分析，发现居民对未来信心是影响其幸福指数的重要指标。卢娟和李斌（2018）、赵一凡和周金娥（2021）在研究中将老年人对未来信心作为其幸福感的衡量指标。王洁菲和姚树洁（2022）认为居民对未来越具有信心则当下主观幸福感水平会越高。谢罗奇等（2019）发现居民能通过未来信心实现其幸福感提升。可见个体对未来信心与其主观幸福感显著正相关。

而当个体在群体中长期处于劣势地位，则很难有积极的生活体验，也没有足够的精力规划未来，其对未来的信心将逐渐被侵蚀，导致其认为提高生活水平机会渺茫，对自己未来会越来越没有信心。因此，消费不平等所带来的相对剥夺感会降低个体对未来信心，进而降低居民主观幸福感。本书提出假说 H13：

H13：总消费不平等通过降低农村居民的未来信心进而负向影响主观幸福感。

基于上述分析，构建本章的理论分析框架，如图 5－1 所示：

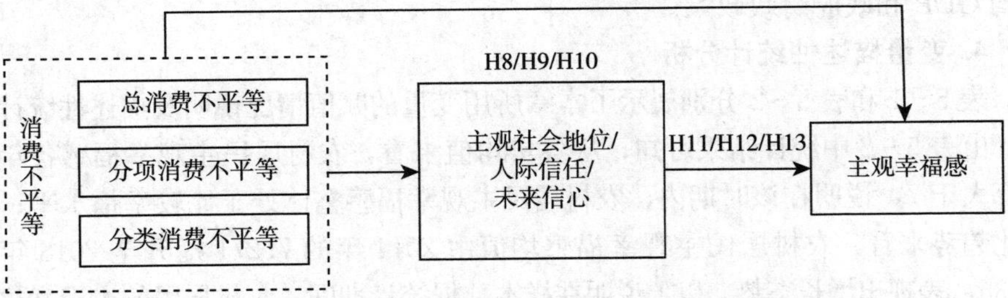

图 5－1　消费不平等对主观幸福感影响的分析框架

二、变量选取与模型设定

本章主要检验消费不平等对农村居民主观幸福感的影响。而作为被解释变量的主观幸福感数据在 CFPS2016 数据库中缺失严重。因此，本章主要使用 CFPS2014 和 CFPS2018 数据构成的短平衡面板数据，实证分析消费不平等对农村居民主观幸福感的影响。该部分数据是在第五章所使用的三期平衡面板数据的基础上剔除了 CFPS2016 数据后得到的，因此总样本量减少为 5 626 个。

（一）变量选取

1. 被解释变量

农村居民主观幸福感是本章的被解释变量。数据来源于 CFPS 问卷中题目“总的来说，您觉得自己有多幸福?”所获取的数据，是农村居民根据目前自身对幸福感知情况而自我汇报的结果。数据取值范围为 0 至 10 分，依次表示农村居民主观幸福感从非常不幸福至非常幸福的变化情况。

2. 解释变量

本章的解释变量为农村居民消费不平等。为详细分析农村居民各种消费不平等对其主观幸福感的影响差异，本章解释变量细分为总消费不平等、分项消费不平等和分类消费不平等。数据基于 CFPS2014 和 CFPS2018 样本数据并采用 Kakwani 指数计算得出。

3. 控制变量

本书参照尹志超等（2019）、程名望和华汉阳（2020）、尹振涛等（2021）、万广华和张彤进（2021）等研究，从个人、家庭和区域三个层面选取控制变量。其中，个人层面选取了户主年龄、年龄平方/100、性别、婚姻状况、受教育程度和健康状况；家庭层面选取了家庭规模、家庭总净财产、户养老保险参与率、老人占比、儿童占比和从事个体经营情况；地区层面选取了各样本省年人均 GDP 和政府财政政策。

4. 变量描述性统计分析

表 5-1 和表 5-2 分别展示了本章所用变量的赋值情况说明及描述性统计结果。由表 5-2 中统计结果可知，从各年均值来看，农村居民主观幸福感各年均值都大于 7，说明在该时期内，农村居民主观幸福感整体处于比较幸福水平；从变化趋势来看，农村居民主观幸福感均值由 2014 年的 7.271 提升至 2018 年的 7.335，表现出增长态势。以上说明在样本数据统计期间，农村居民的主观幸福感普遍较高，且呈现出缓慢增长趋势。其他变量的情况同第四章，在此不再赘述。

表 5-1 变量赋值及说明

变量类型	变量名称	变量说明
被解释变量	主观幸福感	取值 0～10：非常不幸福=0，非常幸福=10
解释变量	总消费不平等	根据各项消费支出的户人均值，采用 Kakwani 指数计算得出
	食物消费不平等	
	衣物消费不平等	
	居住消费不平等	
	设备用品消费不平等	
	医疗保健消费不平等	
	交通通信消费不平等	
	文教娱乐消费不平等	
	生存型消费不平等	
	发展型消费不平等	
	享受型消费不平等	

（续）

变量类型	变量名称	变量说明
	年龄	户主实际年龄
	年龄平方/100	户主实际年龄平方/100
	性别	女=0，男=1
	婚姻状况	已婚且有配偶=1，其他=0
	受教育程度	小学以下=0，小学=1，初中=2，高中及以上=3
	健康状况	取值1～5：非常不健康=1，非常健康=5
	家庭规模	家庭同住人口数量
控制变量	老人占比	家中65岁及以上老人数量/家庭规模
	儿童占比	家中16岁以下未成年人数量/家庭规模
	家庭总净财产	家庭实际总净财产数量（元）
	人均纯收入	家庭实际年人均纯收入（元）
	户养老保险参与率	户实际参与养老保险人数/户成人数量
	从事个体经营	未从事个体经营=0，从事个体经营=1
	省年人均GDP	平减后省年人均GDP数值
	政府财政政策	年省一般公共预算支出/省人均GDP（平减后）

数据来源：作者根据CFPS2014和CFPS2018数据整理。

表5-2　变量描述性统计分析

变量名	2014年		2018年	
	均值	标准差	均值	标准差
主观幸福感	7.271	2.322	7.335	2.248
总消费不平等	0.314	0.225	0.328	0.222
食物消费不平等	0.361	0.261	0.405	0.271
衣物消费不平等	0.416	0.295	0.469	0.308
居住消费不平等	0.515	0.305	0.445	0.270
设备用品消费不平等	0.535	0.305	0.580	0.313
医疗保健消费不平等	0.585	0.324	0.605	0.321
交通通信消费不平等	0.405	0.281	0.425	0.285
文教娱乐消费不平等	0.711	0.358	0.699	0.361
生存型消费不平等	0.345	0.242	0.367	0.247
发展型消费不平等	0.796	0.292	0.791	0.299
享受型消费不平等	0.424	0.273	0.451	0.276

（续）

变量名	2014 年		2018 年	
	均值	标准差	均值	标准差
年龄	50.523	12.126	53.115	13.393
年龄平方/100	27.000	12.404	30.005	14.107
性别	0.585	0.493	0.575	0.494
婚姻状况	0.902	0.298	0.857	0.350
受教育程度	1.296	0.957	1.220	1.002
健康状况	2.898	1.312	2.811	1.303
家庭规模	3.813	1.724	3.185	1.593
老人占比	0.309	0.285	0.136	0.184
儿童占比	0.166	0.182	0.332	0.339
家庭总净财产	181 273.8	205 323.9	200 396.4	386 666.3
人均纯收入	8 653.429	7 327.227	9 780.968	10 242.01
户养老保险参与率	0.210	0.324	0.220	0.348
从事个体经营	0.053	0.225	0.059	0.236
省年人均 GDP	26 132.1	10 396.18	24 584.56	9 573.606
政府财政政策	0.235	0.085	0.261	0.103
观测值	2 813		2 813	

数据来源：作者根据 CFPS2014 和 CFPS2018 数据整理。

（二）模型设定

1. 基准模型设定

根据本章研究内容，构建如下回归模型：

$$SWB_{ijt}=\alpha+\beta Consumption\_RD_{ijt}+\gamma X_{ijt}+\delta_t+\theta_j+\varepsilon_{ijt}$$

模型（5-1）

其中，SWB_{ijt}表示被解释变量，即农村居民主观幸福感；$Consumption_RD_{ijt}$表示解释变量，即消费不平等，包括总消费不平等、各分项消费不平等和分类消费不平等；X_{ijt}表示控制变量；下标 i、j 和 t 分别指代样本家庭个体、家庭所在村和受访年份；δ 和 θ 分别为时间固定效应和个体固定效应。其中，控制变量中的连续变量，如家庭总净财产和省人均 GDP，取对数后纳入回归模型。

2. 作用机制检验模型设定

为进一步揭示农村居民总消费不平等影响主观幸福感的作用机制，本书构建回归模型进行机制检验。根据前文假说提出的三种可能存在的作用机制，同时预期农村居民总消费不平等可能会通过降低主观社会地位、弱化人际信任和未来信心而降低主观幸福感。为验证上述假说，本书参考温忠麟和叶宝娟（2014）的研究，结合模型（5－1），并构建如下回归模型进行机制检验：

$$M_{ijt}=\alpha_0+\beta_0 Consumption\_RD_{ijt}+\gamma_0 X_{ijt}+\delta''_t+\theta''_j+\varepsilon''_{ijt}$$

模型（5－2）

$$SWB_{ijt}=\alpha_1+\beta_1 Consumption\_RD_{ijt}+\varphi M_{ijt}+\gamma_1 X_{ijt}+\delta'_t+\theta'_j+\varepsilon'_{ijt}$$

模型（5－3）

其中，M_{ijt}表示中介变量，包含农村居民（户主）主观社会地位、人际信任和未来信心；其他变量与模型（5－1）一致。各中介变量具体说明见后文。中介效应检验步骤同第四章。

（三）估计方法

在实证分析中，究竟应该采用何种估计方法取决于主观幸福感变量的数据类型。本书中的主观幸福感为 0 至 10 的连续整数。在实证分析中，主观幸福感应该看做序数或基数的争论一致存在，且尚无定论。陈永伟（2016）认为主观幸福感各数值之间的大小只是表示幸福程度等级之间的差别，而不具有实际大小的含义。从这个意义上来说，此时的主观幸福感属于序数型变量，应该使用（面板）Oprobit 或 Ologit 模型估计参数。Jiang（2012）认为有序模型不容易解释系数估计值的经济学含义，因此应该将主观幸福视作是基数型变量，使用 OLS 回归方法估计模型参数。Ferrer－i－Carbonell 和 Frijters（2004）的研究发现，在回归分析中，采用 OLS 或者 Oprobit/Ologit 对于系数的显著性和方向并没有明显的影响。该观点得到了 Knight 等（2009）、陆铭等（2014）、罗必良等（2021）的支持。同时，Knight（2010）、Knight 和 Gunatilaka（2010）、何立新和潘春阳（2011）、陈钊等（2012）、陆铭等（2014）、罗必良等（2021）等一系列关于中国幸福感决定因素的研究中，也采用 OLS 回归做基准分析。

基于以上分析，并考虑到回归系数解读的直观性，本章基准回归采用双向固定效应模型估计方法，同时采用面板 Ologit 模型估计方法进行稳健性检验。

三、实证结果与分析

（一）总消费不平等对主观幸福感的影响

表 5－3 汇报了农村居民总消费不平等对主观幸福感影响的回归结果。从总体来看，无论是否控制时间效应和控制变量，总消费不平等对主观幸福感的影响没有显著差异，时间特征和控制变量对总消费不平等与主观幸福感之间的关系影响不大，说明估计结果具有较好的稳健性。第（4）列列示了采用双向

固定效应模型估计结果。总消费不平等对主观幸福感影响的回归系数为−0.635，且在1%统计水平上显著，说明总消费不平等能够显著降低主观幸福感，总消费不平等每降低（或提升）1个单位，主观幸福感随之提升（或下降）0.635个等级水平。可能的原因如理论分析部分所述，消费不平等降低了通过消费获取的直接效用，抑制了主观幸福感提升。因此，通过降低农村居民总消费不平等对提升主观幸福感是可行的。假说H8得到验证。

从控制变量来看，各变量对农村居民主观幸福感的影响存在差异。个体特征方面，户主年龄对主观幸福感影响的系数在1%统计水平上显著，且表现为先负后正的变化趋势，表明年龄与主观幸福感间存在U形关系，即随着年龄的上升，主观幸福感先下降，降到最低点后，又开始上升。该结论与已有研究一致（Frey & Stutzer，2002；Alesina et al.，2004；陆铭等，2014；程名望、华汉阳，2020；万广华、张彤进，2021）。可能的原因是年轻户主多处于上有老、下有小的家庭生命周期阶段，生活压力大，主观幸福感可能被压力稀释，而随着年龄增长，家庭生命周期步入新的阶段，家庭压力逐渐缓解，主观幸福感也逐渐增强。相对于其他婚姻状态，结婚且有配偶的户主其主观幸福感更高，可能的原因是该类型户主不仅可以获得情感慰藉，还可以通过家庭分工提高收入，这很好地体现了“婚姻溢价”效应（程名望、华汉阳，2020）。健康的身体是个体主观幸福感的物质载体（Perneger等，2004）。因此，户主健康状况越好其主观幸福感越高，该结论与既往研究一致（尹志超等，2019；程名望、华汉阳，2020）。家庭特征层面，家庭人均收入越多其主观幸福感越高，这与尹志超等（2019）、程名望和华汉阳（2020）的研究结论一致。收入是家庭最基本的物质基础，也说明收入仍是影响农村居民主观幸福感的重要因素。区域特征层面，省人均GDP和政府财政政策均显著正向影响农村居民主观幸福感，即说明省经济发展水平和政府的一般性公共投资能显著提升农村居民主观幸福感。

表5-3　总消费不平等对主观幸福感影响的回归结果

变量	主观幸福感			
	(1)	(2)	(3)	(4)
总消费不平等	−0.639***	−0.652***	−0.632***	−0.635***
	(0.199)	(0.199)	(0.202)	(0.202)
年龄			−0.121***	−0.117***
			(0.032)	(0.032)
年龄平方/100			0.127***	0.122***
			(0.033)	(0.033)

（续）

变量	主观幸福感			
	(1)	(2)	(3)	(4)
性别			−0.054	−0.055
			(0.110)	(0.110)
婚姻状况			0.896***	0.896***
			(0.212)	(0.212)
受教育程度			−0.003	−0.001
			(0.078)	(0.078)
健康状况			0.227***	0.227***
			(0.039)	(0.039)
家庭规模			−0.022	−0.009
			(0.039)	(0.042)
儿童占比			0.307	0.368
			(0.430)	(0.440)
老人占比			0.198	0.174
			(0.219)	(0.221)
家庭总净财产			−0.002	−0.002
			(0.017)	(0.017)
人均纯收入			0.045*	0.046*
			(0.025)	(0.025)
户养老保险参与率			−0.055	−0.048
			(0.164)	(0.164)
从事个体经营			−0.170	−0.175
			(0.173)	(0.173)
省人均 GDP			1.138*	1.241**
			(0.613)	(0.622)
政府财政政策			4.005**	3.283*
			(1.761)	(1.943)
个体固定效应	控制	控制	控制	控制
年份固定效应	未控制	控制	未控制	控制
常数项	7.508***	7.476***	−4.072	−5.082
	(0.064)	(0.068)	(6.410)	(6.490)
样本量	5 626	5 626	5 626	5 626
R^2	0.004	0.004	0.034	0.034

(二) 分项消费不平等对主观幸福感的影响

由上述分析可知，缓解总消费不平等能够提升农村居民主观幸福感。那么，各分项消费不平等对主观幸福感的影响是否也依然如此？为探寻该问题的答案，本书进一步检验了各分项消费不平等对农村居民主观幸福感的影响，表 5-4 汇报了回归结果。

表 5-4　分项消费不平等对主观幸福感影响的回归结果

变量	主观幸福感						
	(1)	(2)	(3)	(4)	(5)	(6)	(7)
食物消费不平等	−0.047						
	(0.174)						
衣物消费不平等		−0.180					
		(0.158)					
居住消费不平等			−0.212				
			(0.136)				
设备用品消费不平等				−0.089			
				(0.130)			
医疗保健消费不平等					0.167		
					(0.134)		
交通通信消费不平等						−0.503***	
						(0.164)	
文教娱乐消费不平等							−0.017
							(0.124)
年龄	−0.120***	−0.118***	−0.119***	−0.120***	−0.122***	−0.116***	−0.120***
	(0.032)	(0.032)	(0.032)	(0.032)	(0.032)	(0.032)	(0.032)
年龄平方/100	0.122***	0.122***	0.122***	0.123***	0.124***	0.120***	0.123***
	(0.033)	(0.033)	(0.033)	(0.033)	(0.033)	(0.033)	(0.033)
性别	−0.057	−0.053	−0.059	−0.056	−0.054	−0.051	−0.057
	(0.111)	(0.111)	(0.111)	(0.111)	(0.111)	(0.110)	(0.111)
婚姻状况	0.899***	0.905***	0.905***	0.900***	0.909***	0.903***	0.898***
	(0.212)	(0.212)	(0.212)	(0.212)	(0.213)	(0.212)	(0.213)
受教育程度	0.009	0.006	0.008	0.009	0.009	0.002	0.010
	(0.078)	(0.078)	(0.078)	(0.078)	(0.078)	(0.077)	(0.078)

（续）

变量	主观幸福感						
	(1)	(2)	(3)	(4)	(5)	(6)	(7)
健康状况	0.225***	0.224***	0.225***	0.225***	0.219***	0.224***	0.225***
	(0.039)	(0.039)	(0.039)	(0.039)	(0.039)	(0.039)	(0.039)
家庭规模	−0.018	−0.019	−0.016	−0.017	−0.020	−0.015	−0.018
	(0.042)	(0.042)	(0.042)	(0.042)	(0.042)	(0.042)	(0.042)
儿童占比	0.309	0.309	0.330	0.309	0.282	0.373	0.304
	(0.438)	(0.437)	(0.438)	(0.437)	(0.437)	(0.438)	(0.437)
老人占比	0.188	0.194	0.193	0.189	0.195	0.185	0.188
	(0.221)	(0.221)	(0.221)	(0.220)	(0.221)	(0.221)	(0.220)
家庭总净财产	0.001	0.000	0.001	0.001	0.001	−0.001	0.001
	(0.017)	(0.017)	(0.017)	(0.017)	(0.017)	(0.017)	(0.017)
人均纯收入	0.051**	0.049**	0.049**	0.051**	0.052**	0.048*	0.052**
	(0.025)	(0.025)	(0.025)	(0.025)	(0.025)	(0.025)	(0.025)
户养老保险参与率	−0.045	−0.039	−0.045	−0.045	−0.042	−0.031	−0.044
	(0.165)	(0.165)	(0.165)	(0.165)	(0.165)	(0.165)	(0.165)
从事个体经营	−0.147	−0.157	−0.153	−0.153	−0.134	−0.169	−0.148
	(0.172)	(0.172)	(0.172)	(0.172)	(0.172)	(0.172)	(0.171)
省人均 GDP	1.153*	1.164*	1.149*	1.167*	1.141*	1.135*	1.147*
	(0.623)	(0.624)	(0.623)	(0.623)	(0.623)	(0.623)	(0.623)
政府财政政策	3.073	3.186	3.100	3.033	2.997	3.229*	3.037
	(1.955)	(1.949)	(1.944)	(1.941)	(1.942)	(1.943)	(1.942)
个体固定效应	控制	控制	控制	控制	控制	控制	控制
年份固定效应	控制	控制	控制	控制	控制	控制	控制
常数项	−4.253	−4.344	−4.146	−4.355	−4.161	−4.040	−4.178
	(6.502)	(6.509)	(6.507)	(6.501)	(6.497)	(6.506)	(6.503)
样本量	5 626	5 626	5 626	5 626	5 626	5 626	5 626
R^2	0.030	0.030	0.031	0.030	0.030	0.033	0.030

由回归系数可以看出，各分项消费不平等对农村居民主观幸福感的影响存在差异。首先，除医疗保健消费不平等外，其他分项消费不平等的缓解均能够提升农村居民主观幸福感。医疗保健消费不平等正向影响农村居民主观幸福

感，表明与参照群体相比，医疗保健消费支出越少（即医疗保健消费不平等指数越大），农村居民主观幸福感越强。这一结论与实际情况相符，医疗保健支出越少，可能源于户主身体健康状况越好，而健康状况显著正向影响农村居民主观幸福感。其次，从各影响系数的显著性看，仅交通通信消费不平等通过了显著性检验，且在1%统计水平上显著，而其他分项消费不平等对农村居民主观幸福感的影响均在统计上不显著。以上说明各分项消费不平等对农村居民主观幸福感的影响存在差异，假说 H9 得到验证。同时说明降低交通通信消费不平等能显著提升农村居民主观幸福感。可能的解释是交通通信支出反映了居民出行便利性和与外界联系的紧密性，在方便生活需求的同时，提高了增收机会，其不仅具备消费特征，而且具备创收特征。因此，相对于其他分项消费，农村居民更加关注于交通通信消费与参照群体的比较结果。

（三）分类消费不平等对主观幸福感的影响

本书进一步探究了分类消费不平等对主观幸福感的影响。表 5-5 汇报了回归结果。从整体上来看，各类型消费不平等对主观幸福感的影响均未通过显著性检验，即说明各分类消费不平等对主观幸福感的影响在统计上不显著。可能的原因是分类消费是合并分项消费得到的，由于消费偏好差异，各分项消费对主观幸福感的影响不同，分项消费合并后会抹平原本由分项消费引致的幸福效应差异，导致分类消费不平等对主观幸福感的影响不再显著。从上文分析中可知，医疗保健消费不平等对主观幸福感的影响系数为正，而构成享受型消费的其他分项消费其不平等对主观幸福感的影响系数为负，组成部分间对主观幸福感的正反影响降低了享受型消费不平等影响系数的显著性。

从系数符号上来看，发展型消费不平等和享受型消费不平等均负向影响主观幸福感，而发展型消费不平等正向影响主观幸福感。可能的解释是生存型消费和享受型消费分别代表了农村居民物质和精神层面的生活状态，其相对剥夺程度直接影响居民主观幸福感水平，而本书的发展型消费是指教育支出，教育支出越少，发展型消费不平等越小，居民主观幸福感越大，可能是因教育支出减少（如无学龄人口或政策性教育支出减免）降低了其对其他消费的挤出效应，增加了非教育支出的支付能力，提升了居民主观幸福感。

从系数绝对值大小来看，分类消费不平等对主观幸福感影响效力按降序排列，依次为生存型消费、享受型消费不平等和发展型消费不平等。

以上说明分类消费不平等对主观幸福感影响存在差异性。从经济学意义上来讲，抑制生存型消费不平等和享受型消费不平等对于提升农村居民主观幸福感是可行的，但是回归结果在统计上不显著。因此，假说 H10 未得到支持。

表 5-5　分类消费不平等对主观幸福感影响的回归结果

变量	主观幸福感		
	(1)	(2)	(3)
生存型消费不平等	−0.235		
	(0.190)		
发展型消费不平等		0.083	
		(0.163)	
享受型消费不平等			−0.101
			(0.160)
年龄	−0.119***	−0.104***	−0.119***
	(0.032)	(0.033)	(0.032)
年龄平方/100	0.123***	0.104***	0.122***
	(0.033)	(0.034)	(0.033)
性别	−0.058	−0.080	−0.056
	(0.111)	(0.122)	(0.111)
婚姻状况	0.904***	1.106***	0.895***
	(0.213)	(0.219)	(0.212)
受教育程度	0.003	0.022	0.009
	(0.078)	(0.083)	(0.078)
健康状况	0.224***	0.249***	0.226***
	(0.039)	(0.043)	(0.039)
家庭规模	−0.016	−0.019	−0.017
	(0.042)	(0.045)	(0.042)
儿童占比	0.327	0.126	0.316
	(0.438)	(0.480)	(0.438)
老人占比	0.189	0.291	0.186
	(0.221)	(0.224)	(0.221)
家庭总净财产	−0.000	0.001	0.001
	(0.017)	(0.019)	(0.017)
人均纯收入	0.049**	0.047*	0.051**
	(0.025)	(0.028)	(0.025)
户养老保险参与率	−0.045	−0.047	−0.045
	(0.165)	(0.175)	(0.165)

（续）

变量	主观幸福感		
	(1)	(2)	(3)
从事个体经营	−0.154	−0.031	−0.156
	(0.173)	(0.182)	(0.173)
省人均 GDP	1.157*	1.281*	1.173*
	(0.623)	(0.664)	(0.625)
政府财政政策	3.178	3.546*	3.051
	(1.954)	(2.125)	(1.943)
个体固定效应	控制	控制	控制
年份固定效应	控制	控制	控制
常数项	−4.264	−6.275	−4.444
	(6.499)	(6.969)	(6.528)
样本量	5 626	5 102	5 626
R^2	0.030	0.037	0.030

四、稳健性检验

本书采用更换估计方法和被解释变量再测度，进一步对上述基准回归进行稳健性检验。首先，根据既往研究关于采用 OLS 或 Probit/Logit 模型估计方法对幸福感进行估计时结果无明显差异的结论，本部分采用面板 Ologit 模型估计方法对模型（5－1）重新回归，结果列示于表 5－6 第（1）列。其次，参照徐仲安等（2013）对主观幸福感变量的处理方法，将原数据中主观幸福感（赋值为从 1 至 10 的离散数据）重新赋值。0、1 和 2 分表示农村居民认为自己“很不幸福”，赋值为 1；3、4 分表示“不幸福”，赋值为 2；5、6 分表示“一般幸福”，赋值为 3；7、8 分表示“比较幸福”，赋值为 4；9、10 分表示“非常幸福”，赋值为 5。重新赋值后，作为因变量的主观幸福感为取值 1 到 5 的有序离散变量。因此，本书将其重新纳入回归模型，并采用面板 Ologit 模型估计方法回归，结果列示于表 5－6 第（2）列。最后，参照周广肃等（2014）对健康变量的处理方法，将主观幸福感评分为 0 至 5 分赋值为 0，评分为 6 至 10 分赋值为 1，分别表示“不幸福”和“幸福”。此时，主观幸福感为二值选择变量，采用面板 Logit 模型估计方法重新回归，结果列示于表 5－6 第（3）列。

由第（1）列显示的结果可以看出，总消费不平等对主观幸福感影响的系数显著为负，说明降低总消费不平等能显著提升农村居民主观幸福感的概率。同时，影响系数为－0.739，与表 5－3 中基准回归系数－0.635 差异不大，且均在 1%统计水平显著，可见将主观幸福感视为基数还是序数对实证分析结果影响仅表现为系数大小的差异，即 OLS 模型估计结果与 Ologit 模型估计结果没有系数符号和显著性方面的明显不同，与既往研究结论一致，也说明总消费不平等对农村居民主观幸福感影响的基准回归结果是稳健的。

表中第（2）列和（3）列显示的结果与第（1）列基本一致，仅表现为回归系数值的大小差异，说明无论将主观幸福感变量如何进行等级划分，回归结果均是稳健的，这也再次说明基准回归结果是稳健的。

表 5－6　稳健性检验回归结果

变量	主观幸福感		
	（1）	（2）	（3）
总消费不平等	－0.739***	－0.729***	－0.865***
	（0.130）	（0.135）	（0.179）
年龄	－0.084***	－0.091***	－0.123***
	（0.017）	（0.018）	（0.026）
年龄平方/100	0.094***	0.099***	0.135***
	（0.017）	（0.018）	（0.026）
性别	－0.271***	－0.262***	－0.213**
	（0.062）	（0.064）	（0.086）
婚姻状况	0.777***	0.782***	0.871***
	（0.097）	（0.100）	（0.127）
受教育程度	0.019	0.040	0.232***
	（0.033）	（0.034）	（0.046）
健康状况	0.342***	0.335***	0.354***
	（0.023）	（0.024）	（0.033）
家庭规模	0.009	0.008	0.056*
	（0.022）	（0.023）	（0.031）
儿童占比	0.164	0.055	0.308
	（0.228）	（0.236）	（0.317）
老人占比	0.161	0.207	－0.043
	（0.146）	（0.152）	（0.207）
家庭总净财产	0.031***	0.032***	0.057***
	（0.010）	（0.011）	（0.013）

（续）

变量	主观幸福感		
	(1)	(2)	(3)
人均纯收入	0.043**	0.038**	0.084***
	(0.018)	(0.018)	(0.024)
户养老保险参与率	0.185	0.159	0.400**
	(0.114)	(0.119)	(0.163)
从事个体经营	−0.026	−0.015	0.155
	(0.121)	(0.127)	(0.183)
省人均GDP	0.353**	0.248	0.168
	(0.154)	(0.159)	(0.216)
政府财政政策	−0.763	−1.382**	−0.608
	(0.590)	(0.608)	(0.818)
个体固定效应	控制	控制	控制
年份固定效应	控制	控制	控制
常数项			−1.048
			(2.456)
σ	1.040***	1.042***	
	(0.110)	(0.117)	
样本量	5 626	5 626	5 626

五、作用机制分析

基于前文实证分析可知，总消费不平等显著负向影响农村居民主观幸福感。那么，我们进一步深入思考的问题是总消费不平等是如何影响农村居民主观幸福感？即其可能的作用路径是什么？为探究该问题的答案，以更深入厘清总消费不平等与农村居民主观幸福感之间的关系，本书在基准回归分析的基础上，基于本章理论分析和构建的机制检验模型，进一步讨论了总消费不平等影响农村居民主观幸福感的作用机制。下文表述中将总消费不平等简称为消费不平等。

（一）主观社会地位机制

根据本章理论分析，消费不平等可能通过主观社会地位影响主观幸福感。为检验此作用路径是否存在，参照方迎风和黄仁豪（2021）的研究选取主观社会地位变量，并纳入作用机制检验模型进行回归分析。数据来源于 CFPS 问卷中题项“您在本地的社会地位”收集的数据。主观社会地位变量取值为 1 至 5，依次表示很低到很高。本书采用面板数据可以衡量个体内心对于自己的社会主观地位评价的变化。主观社会地位为有序离散变量，因此，采用面板 Ologit 模型估计方法，其余模型仍采用双向固定效应模型估计方法。表 5 - 7 第（1）～（3）列汇报了回归结果。第（2）列结果显示，消费不平等回归系数为−0.396，且在 1%统计水平显著，表明消费不平等降低了农村居民主观社会地位。该结论与方迎风和黄仁豪（2021）的研究结论一致。具体原因如理论分析部分所述。根据第（3）列结果，主观社会地位显著正向影响主观幸福感，且加入主观社会地位变量后，消费不平等对主观幸福感影响的系数绝对值变小，但是符号方向和显著性均无变化。综合以上结果可知，主观社会地位在消费不平等对农村居民主观幸福感影响中发挥了部分中介作用，即主观社会地位是消费不平等影响农村居民主观幸福感的作用机制，假说 H11 得到验证。

表 5 - 7 作用机制回归结果

变量	主观幸福感	主观社会地位	主观幸福感	邻居信任	主观幸福感	未来信心	主观幸福感
	(1)	(2)	(3)	(4)	(5)	(6)	(7)
消费不平等	−0.635***	−0.396***	−0.577***	−0.267**	−0.595***	−0.443***	−0.549***
	(0.202)	(0.126)	(0.200)	(0.130)	(0.200)	(0.136)	(0.197)
主观社会地位			0.308***				
			(0.043)				
邻居信任					0.154***		
					(0.022)		
未来信心							0.462***
							(0.047)
年龄	−0.117***	0.019	−0.116***	0.019	−0.129***	−0.025	−0.105***
	(0.032)	(0.016)	(0.031)	(0.017)	(0.029)	(0.018)	(0.031)
年龄平方/100	0.122***	0.016	0.116***	−0.002	0.129***	0.020	0.110***
	(0.033)	(0.017)	(0.032)	(0.017)	(0.030)	(0.018)	(0.031)
性别	−0.055	−0.253***	−0.018	0.073	−0.070	−0.167**	−0.018
	(0.110)	(0.060)	(0.108)	(0.063)	(0.109)	(0.065)	(0.105)
婚姻状况	0.896***	0.212**	0.927***	−0.073	0.989***	0.504***	0.770***
	(0.212)	(0.093)	(0.205)	(0.097)	(0.200)	(0.100)	(0.205)

（续）

变量	主观幸福感	主观社会地位	主观幸福感	邻居信任	主观幸福感	未来信心	主观幸福感
	(1)	(2)	(3)	(4)	(5)	(6)	(7)
受教育程度	−0.001	−0.010	−0.000	0.079**	−0.050	−0.003	−0.012
	(0.078)	(0.031)	(0.076)	(0.034)	(0.074)	(0.035)	(0.075)
家庭规模	0.227***	0.231***	0.204***	0.175***	0.215***	0.368***	0.167***
	(0.039)	(0.022)	(0.039)	(0.023)	(0.038)	(0.025)	(0.038)
儿童占比	−0.009	−0.021	−0.007	0.013	−0.005	0.011	−0.017
	(0.042)	(0.021)	(0.041)	(0.022)	(0.041)	(0.023)	(0.041)
老人占比	0.368	0.317	0.318	−0.181	0.408	−0.096	0.481
	(0.440)	(0.221)	(0.432)	(0.229)	(0.436)	(0.240)	(0.432)
家庭总净财产	0.174	0.004	0.184	0.080	0.085	0.119	0.140
	(0.221)	(0.144)	(0.217)	(0.147)	(0.215)	(0.154)	(0.219)
人均纯收入	−0.002	0.037***	−0.006	−0.005	−0.002	0.023**	−0.005
	(0.017)	(0.010)	(0.017)	(0.010)	(0.017)	(0.011)	(0.017)
户均健康状况	0.046*	0.019	0.045*	0.006	0.046*	0.039**	0.039
	(0.025)	(0.017)	(0.025)	(0.018)	(0.024)	(0.018)	(0.024)
户养老保险参与率	−0.048	0.074	−0.062	−0.136	−0.006	0.019	−0.044
	(0.164)	(0.113)	(0.163)	(0.114)	(0.162)	(0.121)	(0.163)
从事个体经营	−0.175	−0.167	−0.126	0.068	−0.202	−0.012	−0.176
	(0.173)	(0.119)	(0.170)	(0.123)	(0.171)	(0.131)	(0.173)
省人均 GDP	1.241**	−0.457***	1.412**	−0.201	1.437**	−0.123	1.263**
	(0.622)	(0.144)	(0.614)	(0.157)	(0.612)	(0.160)	(0.604)
政府财政政策	3.283*	0.558	3.011	−3.178***	3.743*	−0.289	2.707
	(1.943)	(0.555)	(1.915)	(0.601)	(1.924)	(0.617)	(1.889)
个体固定效应	控制	控制	控制	控制	控制	控制	控制
年份固定效应	控制	控制	控制	控制	控制	控制	控制
常数项	−5.082		−7.506		−7.770		−6.949
	(6.490)		(6.413)		(6.408)		(6.325)
σ		0.587***		1.145***		0.992***	
		(0.093)		(0.113)		(0.119)	
样本量	5 626	5 626	5 626	5 613	5 613	5 626	5 626
调整后 R^2	0.034		0.056		0.059		0.078

（二）人际信任机制

本书的消费不平等是以同村其他户主为参照群体计算得出的。同时，农村居民更容易与其周围人群进行比较。因此，本书在检验人际信任作用机制时，选取农村居民对邻居信任作为人际信任的衡量指标。数据来源于 CFPS 问卷中题目“您/你对邻居的信任程度能打几分?”的回答结果。变量赋值为 0 至 10，表示非常不信任到非常信任。为便于比较，本书将其视为基数，采用双向固定效应模型估计方法进行回归分析。表 5－7 第（1）、（4）和（5）列汇报了人际信任机制的检验结果。根据第（4）列结果，消费不平等对邻居信任的影响系数显著为负，说明消费不平等降低了农村居民对邻居信任，影响邻里关系。根据第（5）列回归结果可知，对邻居信任显著提升农村居民主观幸福感，且消费不平等的回归系数绝对值较第（1）列变小，说明邻居信任发挥了部分中介作用。因此，邻居信任是消费不平等影响农村居民主观幸福感的作用路径，假说 H12 得到验证。

（三）未来信心机制

由理论分析部分可知，对未来更有信心的农村居民拥有更高的幸福感体验。为检验消费不平等是否通过农村居民对未来信心影响其主观幸福感，本书进一步从未来信心角度进行机制检验。未来信心变量来源于 CFPS 问卷题目“您给自己未来的信心程度打几分?”，赋值 1 至 5，1 表示很没信心，5 表示很有信心，为有序离散变量，故采用面板 Ologit 模型估计方法。表 5－7 第（1）、（6）和（7）列汇报了估计结果。第（6）列显示消费不平等对未来信心的回归系数显著为负，说明消费不平等降低了农村居民的未来信心。比较第（1）列和第（7）列中消费不平等的回归系数绝对值可知，当模型中加入未来信心变量后，消费不平等对主观幸福感的影响力度下降，说明未来信心在消费不平等影响主观幸福感过程中起到了部分中介作用，假说 H13 得到验证。

六、本章小结

本章作为第四章的延伸，主要探究消费不平等会对农村居民主观幸福感产生怎样的影响，以及其作用路径有哪些。具体研究设计上，本章从社会偏好理论和社会比较理论进行理论分析，并提出相关研究假设和构建实证模型，进一步采用基于 CFPS2014 和 CFPS2018 两轮调查数据构造的平衡面板数据，综合运用双向固定效应模型、面板 Ologit 模型和面板 Logit 模型估计方法进行基准回归分析、稳健性检验和作用机制检验，并得出了以下结论：

1. 总消费不平等显著负向影响农村居民主观幸福感，且该结论是稳健的

这说明通过降低总消费不平等对于提升农村居民主观幸福感是可行之路。

2. 各分项消费不平等对农村居民主观幸福感的影响表现出差异

从回归系数符号上来看，医疗保健消费不平等正向影响主观幸福感，其余分项消费不平等均负向影响主观幸福感。从显著性来看，交通通信消费不平等显著影响主观幸福感，其余分项消费不平等对主观幸福感的影响均未通过显著性检验。这说明农村居民对各分项消费不平等的关注度不同，即各分项消费不平等对农村居民的重要性不同。同时也说明在通过消费提升主观幸福感的过程中，应关注各分项消费的幸福效应差异。

3. 消费不平等通过主观社会地位、人际信任和未来信心作用机制影响主观幸福感

因此，提高农村居民主观社会地位、增强邻里间信任和强化农村居民对未来信心均能够缓解消费不平等对主观幸福感的负向影响，进而提高主观幸福感。

第六章 互联网使用、消费不平等对农村居民主观幸福感影响的实证分析

前面章节分别探讨了互联网使用对农村居民消费不平等的影响，以及消费不平等对农村居民主观幸福感的影响，发现互联网使用能够抑制农村居民消费不平等，而降低消费不平等能够提升农村居民主观幸福感。一个合理的推论是：互联网使用能够通过抑制消费不平等进而提升农村居民主观幸福感。那么，事实是否如此？互联网使用不同维度又会对农村居民主观幸福感产生怎么的影响差异？消费不平等究竟在两者间发挥怎样的作用？本章将聚焦于三者间关系的进一步梳理，试图回答互联网使用能否提升农村居民主观幸福感，以及消费不平等是不是其作用机制？如果是，其发挥的是全部中介作用还是部分中介作用？

一、研究假设与分析框架

习近平总书记在 2015 年举行的第二届世界互联网大会上曾提出，互联网发展的目标是“要让互联网发展成果惠及 13 亿多中国人民，更好造福各国人民”。可见我国政府致力于发展互联网的最终目标是提高居民的福利水平。那么，随着我国互联网基础设施建设逐步完善，互联网普及率逐渐提升，我们需要深入思考的问题是互联网使用对微观个体主观幸福感水平的影响结果及其作用路径。

个体主观幸福感同时受到经济因素和非经济因素的影响。随着我国经济和社会不断发展，特别是在乡村振兴和共同富裕背景下，农村居民收入获得极大提升，单纯的经济富裕已不再是农村居民实现幸福生活的唯一追求，非经济因素对幸福感的影响逐渐增强。阿玛蒂亚·森的可行能力观则体现了福利经济学相关研究的最新方向，其认为传统福利效用论单纯用个人效用指标来衡量社会福利存在缺陷，明确提出用功能、能力与自由等概念来考察居民主观幸福感。根据可行能力理论，个体主观幸福感的改善不仅取决于是否拥有改善主观幸福

感的机会，更取决于其是否具有改善主观幸福感的能力。对于权利的获得、机会的创造、参与机会的均等开放和对美好生活的追求，已经成为实现农民幸福的核心要件（罗必良等，2021）。

Ganju 等（2016）研究发现信息通信技术的使用还可以通过帮助公民发展他们的社会资本和实现社会平等，使他们能够获得与健康有关的信息和卫生服务等，从而改善一个国家的福祉，并认为一国的信息和通信技术使用水平（固定电话、互联网、移动电话的数量）预测了一国的福祉。Graham 和 Nikolova（2013）的研究表明，互联网使得个人从信息的被动消费者转变为积极搜寻者，并且提高了人们对生活的掌控能力，从而提高了居民的幸福感。Pénard 等（2013）发现使用互联网的人群拥有更高的主观幸福感水平，其原因在于互联网可以使人们以更高的效率搜寻信息、获取更便宜的商品和多样化的服务以及匹配度更高的工作机会等。据此我们推测，随着我国农村地区互联网基础设施日臻完善和普及率不断提升，农村居民主观幸福感可以获得直接提升。同时，互联网发展不仅能够降低农村居民与其他群体间的机会不平等，提高农村居民共同参与经济和社会发展的机会，还可以增强农村居民的资源可及性。根据可行能力理论可知，互联网能够提升农村居民对生活的掌控能力和自由度，提高了其对美好生活追求的能力和可能性。既往研究也发现互联网使用对农村居民主观幸福感的正向影响。如冷晨昕和祝仲坤（2018）发现掌握互联网技能显著提高农村居民幸福感。

基于上述分析，提出假说 H14：

H14：互联网使用能够提升农村居民主观幸福感，即使用互联网、使用广度越大或使用深度越大的农村居民其主观幸福感越高。

郜书锴和白洪谭（2014）认为随着网络硬件能力的快速发展，“数字”是当前数字鸿沟的主要表现。互联网在农村地区普及率的提升也表明越来越多的农村居民跨越“一级数字鸿沟”，纷纷触网。而陆杰华等（2021）发现技术层面的“鸿沟”比接入层面的“鸿沟”影响更深远。据此我们推测，农村地区互联网基础设施的完善为农村居民使用互联网提供了均等的受益机会，但是却不意味着每个个体从中的受益是均等的。一方面，个体存在能力差异，致使互联网使用能力转换为主观幸福感的转换效率不同；另一方面，个体对互联网使用各维度的重视程度和需求强度不同，其对主观幸福感的影响效力也可能不同。Bargh 和 McKenna（2004）的研究发现，互联网使用的影响大小取决于其对互联网的使用方式。那么，一个合理的预期是：不同的互联网使用目的或方式会使得互联网使用对主观幸福感的影响表现出异质性。

基于上述分析，提出假说 H15：

H15：互联网使用各维度对农村居民主观幸福感的影响存在程度上的

差异。

根据上述分析，我们推测互联网使用能够提升农村居民主观幸福感。结合本书第四章和第五章的研究结论，即互联网使用能够抑制消费不平等和消费不平等负向影响主观幸福感，据此我们可以得出一个合理的推断：消费不平等是互联网使用影响农村居民主观幸福感的作用路径，即存在“互联网使用—消费不平等—主观幸福感”的逻辑次序。

据此本书提出假说 H16：

H16：消费不平等在互联网使用对农村居民主观幸福感的影响中起到中介作用。

基于上述分析，构建本章的理论分析框架，如图 6－1 所示：

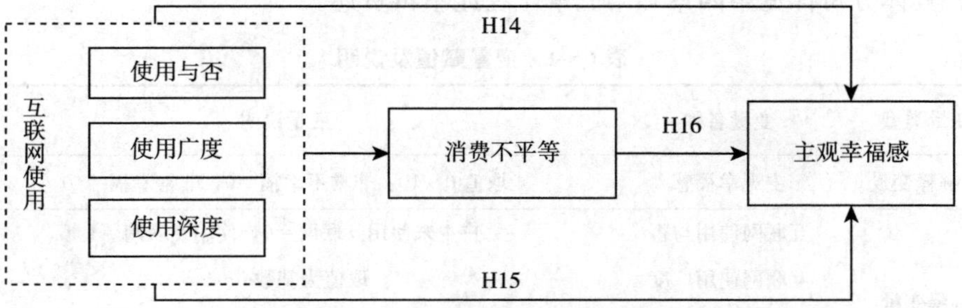

图 6－1　互联网使用、消费不平等对主观幸福感影响的分析框架

二、变量选取与模型设定

本章被解释变量为农村居民主观幸福感。因该变量在 CFPS2016 数据中缺失严重。因此，本章与第五章相同，主要使用 CFPS2014 和 CFPS2018 数据构成的短平衡面板数据进行实证分析，总样本量为 5 626 个。

（一）变量选取

1. 被解释变量

农村居民主观幸福感。该变量同第五章，变量相关说明详见第五章。

2. 解释变量

互联网使用。该变量同第四章，包括互联网使用与否、使用广度和使用深度，以全面探究农村居民互联网使用差异对其主观幸福感的影响。变量相关说明详见第四章。

消费不平等。本章主要探究消费不平等是不是互联网使用影响农村主观幸福感的作用路径，鉴于前文研究发现多数分项消费不平等对主观幸福感的影响系数在统计上不显著（仅交通通信消费不平等通过显著性检验）。本章仅选择总消费不平等表征消费不平等，并表述为消费不平等。变量相关说明详见第四章。

3. 控制变量

与第五章相同，从个人、家庭和区域三个层面选取控制变量。其中，个人层面选取了户主年龄、年龄平方/100、性别、婚姻状况、受教育程度和健康状况；家庭层面选取了家庭规模、家庭总净财产、户养老保险参与率、老人占比、儿童占比和从事个体经营情况；地区层面选取了各样本省年人均 GDP 和政府财政政策。

4. 变量描述性统计分析

表 6-1 和表 6-2 为本章实证分析所用变量的赋值、说明及描述性统计分析。具体分析详见第四章和第五章，在此不再赘述。

表 6-1　变量赋值及说明

变量类型	变量名称	变量说明
被解释变量	主观幸福感	取值 0～10：非常不幸福=0，非常幸福=10
解释变量	互联网使用与否	户主未使用互联网=0，使用互联网=1
	互联网使用广度	取值为基数 0～5
	互联网使用深度	取值为基数 0～30
	消费不平等	采用 Kakwani 指数计算得出
控制变量	年龄	户主实际年龄
	年龄平方/100	户主实际年龄平方/100
	性别	女=0，男=1
	婚姻状况	已婚且有配偶=1，其他=0
	受教育程度	小学以下=0，小学=1，初中=2，高中及以上=3
	健康状况	取值 1～5：非常不健康=1，非常健康=5
	家庭规模	家庭同住人口数量
	老人占比	家中 65 岁及以上老人/家庭规模
	儿童占比	家中 16 岁以下未成年人数/家庭规模
	家庭总净财产	家庭实际总净财产数量（元）
	人均纯收入	家庭年人均纯收入（元）
	户养老保险参与率	户实际参与养老保险人数/户成人数
	从事个体经营	未从事个体经营=0，从事个体经营=1
	省年人均 GDP	平减后省年人均 GDP 数值
	政府财政政策	省年一般公共预算支出/省人均 GDP（平减后）

表6-2　变量描述性统计分析

变量名	2014年		2018年	
	均值	标准差	均值	标准差
主观幸福感	7.271	2.322	7.335	2.248
互联网使用与否	0.103	0.305	0.338	0.473
互联网使用广度	0.263	0.887	3.876	1.560
互联网使用深度	1.127	3.876	4.323	7.267
消费不平等	0.314	0.225	0.328	0.222
年龄	50.523	12.126	53.115	13.393
年龄平方/100	27.000	12.404	30.005	14.107
性别	0.585	0.493	0.575	0.494
婚姻状况	0.902	0.298	0.857	0.350
受教育程度	1.296	0.957	1.220	1.002
健康状况	2.898	1.312	2.811	1.303
家庭规模	3.813	1.724	3.185	1.593
老人占比	0.309	0.285	0.136	0.184
儿童占比	0.166	0.182	0.332	0.339
家庭总净财产	181 273.8	205 323.9	200 396.4	386 666.3
人均纯收入	8 653.429	7 327.227	9 780.968	10 242.01
户养老保险参与率	0.210	0.324	0.220	0.348
从事个体经营	0.053	0.225	0.059	0.236
省年人均GDP	26 132.1	10 396.18	24 584.56	9 573.606
政府财政政策	0.235	0.085	0.261	0.103
观测值	2 813		2 813	

（二）模型设定

为检验互联网使用对农村居民主观幸福感的影响，本书构建如下回归模型：

$$SWB_{ijt}=\alpha_0+\alpha_1 Internet_{ijt}+\alpha_2 X_{ijt}+\psi_t+\sigma_j+\tilde{\omega}_{ijt}$$

模型（6-1）

其中，SWB_{ijt}表示被解释变量，即农村居民主观幸福感；$Internet_{ijt}$表示解释变量，即户主互联网使用情况，包括使用与否、使用广度和使用深度；X_{ijt}表示控制变量；下标 i、j 和 t 分别指代样本家庭个体、家庭所在村和受访年份；ψ 和 σ 分别为时间固定效应和个体固定效应；$\bar{\omega}$ 表示随机干扰项。在回归中，对控制变量中的连续变量做取对数处理，如家庭总净财产、省人均 GDP。

为检验消费不平等的中介效应，本书结合模型（4-1）和模型（6-1），并构建模型（6-2）进行中介效应检验：

$$SWB_{ijt}=\beta_0+\beta_1 Consumption\_RD_{ijt}+\beta_2 Internet_{ijt}+\beta_3 X_{ijt}+\psi_t'+\sigma_j'+\bar{\omega}_{ijt}'$$

模型（6-2）

其中，$Consumption\_RD_{ijt}$ 表示消费不平等，此处仅指总消费不平等；δ、ψ'表示时间固定效应；θ、σ'表示个体固定效应；ε、$\bar{\omega}'$表示随机干扰项。其他变量与模型（6-1）相同。

三、实证结果与分析

（一）互联网使用对农村居民主观幸福感的影响

1. 基准回归

表 6-3 汇报了互联网使用对农村居民主观幸福感影响的双向固定效应模型估计结果。第（1）、（2）和（3）列分别汇报了互联网使用与否、使用广度和使用深度对农村居民主观幸福感影响的回归结果。由结果可以看出，互联网使用各维度对农村居民主观幸福感的影响系数均通过了显著性检验，且均为正数，说明相对于未使用互联网、互联网使用广度小或使用深度小的农村居民，使用互联网、互联网使用广度大或使用深度大的农村居民具有更高的主观幸福感。可见互联网使用能够显著提高农村居民主观幸福感。

通过比较各列回归系数绝对值可知，互联网使用各维度对农村居民主观幸福感的影响效力按降序排列依次为：互联网使用与否＞使用广度＞使用深度，说明互联网使用的幸福效应更多体现在是否使用互联网，其次才是互联网使用强度。这也说明通过互联网使用提升农村居民主观幸福感的先后次序为：促使居民触网——提高使用广度——增强使用深度。

控制变量方面，年龄对农村居民主观幸福感的影响表现出 U 形关系；户主婚姻状况、健康状况、家庭人均纯收入、省 GDP 均显著正向影响农村居民主观幸福感；其他变量对主观幸福感的影响均不显著。以上结论与第五章一致，此处不再赘述。

综上分析可知，互联网使用能够显著提升农村居民主观幸福感，但在各维度上表现出异质性。因此，假说 H14 和 H15 得到验证。

表 6-3　互联网使用对主观幸福感影响的回归结果

变量	主观幸福感		
	(1)	(2)	(3)
互联网使用与否	0.331***		
	(0.122)		
互联网使用广度		0.074*	
		(0.038)	
互联网使用深度			0.013*
			(0.008)
年龄	−0.115***	−0.113***	−0.114***
	(0.032)	(0.032)	(0.032)
年龄平方/100	0.123***	0.120***	0.120***
	(0.033)	(0.033)	(0.033)
性别	−0.057	−0.059	−0.058
	(0.111)	(0.111)	(0.111)
婚姻状况	0.892***	0.901***	0.906***
	(0.211)	(0.212)	(0.212)
受教育程度	−0.009	−0.009	−0.006
	(0.078)	(0.078)	(0.078)
健康状况	0.226***	0.224***	0.224***
	(0.039)	(0.039)	(0.039)
家庭规模	−0.019	−0.021	−0.020
	(0.042)	(0.042)	(0.042)
儿童占比	0.334	0.297	0.295
	(0.436)	(0.437)	(0.437)
老人占比	0.245	0.231	0.224
	(0.223)	(0.223)	(0.223)
家庭总净财产	0.002	0.001	0.001
	(0.017)	(0.017)	(0.017)
人均纯收入	0.047*	0.047*	0.048*
	(0.025)	(0.025)	(0.025)
户养老保险参与率	−0.033	−0.039	−0.039
	(0.165)	(0.165)	(0.165)

（续）

变量	主观幸福感		
	(1)	(2)	(3)
从事个体经营	−0.169	−0.169	−0.167
	(0.172)	(0.172)	(0.172)
省人均GDP	1.193*	1.140*	1.147*
	(0.624)	(0.624)	(0.624)
政府财政政策	2.589	2.755	2.811
	(1.955)	(1.953)	(1.952)
个体固定效应	控制	控制	控制
年份固定效应	控制	控制	控制
常数项	−4.829	−4.285	−4.328
	(6.524)	(6.519)	(6.521)
样本量	5 626	5 626	5 626
调整后 R^2	0.032	0.031	0.031

2. 稳健性检验

本书基准回归已经控制了尽可能多的控制变量以减小遗漏变量引起的估计偏误，同时采用双向固定效应模型估计方法也尽可能控制了不随时间变化变量对估计结果的影响。为尽可能保障结果的稳健性，本书进一步采用更换估计方法、被解释变量再测度和工具变量估计方法对模型（6-1）进行再次回归，表6-4汇报了稳健性检验的回归结果。

（1）更换估计方法。本书将主观幸福感视为有序离散变量并采用面板Ologit模型估计方法再回归，表6-4第（1）～(3）列汇报了回归结果。结果显示，更换估计方法后，互联网使用各维度对主观幸福感的影响与基准回归一致，仅表现为系数值的大小差异，说明基准回归结果是稳健的。

（2）被解释变量再测度。根据第五章对主观幸福感的再测度结果，本部分将其再次纳入回归模型，进行互联网使用对主观幸福感影响的稳健检验。表6-4第（4）～(6）列为将主观幸福感重新赋值为1～5分，并采用面板Ologit模型估计方法的回归结果；第（7）～(9）列为将主观幸福感重新赋值为0或1，并采用面板Logit模型估计方法的回归结果。从估计结果来看，不管采用何种形式对主观幸福感进行再测度，互联网各维度对农村居民主观幸福感的影响系数均与基准回归保持一致，说明基准回归结果是稳健的。

表 6-4　稳健性检验的回归结果（一）

变量	主观幸福感								
	(1)	(2)	(3)	(4)	(5)	(6)	(7)	(8)	(9)
互联网使用与否	0.278***			0.313***			0.447***		
	(0.082)			(0.085)			(0.119)		
互联网使用广度		0.077***			0.087***			0.163***	
		(0.026)			(0.028)			(0.040)	
互联网使用深度			0.016***			0.018***			0.034***
			(0.006)			(0.006)			(0.009)
年龄	−0.080***	−0.078***	−0.078***	−0.086***	−0.083***	−0.084***	−0.114***	−0.105***	−0.105***
	(0.017)	(0.018)	(0.018)	(0.018)	(0.018)	(0.018)	(0.026)	(0.026)	(0.026)
年龄平方/100	0.091***	0.089***	0.089***	0.096***	0.093***	0.093***	0.129***	0.121***	0.121***
	(0.018)	(0.018)	(0.018)	(0.018)	(0.018)	(0.019)	(0.026)	(0.026)	(0.026)
性别	−0.272***	−0.274***	−0.273***	−0.264***	−0.266***	−0.266***	−0.211**	−0.216**	−0.214**
	(0.062)	(0.062)	(0.062)	(0.064)	(0.064)	(0.064)	(0.086)	(0.086)	(0.085)
婚姻状况	0.776***	0.787***	0.788***	0.782***	0.793***	0.795***	0.877***	0.891***	0.892***
	(0.097)	(0.097)	(0.097)	(0.100)	(0.100)	(0.100)	(0.127)	(0.127)	(0.127)
受教育程度	0.012	0.010	0.012	0.031	0.029	0.030	0.212***	0.201***	0.203***
	(0.034)	(0.034)	(0.034)	(0.035)	(0.035)	(0.035)	(0.047)	(0.047)	(0.047)
健康状况	0.341***	0.340***	0.339***	0.335***	0.333***	0.333***	0.354***	0.352***	0.351***
	(0.024)	(0.024)	(0.023)	(0.024)	(0.024)	(0.024)	(0.033)	(0.032)	(0.032)
家庭规模	−0.001	−0.002	−0.002	−0.003	−0.004	−0.004	0.043	0.041	0.041
	(0.022)	(0.022)	(0.022)	(0.022)	(0.022)	(0.022)	(0.031)	(0.030)	(0.030)
儿童占比	0.113	0.113	0.113	0.010	0.009	0.010	0.271	0.270	0.265
	(0.228)	(0.228)	(0.228)	(0.236)	(0.236)	(0.236)	(0.317)	(0.316)	(0.315)
老人占比	0.163	0.167	0.169	0.207	0.211	0.214	−0.043	−0.029	−0.024
	(0.146)	(0.146)	(0.146)	(0.152)	(0.152)	(0.152)	(0.207)	(0.206)	(0.206)
家庭总净财产	0.034***	0.033***	0.033***	0.035***	0.035***	0.035***	0.061***	0.060***	0.060***
	(0.010)	(0.010)	(0.010)	(0.011)	(0.010)	(0.010)	(0.013)	(0.013)	(0.013)
人均纯收入	0.046***	0.045**	0.045**	0.041**	0.040**	0.040**	0.086***	0.083***	0.083***
	(0.018)	(0.018)	(0.018)	(0.018)	(0.018)	(0.018)	(0.024)	(0.024)	(0.024)
户养老保险参与率	0.180	0.176	0.178	0.155	0.151	0.153	0.391**	0.382**	0.384**
	(0.115)	(0.115)	(0.115)	(0.119)	(0.119)	(0.119)	(0.162)	(0.162)	(0.162)
从事个体经营	−0.018	−0.020	−0.020	−0.012	−0.014	−0.013	0.153	0.137	0.140
	(0.122)	(0.122)	(0.122)	(0.127)	(0.127)	(0.127)	(0.183)	(0.183)	(0.183)

（续）

变量	主观幸福感								
	(1)	(2)	(3)	(4)	(5)	(6)	(7)	(8)	(9)
省人均 GDP	0.300*	0.304**	0.306**	0.191	0.196	0.198	0.090	0.094	0.095
	(0.155)	(0.154)	(0.154)	(0.159)	(0.159)	(0.159)	(0.215)	(0.215)	(0.214)
政府财政政策	−1.006*	−1.000*	−0.988*	−1.645***	−1.636***	−1.622***	−0.965	−0.954	−0.947
	(0.592)	(0.591)	(0.591)	(0.611)	(0.610)	(0.610)	(0.818)	(0.815)	(0.814)
个体固定效应	控制	控制	控制	控制	控制	控制	控制	控制	控制
年份固定效应	控制	控制	控制	控制	控制	控制	控制	控制	控制
常数项							−0.765	−0.999	−0.975
							(2.451)	(2.444)	(2.441)
σ	1.054***	1.048***	1.046***	1.064***	1.055***	1.053***			
	(0.110)	(0.110)	(0.110)	(0.118)	(0.118)	(0.118)			
样本量	5 626	5 626	5 626	5 626	5 626	5 626	5 626	5 626	5 626

（3）工具变量法。在分析互联网使用对主观幸福感影响的过程中，还应该考虑的问题是主观幸福感是否反向影响互联网使用，进而引起估计偏误。为尽可能消除可能存在的反向因果引起的估计偏误，本书采用工具变量法重新回归。参考尹志超等（2019）、祝仲坤（2020）和孙治一等（2022）在处理互联网使用对创业、消费升级影响的内生性问题时的做法，本书使用“是否使用手机”作为互联网使用的工具变量，其满足相关性和外生性要求（尹志超等，2019；祝仲坤，2020；孙治一等，2022）。据《第 49 次中国互联网络发展状况统计报告》统计数据显示，截至 2021 年 12 月，我国网民使用手机上网的比例达 99.7%。可见是否使用手机是前定变量，即使用手机是农村居民互联网使用的前提条件。而在手机基本普及的情况下，手机已成为日常用品，是否拥有手机并不会对农村居民主观幸福感产生直接影响，而是需要通过使用手机产生的结果变量间接影响主观幸福感。因此，本书认定是否使用手机作为互联网使用的工具变量满足相关性和外生性，是有效的工具变量。

表 6－5 汇报了基于固定效应模型的工具变量估计方法（2SLS）回归结果。第（1）、（3）和（5）列为互联网使用各维度上的一阶段回归结果，是否使用手机回归系数均显著为正，说明工具变量满足相关性，同时 F 值均大于 10，Cragg－Donald 统计量也大于临界值 16.38，可以排除弱工具变量问题。以上说明是否拥有手机作为工具变量是有效的。由第（2）、（4）和（6）列回归结果可以看出，采用工具变量克服内生性问题后，互联网使用各维度对主观幸福感的影响系数依然显著为正，且互联网使用各维度对主观幸福感影响效力

仍与基准回归一致，以上说明基准回归结果是稳健的。

表 6-5　稳健性检验的回归结果（二）

变量	互联网使用与否	主观幸福感	互联网使用广度	主观幸福感	互联网使用深度	主观幸福感
	(1)	(2)	(3)	(4)	(5)	(6)
互联网使用与否		1.850*				
		(1.086)				
互联网使用广度				0.671*		
				(0.398)		
互联网使用深度						0.142*
						(0.084)
是否使用手机	0.045***		0.123***		0.348***	
	(0.007)		(0.022)		(0.065)	
年龄	−0.018***	−0.092***	−0.101***	−0.057	−0.275***	−0.056
	(0.005)	(0.034)	(0.014)	(0.048)	(0.040)	(0.048)
年龄平方/100	0.001	0.126***	0.047***	0.096***	0.141***	0.094***
	(0.005)	(0.031)	(0.014)	(0.035)	(0.042)	(0.036)
性别	0.001	−0.062	0.029	−0.078	0.017	−0.071
	(0.016)	(0.107)	(0.049)	(0.109)	(0.144)	(0.108)
婚姻状况	0.022	0.867***	−0.028	0.926***	−0.442*	0.985***
	(0.029)	(0.187)	(0.086)	(0.189)	(0.250)	(0.195)
受教育程度	0.056***	−0.095	0.261***	−0.167	0.824***	−0.166
	(0.011)	(0.094)	(0.033)	(0.127)	(0.096)	(0.127)
健康状况	−0.004	0.231***	0.010	0.217***	0.032	0.213***
	(0.006)	(0.037)	(0.017)	(0.037)	(0.049)	(0.038)
家庭规模	0.005	−0.026	0.037*	−0.042	0.154***	−0.043
	(0.007)	(0.044)	(0.020)	(0.046)	(0.058)	(0.047)
儿童占比	−0.106	0.467	0.066	0.227	0.309	0.194
	(0.068)	(0.451)	(0.203)	(0.448)	(0.594)	(0.451)
老人占比	−0.155***	0.510*	−0.529***	0.579*	−1.365***	0.581*
	(0.035)	(0.295)	(0.104)	(0.326)	(0.305)	(0.327)
家庭总净财产	−0.003	0.007	−0.003	0.003	−0.002	0.002
	(0.002)	(0.016)	(0.007)	(0.015)	(0.021)	(0.015)

（续）

变量	互联网使用与否	主观幸福感	互联网使用广度	主观幸福感	互联网使用深度	主观幸福感
	(1)	(2)	(3)	(4)	(5)	(6)
人均纯收入	0.012***	0.028	0.053***	0.015	0.177***	0.013
	(0.004)	(0.029)	(0.012)	(0.033)	(0.034)	(0.034)
户养老保险参与率	−0.047*	0.016	−0.115	0.007	−0.265	0.012
	(0.026)	(0.173)	(0.078)	(0.174)	(0.228)	(0.174)
从事个体经营	0.062**	−0.274	0.289***	−0.353	1.037***	−0.370
	(0.031)	(0.217)	(0.094)	(0.240)	(0.275)	(0.245)
省人均 GDP	−0.207**	1.387**	−0.064	1.046	−1.189	1.103*
	(0.101)	(0.668)	(0.303)	(0.664)	(0.887)	(0.662)
政府财政政策	1.187***	0.523	3.352***	0.471	4.877*	0.566
	(0.303)	(2.450)	(0.904)	(2.496)	(2.642)	(2.463)
年份固定效应	控制	控制	控制	控制	控制	控制
常数项	2.753***	−7.571	3.329	−4.711	24.269***	−5.279
	(1.070)	(7.138)	(3.192)	(6.944)	(9.333)	(6.969)
一阶段 F 值	147.04		115.255		118.65	
Cragg-Donald 统计量	46.41		37.75		37.096	
样本量	5 616	5 616	5 616	5 616	5 616	5 616

3. 拓展分析

为更加全面地了解互联网使用的幸福效应，本书进一步采用双向固定效应模型估计方法，检验互联网使用频率和重要程度对农村居民主观幸福感的影响。结果列示于表 6-6 和表 6-7。根据回归结果可知，互联网使用频率和重要程度各维度对农村居民主观幸福感的影响存在差异。互联网学习、社交的频率和重要程度、互联网娱乐的重要程度均能显著提升农村居民主观幸福感。可能的原因是互联网的平台优势，一方面打破了农村居民长期以来因地理原因造成与外界沟通的障碍，加强了农村居民同外界沟通的能力；另一方面，海量的免费学习资源为农村家庭所共享，一定程度上弥补了地方教育资源落后带来的教育不平等，解决了农村家长对孩子学习的担忧，主观幸福感提升。而其余维度的影响系数均未通过显著性检验，说明其对农村居民主观幸福感的影响不显著。

通过比较表 6-6 和表 6-7 中的系数可知，相较于互联网使用频率，互联网使用重要程度对农村居民主观幸福感的影响更大。因此，对于已经触网的农村居民而言，通过发挥互联网使用在其生产生活中的重要作用更能提升其主观幸福感。

表 6-6　互联网使用频率对主观幸福感影响的回归结果

变量	主观幸福感				
	(1)	(2)	(3)	(4)	(5)
互联网学习频率	0.067**				
	(0.030)				
互联网工作频率		0.011			
		(0.033)			
互联网社交频率			0.046**		
			(0.023)		
互联网娱乐频率				0.024	
				(0.023)	
互联网商业频率					−0.020
					(0.042)
年龄	−0.112***	−0.119***	−0.115***	−0.118***	−0.121***
	(0.032)	(0.032)	(0.032)	(0.032)	(0.032)
年龄平方/100	0.117***	0.122***	0.121***	0.122***	0.123***
	(0.033)	(0.033)	(0.033)	(0.033)	(0.033)
性别	−0.061	−0.058	−0.053	−0.057	−0.057
	(0.111)	(0.111)	(0.111)	(0.111)	(0.111)
婚姻状况	0.908***	0.901***	0.899***	0.897***	0.894***
	(0.212)	(0.213)	(0.212)	(0.212)	(0.212)
受教育程度	−0.008	0.008	−0.003	0.003	0.013
	(0.078)	(0.078)	(0.078)	(0.078)	(0.078)
健康状况	0.223***	0.224***	0.224***	0.224***	0.225***
	(0.039)	(0.039)	(0.039)	(0.039)	(0.039)
家庭规模	−0.018	−0.018	−0.019	−0.020	−0.017
	(0.042)	(0.042)	(0.042)	(0.042)	(0.042)
儿童占比	0.276	0.300	0.313	0.309	0.310
	(0.437)	(0.437)	(0.436)	(0.437)	(0.438)
老人占比	0.211	0.191	0.229	0.210	0.181
	(0.221)	(0.221)	(0.222)	(0.223)	(0.222)

（续）

变量	主观幸福感				
	(1)	(2)	(3)	(4)	(5)
家庭总净财产	0.002	0.001	0.001	0.001	0.001
	(0.017)	(0.017)	(0.017)	(0.017)	(0.017)
人均纯收入	0.050**	0.051**	0.047*	0.050**	0.052**
	(0.025)	(0.025)	(0.025)	(0.025)	(0.025)
户养老保险参与率	−0.040	−0.044	−0.039	−0.042	−0.045
	(0.165)	(0.165)	(0.165)	(0.165)	(0.165)
从事个体经营	−0.167	−0.149	−0.165	−0.152	−0.140
	(0.172)	(0.172)	(0.172)	(0.171)	(0.171)
省人均 GDP	1.130*	1.146*	1.154*	1.170*	1.159*
	(0.623)	(0.623)	(0.625)	(0.626)	(0.623)
政府财政政策	2.912	3.025	2.661	2.944	3.080
	(1.946)	(1.944)	(1.955)	(1.945)	(1.948)
个体固定效应	控制	控制	控制	控制	控制
年份固定效应	控制	控制	控制	控制	控制
常数项	−4.229	−4.191	−4.364	−4.482	−4.276
	(6.511)	(6.503)	(6.525)	(6.535)	(6.499)
样本量	5 626	5 626	5 626	5 626	5 626
调整后 R^2	0.031	0.030	0.031	0.030	0.030

表 6－7　互联网使用重要程度对主观幸福感影响的回归结果

变量	主观幸福感				
	(1)	(2)	(3)	(4)	(5)
互联网学习重要程度	0.085*				
	(0.045)				
互联网工作重要程度		0.035			
		(0.048)			
互联网社交重要程度			0.106***		
			(0.038)		
互联网娱乐重要程度				0.090**	
				(0.043)	

（续）

变量	主观幸福感				
	(1)	(2)	(3)	(4)	(5)
互联网商业重要程度					−0.035
					(0.049)
年龄	−0.114***	−0.119***	−0.114***	−0.114***	−0.121***
	(0.032)	(0.032)	(0.032)	(0.032)	(0.032)
年龄平方/100	0.119***	0.122***	0.121***	0.119***	0.123***
	(0.033)	(0.033)	(0.033)	(0.033)	(0.033)
性别	−0.059	−0.059	−0.054	−0.055	−0.057
	(0.111)	(0.111)	(0.110)	(0.111)	(0.111)
婚姻状况	0.903***	0.904***	0.907***	0.900***	0.893***
	(0.212)	(0.213)	(0.211)	(0.212)	(0.212)
受教育程度	−0.007	0.005	−0.010	−0.006	0.015
	(0.078)	(0.078)	(0.078)	(0.078)	(0.078)
健康状况	0.224***	0.224***	0.224***	0.225***	0.225***
	(0.039)	(0.039)	(0.039)	(0.039)	(0.039)
家庭规模	−0.018	−0.018	−0.022	−0.023	−0.016
	(0.042)	(0.042)	(0.042)	(0.042)	(0.042)
儿童占比	0.298	0.298	0.298	0.313	0.311
	(0.437)	(0.437)	(0.437)	(0.437)	(0.437)
老人占比	0.206	0.193	0.243	0.222	0.179
	(0.221)	(0.221)	(0.222)	(0.221)	(0.222)
家庭总净财产	0.001	0.001	0.000	0.001	0.001
	(0.017)	(0.017)	(0.017)	(0.017)	(0.017)
人均纯收入	0.050**	0.051**	0.046*	0.047*	0.053**
	(0.025)	(0.025)	(0.025)	(0.025)	(0.025)
户养老保险参与率	−0.045	−0.044	−0.035	−0.039	−0.044
	(0.165)	(0.165)	(0.165)	(0.165)	(0.165)
从事个体经营	−0.166	−0.151	−0.172	−0.163	−0.137
	(0.172)	(0.172)	(0.171)	(0.171)	(0.172)
省人均 GDP	1.162*	1.145*	1.175*	1.211*	1.161*
	(0.624)	(0.623)	(0.625)	(0.628)	(0.622)

（续）

变量	主观幸福感				
	(1)	(2)	(3)	(4)	(5)
政府财政政策	2.986	3.030	2.716	2.983	3.098
	(1.943)	(1.943)	(1.947)	(1.942)	(1.948)
个体固定效应	控制	控制	控制	控制	控制
年份固定效应	控制	控制	控制	控制	控制
常数项	−4.588	−4.234	−4.703	−5.090	−4.279
	(6.522)	(6.506)	(6.529)	(6.567)	(6.497)
样本量	5 626	5 626	5 626	5 626	5 626
调整后 R^2	0.031	0.030	0.032	0.031	0.030

（二）互联网使用、消费不平等对农村居民主观幸福感的影响

1. 基准回归

由前文实证结果可知，互联网使用能显著缓解农村居民消费不平等和提升主观幸福感。同时，消费不平等能显著降低主观幸福感。因此，一个合理的推论是：互联网使用能够通过缓解消费不平等进而提升农村居民主观幸福感。为验证该推论是否成立，本书将互联网使用和总消费不平等同时纳入农村居民主观幸福感分析框架，并结合数据进行回归分析。此部分内容中消费不平等指代总消费不平等。表 6 - 8 汇报了采用双向固定效应模型估计方法的回归结果。第（1）、（3）、（5）列为互联网使用各维度对农村居民主观幸福感影响的回归结果；第（2）、（4）、（6）列汇报了在第（1）、（3）、（5）列回归中加入消费不平等变量后的回归结果。

通过比较第（1）和（2）列、第（3）和（4）列、第（5）和（6）列中互联网使用各维度的回归系数可知，当模型中加入消费不平等变量后，互联网使用各维度和消费不平等对农村居民主观幸福感影响的系数均显著，但是互联网使用各维度的系数值分别由 0.331、0.074 和 0.013 下降至 0.314、0.065 和 0.011。根据以上实证结果，并结合第四章的基准回归结论（即互联网使用显著抑制消费不平等）和具体回归结果（互联网使用与否、使用广度和使用深度对消费不平等的影响系数分别为−0.030、−0.015、−0.003），可以得出以下结论：一是消费不平等在互联网使用对农村居民主观幸福感的影响中起到了部分中介作用；二是互联网各维度对农村居民主观幸福感影响的直接效应分别为 94.86%、87.84%和 84.62%，间接效应分别为 5.56%、12.43%

和14.26%①。可见在互联网使用通过消费不平等影响农村居民主观幸福感的路径中，直接效应大于间接效应，但是随着互联网使用强度（广度和深度）加大，间接效应随之增大。这既说明了发挥互联网使用联动效应的关键是提高触网居民的互联网使用强度，也说明随着农村居民互联网使用行为分化日益加剧，更应该加强对各种分化行为引起的经济和社会效应差异的细化研究，而不能仅局限于粗略地研究互联网使用与否所带来差异。

从农村居民主观幸福感影响因素角度来看，由表6-8中第（2）、（4）和（6）列的回归结果可知，在互联网使用各维度上，消费不平等对农村居民主观幸福感影响的系数绝对值均大于互联网使用的系数，说明相对于互联网使用，消费不平等对农村居民主观幸福感的影响更大。这表明在评判幸福感时，相对于行为变量，农村居民更关注客观结果变量的状况。

基于上述分析，消费不平等是互联网使用影响农村居民主观幸福感的重要路径。假说H16得到验证。

表6-8　互联网使用、消费不平等对主观幸福感影响的回归结果

变量	主观幸福感					
	(1)	(2)	(3)	(4)	(5)	(6)
互联网使用与否	0.331***	0.314***				
	(0.122)	(0.121)				
互联网使用广度			0.074*	0.065*		
			(0.038)	(0.038)		
互联网使用深度					0.013*	0.011*
					(0.008)	(0.008)
消费不平等		−0.614***		−0.613***		−0.618***
		(0.202)		(0.202)		(0.202)
年龄	−0.115***	−0.113***	−0.113***	−0.111***	−0.114***	−0.112***
	(0.032)	(0.032)	(0.032)	(0.032)	(0.032)	(0.032)
年龄平方/100	0.123***	0.123***	0.120***	0.120***	0.120***	0.119***
	(0.033)	(0.033)	(0.033)	(0.033)	(0.033)	(0.033)
性别	−0.057	−0.056	−0.059	−0.057	−0.058	−0.056
	(0.111)	(0.110)	(0.111)	(0.110)	(0.111)	(0.110)

① 根据中介效应中各效应计算公式得出：直接效应$=\beta_2/\alpha_1$；间接效应$=\beta\times\beta_1/\alpha_1$。

（续）

变量	主观幸福感					
	(1)	(2)	(3)	(4)	(5)	(6)
婚姻状况	0.892***	0.891***	0.901***	0.899***	0.906***	0.903***
	(0.211)	(0.211)	(0.212)	(0.212)	(0.212)	(0.212)
受教育程度	−0.009	−0.019	−0.009	−0.018	−0.006	−0.015
	(0.078)	(0.077)	(0.078)	(0.078)	(0.078)	(0.078)
健康状况	0.226***	0.228***	0.224***	0.226***	0.224***	0.226***
	(0.039)	(0.039)	(0.039)	(0.039)	(0.039)	(0.039)
家庭规模	−0.019	−0.011	−0.021	−0.012	−0.020	−0.011
	(0.042)	(0.042)	(0.042)	(0.042)	(0.042)	(0.042)
儿童占比	0.334	0.393	0.297	0.358	0.295	0.357
	(0.436)	(0.439)	(0.437)	(0.440)	(0.437)	(0.441)
老人占比	0.245	0.229	0.231	0.212	0.224	0.205
	(0.223)	(0.223)	(0.223)	(0.224)	(0.223)	(0.224)
家庭总净财产	0.002	−0.000	0.001	−0.001	0.001	−0.001
	(0.017)	(0.017)	(0.017)	(0.017)	(0.017)	(0.017)
人均纯收入	0.047*	0.042*	0.047*	0.043*	0.048*	0.043*
	(0.025)	(0.025)	(0.025)	(0.025)	(0.025)	(0.025)
户养老保险参与率	−0.033	−0.038	−0.039	−0.043	−0.039	−0.044
	(0.165)	(0.164)	(0.165)	(0.164)	(0.165)	(0.164)
从事个体经营	−0.169	−0.196	−0.169	−0.194	−0.167	−0.192
	(0.172)	(0.173)	(0.172)	(0.173)	(0.172)	(0.173)
省人均GDP	1.193*	1.278**	1.140*	1.228**	1.147*	1.235**
	(0.624)	(0.623)	(0.624)	(0.623)	(0.624)	(0.623)
政府财政政策	2.589	2.847	2.755	3.026	2.811	3.083
	(1.955)	(1.957)	(1.953)	(1.955)	(1.952)	(1.954)
个体固定效应	控制	控制	控制	控制	控制	控制
年份固定效应	控制	控制	控制	控制	控制	控制
常数项	−4.829	−5.620	−4.285	−5.099	−4.328	−5.140
	(6.524)	(6.510)	(6.519)	(6.504)	(6.521)	(6.505)
样本量	5 626	5 626	5 626	5 626	5 626	5 626
调整后 R^2	0.032	0.036	0.031	0.034	0.031	0.034

进一步地，结合第四章和第五章的研究结论，即互联网使用显著抑制交通通信消费不平等，以及交通通信消费不平等显著负向影响农村居民主观幸福感（其他分项消费不平等和分类消费不平等对主观幸福感的影响未通过显著性检验），可以得出推论：交通通信消费不平等是互联网使用影响农村居民主观幸福感的路径。因此，本书进一步对该推论进行实证检验，回归结果证实了该推论是成立的。回归结果详见附表12。

结合以上分析可知，互联网使用主要通过缓解总消费不平等和交通通信消费不平等进而提升农村居民主观幸福感。

2. 稳健性检验

本书进一步对上述基准回归结论进行稳健性检验。表6-9汇报了检验结果。第（1）～（3）列为采用面板Ologit模型估计方法的回归结果；第（4）～（6）列为将主观幸福感重新赋值为1至5，并采用面板Ologit模型估计方法的回归结果。结合表6-4的回归结果可知，更换估计方法后，互联网使用各维度的回归系数分别由0.278、0.077和0.016下降至0.239、0.062和0.013；主观幸福感重新赋值再估计后，互联网使用各维度的回归系数分别由0.313、0.087和0.018下降至0.276、0.073和0.015，说明回归模型中加入消费不平等变量后，互联网使用各维度提升农村居民主观幸福感的概率均有所下降。而消费不平等的系数均显著为负，结合第四章互联网使用显著抑制消费不平等的结论，可以得出消费不平等在互联网使用影响农村居民主观幸福感中起到了部分中介作用的结论。该结论与上文基准回归结论一致，说明基准回归是稳健的。

表6-9　稳健性检验回归结果

变量	主观幸福感					
	(1)	(2)	(3)	(4)	(5)	(6)
互联网使用与否	0.239***			0.276***		
	(0.082)			(0.085)		
互联网使用广度		0.062**			0.073***	
		(0.026)			(0.028)	
互联网使用深度			0.013**			0.015**
			(0.006)			(0.006)
消费不平等	−0.706***	−0.707***	−0.710***	−0.693***	−0.693***	−0.696***
	(0.130)	(0.131)	(0.130)	(0.135)	(0.135)	(0.135)
年龄	−0.076***	−0.075***	−0.075***	−0.082***	−0.080***	−0.080***
	(0.017)	(0.018)	(0.018)	(0.018)	(0.018)	(0.018)

（续）

变量	主观幸福感					
	(1)	(2)	(3)	(4)	(5)	(6)
年龄平方/100	0.089***	0.087***	0.087***	0.094***	0.092***	0.091***
	(0.018)	(0.018)	(0.018)	(0.018)	(0.018)	(0.018)
性别	−0.272***	−0.274***	−0.273***	−0.264***	−0.265***	−0.265***
	(0.062)	(0.062)	(0.062)	(0.064)	(0.064)	(0.064)
婚姻状况	0.778***	0.786***	0.788***	0.783***	0.792***	0.794***
	(0.097)	(0.097)	(0.097)	(0.100)	(0.100)	(0.100)
受教育程度	0.001	0.000	0.002	0.019	0.018	0.020
	(0.034)	(0.034)	(0.034)	(0.035)	(0.035)	(0.035)
健康状况	0.344***	0.343***	0.342***	0.338***	0.336***	0.336***
	(0.024)	(0.023)	(0.023)	(0.024)	(0.024)	(0.024)
家庭规模	0.010	0.009	0.009	0.008	0.007	0.007
	(0.022)	(0.022)	(0.022)	(0.023)	(0.023)	(0.023)
儿童占比	0.167	0.166	0.167	0.061	0.060	0.060
	(0.228)	(0.228)	(0.228)	(0.236)	(0.236)	(0.236)
老人占比	0.165	0.168	0.170	0.211	0.214	0.216
	(0.146)	(0.146)	(0.146)	(0.152)	(0.152)	(0.152)
家庭总净财产	0.031***	0.031***	0.031***	0.033***	0.032***	0.032***
	(0.010)	(0.010)	(0.010)	(0.011)	(0.011)	(0.011)
人均纯收入	0.038**	0.038**	0.038**	0.034*	0.034*	0.033*
	(0.018)	(0.018)	(0.018)	(0.018)	(0.018)	(0.018)
户养老保险参与率	0.176	0.174	0.175	0.149	0.147	0.148
	(0.114)	(0.114)	(0.114)	(0.119)	(0.119)	(0.119)
从事个体经营	−0.051	−0.051	−0.050	−0.044	−0.045	−0.044
	(0.122)	(0.122)	(0.122)	(0.127)	(0.127)	(0.127)
省人均 GDP	0.331**	0.336**	0.337**	0.222	0.228	0.229
	(0.154)	(0.154)	(0.154)	(0.159)	(0.159)	(0.159)
政府财政政策	−0.857	−0.846	−0.834	−1.493**	−1.479**	−1.466**
	(0.591)	(0.591)	(0.591)	(0.610)	(0.609)	(0.609)
年份固定效应	控制	控制	控制	控制	控制	控制
σ	1.044***	1.039***	1.037***	1.048***	1.040***	1.038***
	(0.110)	(0.110)	(0.109)	(0.118)	(0.117)	(0.117)
样本量	5 626	5 626	5 626	5 626	5 626	5 626

四、异质性分析

（一）分位数回归

为检验互联网使用与消费不平等对不同分位点上主观幸福感的影响是否存在差异，本书采用面板分位数回归估计方法，分别检验了在主观幸福感的2/10、4/10、6/10和8/10分位点上，互联网使用与否和总消费不平等对主观幸福感的影响。表6-10汇报了回归结果。同时，互联网使用和消费不平等的回归系数差异检验分别在1%和5%统计水平上显著（表中未列出），说明各回归系数具有显著差异。为简化表述，此部分中互联网使用和消费不平等分别表示互联网使用与否和总消费不平等①。从回归结果来看，在主观幸福感的不同分位点上，互联网使用对主观幸福感的影响同时表现出显著性和系数符号差异，而消费不平等对主观幸福感的影响仅表现为系数大小的差异。具体而言，随着主观幸福感由低分位点逐渐上升到高分位点，互联网使用对其影响呈现出显著性减弱和影响效率减小的变化趋势，说明互联网对于主观幸福感处于低水平的农村居民的幸福效应更大，随着幸福感水平提升，互联网对其影响逐渐减小；消费不平等对主观幸福感的影响均在1%统计水平上显著，但是影响系数绝对值总体呈下降趋势，说明随着幸福水平提升，消费不平等对其影响也逐渐减小。这说明通过互联网使用缓解消费不平等，进而提升农村居民主观幸福感的作用路径下，互联网使用和消费不平等对主观幸福感较低的农村居民影响更显著，随着主观幸福感水平上升，互联网使用和消费不平等对其影响逐渐减弱。因此，在共同富裕背景下，通过促进互联网使用和抑制消费不平等以缩小主观幸福感差距是可行性。

表6-10 分位数回归结果

变量	主观幸福感			
	*q*20	*q*40	*q*60	*q*80
互联网使用与否	0.546***	0.379***	0.129	−0.042
	(0.111)	(0.120)	(0.103)	(0.089)
总消费不平等	−0.977***	−0.993***	−0.885***	−0.485***
	(0.202)	(0.215)	(0.179)	(0.162)

① 从互联网使用广度和使用深度层面进行的分位数回归结果见附表13和附表14，与表6-10呈现的结果基本一致。

（续）

变量	主观幸福感			
	*q*20	*q*40	*q*60	*q*80
年龄	−0.088***	−0.101***	−0.102***	−0.039**
	(0.031)	(0.029)	(0.020)	(0.015)
年龄平方/100	0.103***	0.121***	0.117***	0.043***
	(0.031)	(0.029)	(0.020)	(0.015)
性别	−0.266***	−0.360***	−0.433***	−0.250***
	(0.091)	(0.098)	(0.078)	(0.065)
婚姻状况	0.901***	0.996***	0.829***	0.499***
	(0.143)	(0.142)	(0.163)	(0.142)
受教育程度	0.155***	0.144***	−0.083*	−0.143***
	(0.043)	(0.056)	(0.047)	(0.034)
健康状况	0.344***	0.512***	0.435***	0.173***
	(0.036)	(0.040)	(0.035)	(0.035)
家庭规模	0.046	0.043	−0.000	−0.034
	(0.030)	(0.035)	(0.030)	(0.021)
儿童占比	−0.003	−0.462	0.219	0.234
	(0.273)	(0.384)	(0.324)	(0.184)
老人占比	0.048	0.539**	0.054	0.108
	(0.219)	(0.235)	(0.183)	(0.112)
家庭总净财产	0.052***	0.056***	0.032	−0.000
	(0.016)	(0.014)	(0.025)	(0.014)
人均纯收入	0.084***	0.068**	−0.004	0.016
	(0.027)	(0.031)	(0.026)	(0.013)
户养老保险参与率	0.309**	0.260	0.171	0.014
	(0.153)	(0.208)	(0.149)	(0.095)
从事个体经营	0.161	0.007	−0.117	−0.146
	(0.179)	(0.164)	(0.152)	(0.202)
省人均 GDP	0.321**	0.073	0.420**	0.154
	(0.164)	(0.208)	(0.207)	(0.103)
政府财政政策	−0.655	−1.895**	−0.595	−1.405**
	(0.700)	(0.868)	(0.762)	(0.702)

（续）

变量	主观幸福感			
	$q20$	$q40$	$q60$	$q80$
常数项	0.743	4.716**	4.291*	8.582***
	(2.092)	(2.403)	(2.312)	(1.256)
样本量	5 626	5 626	5 626	5 626
Pseudo R^2	0.035	0.072	0.026	0.012

（二）个体特征异质性分析

本书将总样本按照样本年龄中位数和人均收入均值进行划分，分为低龄组和高龄组、低收入组和高收入组，进一步检验互联网使用与消费不平等对主观幸福感影响的异质性，回归结果如表 6-11 所示[①]。通过对比各分样本组中互联网使用与否和总消费不平等的回归系数发现，随着样本年龄增大，互联网使用对主观幸福感的影响减弱且不再显著，总消费不平等对主观幸福感的影响表现出相反的变化趋势。可能的原因是由于使用技术约束，互联网使用率随年龄增长而降低，互联网使用在年长者样本的生活中不是必需品，是否使用互联网对主观幸福感的影响不大。相反，随着年龄增长，个体更看重与周围人比较的结果，总消费不平等越严重，感知到的相对剥夺程度越大，主观幸福感越低。

表 6-11　个体特征异质性回归结果

变量	主观幸福感			
	低龄组	高龄组	低收入组	高收入组
互联网使用与否	0.404**	0.359	0.768**	0.283*
	(0.159)	(0.256)	(0.337)	(0.161)
总消费不平等	−0.585*	−0.634**	−1.145**	−0.445
	(0.330)	(0.322)	(0.445)	(0.308)
年龄	−0.265***	−0.278	−0.136*	−0.095*
	(0.094)	(0.220)	(0.075)	(0.050)
年龄平方/100	0.309**	0.184	0.156**	0.103**
	(0.127)	(0.167)	(0.077)	(0.051)

① 互联网使用广度、使用深度与总消费不平对主观幸福感个体特征异质性分析的回归结果与之一致。具体见附表 15 和附表 16。

（续）

变量	主观幸福感			
	低龄组	高龄组	低收入组	高收入组
性别	−0.136	0.103	−0.356	0.062
	(0.163)	(0.212)	(0.264)	(0.154)
婚姻状况	1.411***	0.540	1.296**	0.836***
	(0.351)	(0.393)	(0.513)	(0.312)
受教育程度	−0.126	0.065	−0.056	0.040
	(0.130)	(0.138)	(0.212)	(0.100)
健康状况	0.204***	0.215***	0.284***	0.232***
	(0.059)	(0.067)	(0.090)	(0.056)
家庭规模	−0.060	0.028	−0.000	−0.055
	(0.072)	(0.066)	(0.104)	(0.063)
儿童占比	−0.307	1.351*	0.583	0.008
	(0.944)	(0.777)	(0.970)	(0.674)
老人占比	0.267	0.307	−0.231	0.613*
	(0.791)	(0.251)	(0.439)	(0.364)
家庭总净财产	−0.001	−0.018	0.008	−0.026
	(0.026)	(0.028)	(0.030)	(0.026)
人均纯收入	0.073	0.047	0.034	0.021
	(0.048)	(0.033)	(0.054)	(0.115)
户养老保险参与率	−1.249*	0.209	0.063	0.047
	(0.680)	(0.191)	(0.347)	(0.245)
从事个体经营	−0.270	−0.024	−0.189	0.027
	(0.255)	(0.284)	(0.551)	(0.239)
省人均 GDP	1.230	1.454*	1.773	0.719
	(1.067)	(0.883)	(1.996)	(0.853)
政府财政政策	3.365	5.333	2.125	−1.576
	(2.880)	(3.360)	(4.913)	(2.801)
个体固定效应	控制	控制	控制	控制
年份固定效应	控制	控制	控制	控制
常数项	−2.251	−0.327	−10.537	1.307
	(11.063)	(12.121)	(20.875)	(8.883)
样本量	2 848	2 778	2 070	3 556
调整后 R^2	0.052	0.038	0.079	0.040

通过比较低收入组和高收入组的回归结果可知，无论是低收入还是高收入组，互联网使用均显著提升主观幸福感，且对低收入组的影响更大。而相对于高收入组，总消费不平等对低收入组的主观幸福感影响更大。可能的原因是高收入组支配能力强，有更多可提升主观幸福感的路径，弱化了互联网使用对其主观幸福感的影响；同时，高收入可以缓解总消费不平等，进而弱化总消费不平等对其主观幸福感的影响。这也说明村居民互联网使用与缓解消费不平等能够缩小不同收入群体的主观幸福感差距，实现社会公平和共享。

（三）区域异质性分析

为分析区域差异可能引起的回归结果异质性，本书根据国家统计局对省份地理区域划分标准，将样本数据划分为东、中、西部地区，进一步检验互联网使用、消费不平等对主观幸福感影响的异质性①。表 6－12 汇报了回归结果。由结果可以看出，相对于东部地区和中部地区，互联网使用与否对西部地区农村居民主观幸福感的影响更大，可能的原因是东部地区和中部地区互联网发展起步早、水平高，互联网发展引起的直接幸福效应已经减弱，相反西部地区互联网发展水平低，互联网使用红利正处于释放期，互联网使用对主观幸福影响的边际效应更强。通过比较总消费不平等的回归系数发现，总消费不平等对东部地区的影响最大，其次为西部地区，而对中部地区的影响不显著。可见随经济发展水平变化，总消费不平等对主观幸福感的影响呈非线性。综合比较来看，互联网使用与总消费不平等对西部地区农村居民主观幸福感的影响更大，再次印证了促进互联网使用和缓解消费不平等能够缩小主观幸福感差距的结论。

表 6－12 区域特征异质性回归结果

变量	主观幸福感		
	东部地区	西部地区	中部地区
互联网使用与否	0.204	0.398**	0.271
	(0.240)	(0.189)	(0.203)
总消费不平等	−0.629*	−0.559*	−0.511
	(0.367)	(0.333)	(0.349)
年龄	−0.120*	−0.071	−0.189***
	(0.065)	(0.047)	(0.057)

① 互联网使用广度（使用深度）与总消费不平等对主观幸福感区域特征异质性分析的回归结果与之一致。具体见附表 17 和附表 18。

（续）

变量	主观幸福感		
	东部地区	西部地区	中部地区
年龄平方/100	0.126**	0.078	0.203***
	(0.060)	(0.050)	(0.060)
性别	−0.220	−0.107	0.264
	(0.184)	(0.188)	(0.206)
婚姻状况	0.784*	0.707**	1.398***
	(0.423)	(0.318)	(0.387)
受教育程度	0.150	−0.007	−0.245*
	(0.144)	(0.123)	(0.137)
健康状况	0.245***	0.247***	0.182***
	(0.068)	(0.065)	(0.066)
家庭规模	0.103	−0.029	−0.049
	(0.074)	(0.065)	(0.078)
儿童占比	0.795	−0.181	0.987
	(0.705)	(0.753)	(0.819)
老人占比	0.526	−0.469	0.532
	(0.320)	(0.398)	(0.448)
家庭总净财产	−0.031	0.006	0.023
	(0.034)	(0.025)	(0.030)
人均纯收入	0.090**	−0.004	0.041
	(0.041)	(0.049)	(0.039)
户养老保险参与率	−0.304	−0.060	0.239
	(0.240)	(0.325)	(0.315)
从事个体经营	−0.074	−0.326	−0.117
	(0.341)	(0.279)	(0.256)
省人均 GDP	0.605	9.559*	1.544
	(0.752)	(5.245)	(7.259)
政府财政政策	−1.148	17.370**	−5.127
	(6.304)	(8.651)	(21.789)
个体固定效应	控制	控制	控制
年份固定效应	控制	控制	控制

（续）

变量	主观幸福感		
	东部地区	西部地区	中部地区
常数项	1.811	−91.374*	−5.331
	(7.889)	(53.791)	(77.441)
样本量	1 832	2 132	1 662
调整后 R^2	0.052	0.030	0.060

五、本章小结

前面章节分别检验了互联网使用对消费不平等的影响和消费不平等对主观幸福感的影响。本章作为前面章节内容的总结，重点在于梳理互联网使用、消费不平等和农村居民主观幸福感三者间的关系。基于前面章节的研究内容，本章主要聚焦于检验互联网使用对农村居民主观幸福感的影响及消费不平等在该影响过程中的作用。具体研究设计上，本章首先基于可行能力理论、社会比较理论等进行理论分析并提出相关假说，然后构建实证模型和选取相关变量，最后基于 CFPS2014 和 CFPS2018 两轮调查数据构造的平衡面板数据，综合运用双向固定效应模型、面板 Ologit 模型和面板 Logit 模型估计方法进行实证检验、稳健性检验和作用机制检验，并得出了以下结论：

1. 互联网使用各维度均能够显著提升农村居民主观幸福感，且该结论在稳健性检验中依然成立

这说明通过促进互联网在农村普及、提高互联网使用广度和使用深度均能够显著提升农村居民主观幸福感。

2. 互联网使用各维度对农村居民主观幸福感影响的直接效果具有差异性

互联网使用与否对农村居民主观幸福感的影响效应最大，其次为互联网使用广度、互联网使用深度。这说明通过互联网使用提升农村居民主观幸福感的先后次序为：促使居民触网——提高其互联网使用广度——增强其互联网使用深度。

3. 消费不平等是互联网使用影响农村居民主观幸福感的作用机制

消费不平等在互联网使用对农村居民主观幸福感的影响中起到了部分中介作用，说明消费不平等是互联网使用影响农村居民主观幸福感的作用机制。因此，互联网使用对农村居民主观幸福感不仅产生直接影响，还可以通过消费不平等产生间接影响，且直接效应大于间接效应。

4. 互联网使用各维度对农村居民主观幸福感影响的间接效应具有差异性

通过比较互联网使用各维度的间接效应可知，相对于互联网使用与否，互联网使用广度和使用深度的间接效应更大，且随着互联网使用强度（广度和深度）加大，其间接效应增大。这说明发挥互联网使用联动效应的关键是提高触网居民的互联网使用强度，也说明对农村居民互联网使用行为进行细化研究的重要性和必要性。

5. 消费不平等是农村居民主观幸福感的重要影响因素

消费不平等既是互联网使用影响农村居民主观幸福感的作用路径，也是农村居民主观幸福感的重要影响因素。通过比较互联网使用和消费不平等对农村居民主观幸福感的影响效应发现，消费不平等对农村居民主观幸福感的影响更大，这也印证既往研究关于消费不平等更能够体现福利水平的结论。

6. 互联网使用和消费不平等对主观幸福感的影响存在异质性

首先，通过分位数回归发现，随着主观幸福感提升，互联网使用和消费不平等对其影响逐渐减弱，说明互联网使用和消费不平等对主观幸福感位于低水平的农村居民的影响更显著；个体特征异质性分析发现，互联网使用与消费不平等对低龄组和低收入组的农村居民主观幸福感影响更大；区域特征异质性分析发现，互联网使用与消费不平等对西部地区农村居民的主观幸福感影响更大。以上说明促进互联网使用和缓解消费不平等能够缩小农村居民主观幸福感差距。

第七章 结论、启示与展望

一、研究结论

本书深入探究了农村居民的互联网使用、消费不平等和主观幸福感三者间的关系，着重梳理和验证了互联网使用对农村居民消费不平等的影响、消费不平等对农村居民主观幸福感的影响和消费不平等在互联网使用对农村居民主观幸福感影响中的中介作用。具体的写作过程总结如下。首先，本书在研究背景阐述、既往文献梳理总结和相关理论分析的基础上，提出本书研究内容并构建研究框架。其次，根据相对剥夺理论和 Kakwani 指数测度农村居民消费不平等。最后，基于中国家庭追踪调查（CFPS）2014 年、2016 年和 2018 年共 2 813 户样本构成的平衡面板数据，分析了互联网使用对农村居民消费不平等的影响、消费不平等对农村居民主观幸福感的影响和消费不平等在互联网使用对农村居民主观幸福感影响中的中介作用。通过前文的理论分析、统计分析和实证分析，本书得出以下结论：

1. 农村居民互联网使用情况方面

样本整体的互联网普及率不高，但是呈递增趋势，由 2014 年的 10.35% 增长至 2018 年的 33.84%。使用互联网从事学习、工作、社交、娱乐和商业活动的农村居民占比逐年增大，且各占比总和与样本中使用互联网的农村居民占比均值基本一致，说明样本中农村居民使用互联网的方式基本可以概括为学习、工作、社交、娱乐和商业活动。在使用互联网的样本中，互联网使用广度为 2 或 3 的占比较大，说明样本中农村居民使用互联网多表现为非单一用途，互联网使用已深入到农村居民生活的多个方面。样本中户主互联网使用深度普遍不高，使用深度为 0 的样本年占比均值达 78.90%。从变化趋势来看，高分值样本数量和占比随数据呈递增趋势，说明样本中户主的互联网使用深度逐年增大。

2. 农村居民消费不平等情况方面

本书以同村居民作为参照群体，采用 Kakwani 指数测度农村居民的总消费不平等指数、各分项消费不平等指数和三大消费类型消费不平等指数。从变化趋势上来看，总消费、食物、衣物、居住、设备用品和交通通信消费不平等，以及三大类型消费不平等年均值随时间先升后降；医疗保健消费不平等年均值随时间持续增大；文教娱乐消费不平等年均值随时间持续下降。从总样本均值来看，农村居民的总消费不平等最小，仅为 0.348，衣、食、行（交通通信）等消费不平等也相对较小，而设备用品、医疗保健、文教娱乐等消费不平等严重，从而造成农村居民生存型消费不平等相对较小，发展、享受型消费不平等相对严重的局面。农村居民内部基本消费间的差距逐渐缩小，而更高层次需求上的消费不平等日益凸显。

3. 农村居民主观幸福感状况方面

总体上来说，农村居民主观幸福感处于中等水平及以下的人数占比不足 30%，且随时间呈下降趋势；而幸福感处于中等水平以上的人数占比达 70% 以上，且随时间略有提升，均值为 7.362 分（满分 10 分），说明农村居民整体幸福感处于中等偏上水平，且呈增长趋势。

4. 互联网使用对农村居民消费不平等的影响方面

互联网使用与否、使用广度和使用深度均能够显著缓解农村居民总消费不平等，而对分项消费不平等和分类消费不平等的影响均表现出异质性。一是影响系数显著性存在差异。互联网使用与否对医疗保健消费不平等和文教娱乐消费不平等的影响不显著，但是对其余分项消费不平等均产生显著负向影响；互联网使用各维度均能够显著缓解农村居民的生存型消费不平等和享受型消费不平等，对发展型消费不平等的影响系数未通过显著性检验。二是互联网使用各维度对同一分项消费不平等或分类消费不平等的影响系数大小存在差异。从影响效力上来看，按降序依次为互联网使用与否、使用广度、使用深度。以上结论在稳健性检验后依然成立。作用机制分析发现，互联网使用通过收入效应（绝对收入和相对收入）、信息渠道效应、购物渠道效应和社会资本效应缓解农村居民消费不平等。

5. 消费不平等对农村居民主观幸福感的影响方面

总消费不平等显著负向影响农村居民主观幸福感，该结论在稳健性检验后依然成立。各分项消费不平等对农村居民主观幸福感影响表现出差异。医疗保健消费不平等正向影响农村居民主观幸福感，其余分项消费不平等均负向影响农村居民主观幸福感。交通通信消费不平等显著负向影响农村居民主观幸福感，而其余分项消费不平等对农村居民主观幸福感的影响均未通过显著性检验。机制分析发现，消费不平等通过主观社会地位、人际信任和未来信心影响农村居民主观幸福感。

6. 互联网使用、消费不平等对农村居民主观幸福的影响方面

互联网使用各维度均显著提升农村居民主观幸福感，但是存在影响效力差异。互联网使用与否对农村居民主观幸福感的影响效力最大，其次为使用广度、使用深度。消费不平等在互联网使用对农村居民主观幸福感的影响中起到了部分中介作用，是互联网使用影响农村居民主观幸福感的作用机制。作用机制分析发现，互联网使用对农村居民主观幸福感影响的直接效应大于间接效应，且互联网使用各维度的间接效应存在差异，相对于互联网使用与否，互联网使用广度和使用深度的间接效应更大。我们还发现，相对于互联网使用，消费不平等对农村居民主观幸福感的影响效力更大。说明相对于互联网使用本身，互联网使用引起的效果对主观幸福感的影响更大。异质性分析发现，随着农村居民主观幸福感由低分位点向高分位点移动，互联网使用对主观幸福感的影响力度不断减弱，且显著性降低，虽然消费不平等对主观幸福感的影响均在1%统计水平上显著，但是影响系数总体呈下降趋势；互联网使用与消费不平等对低龄组、低收入组或西部地区农村居民主观幸福感的影响更大。以上说明促进互联网使用和抑制消费不平等能够缩小农村居民间的主观幸福感差距，但是其影响效力呈现递减趋势。

二、政策启示

综合上述研究结论，本书从促进农村居民使用互联网、缓解消费不平等和提升主观幸福感的角度提出以下政策启示：

1. 多途径推动农村居民触网

（1）提升农村居民的互联网可及性。可及性是农村居民借助互联网赋能分享数字红利的关键。因此，政府应为通过提供资金支持和强化政策制度以促进农村地区互联网基础设施建设，并加强落成设备的监管和维护以保障正常运行，提升农村居民的互联网可及性，特别要重视提升主观幸福感低、低龄组、低收入组或西部地区农村居民的互联网可及性，进而提升其互联网使用意愿。

（2）提升农村居民的互联网使用技能。互联网可及性促使农村地区的互联网普及率逐年提升，但是整体水平还有待进一步提高。囿于自身禀赋，并非所有农村居民都能顺利触网，部分居民成为互联网时代的“数字贫民”，更无法享受到数字红利。根据中国互联网络信息中心最新发布的第 49 次《中国互联网发展状况统计报告》，我国非网民仍以农村地区为主，农村地区非网民占比为 54.9%，高于全国农村人口比例 19.9 个百分点；农村地区的互联网普及率仅为57.6%，仍有超过40%的居民未能实现互联网覆盖。其中，使用技能缺乏、文化程度限制、设备不足和年龄因素是非网民不上网的主要原因。因此，要提高互联网在农村的普及率，就要针对阻碍互联网普及的因素，因症施治。如通过电视宣传、村内互助、技术培训等形式，提升农村居民互联网使用技能；推动技术研发，提供更便于农村居民使用互联网软件及可以无障碍使用的上网设备；继续推进“提速降费”宽带政策、网络设备购置财政补贴政策、流量减免政策等，解决农村居民使用互联网的卡脖子问题，进而提升农村居民使用互联网的意愿和能力，推动互联网普及。

2. 积极引导农村居民的互联网使用行为

对于已经触网的农村居民，互联网能否在其生活中发挥有益作用，如何使用互联网是关键。针对农村居民互联网使用广度有限，且以社交和娱乐为主的问题，政府、村组织等应重视对农村居民互联网使用行为的引导。通过电视、互联网等途径加强互联网功能宣传，帮助农村居民了解互联网的强大有益功能。同时，规范网络软件宣传内容监管，传递有价值的信息和社会正能量，帮助农村居民塑造合理的互联网使用行为。这不仅有助于农村居民更大程度上享受数字红利，也是国家推动互联网建设的初心。因此，在推动农村的互联网建设过程中，我们不仅要解决能不能使用互联网的硬件设施问题，更要重视农村居民的互联网使用技能提升和使用行为引导，以促使互联网硬件设施的价值实现，更大限度地发挥互联网在乡村振兴中的带动作用。

3. 发挥互联网使用对农村居民消费不平等的缓解作用

农村居民消费支出提升是推动经济发展的重要动力，也是缓解农村居民消费不平等并满足其对美好生活追求的需要。根据本书研究结论可知，互联网能够通过收入效应、信息渠道效应、购物渠道效应和社会资本效应提升农村居民消费支出，进而缓解消费不平等。因此，政府应多举措促进互联网在农村居民收入、信息渠道、购物渠道和社会资本积累方面的作用，进而缓解消费不平等。如通过政策帮扶促进农村居民基于互联网创业、开发针对农村居民需求的互联网信息供给平台、重视农村居民互联网消费的配套设施建设和服务供给[如农村居民所需特殊产品（如生产资料）供给平台建设和监管、冷链物流建设和完善、快递点合理布控等]等，打通农村居民通过互联网使用增加消费支出的路径，缓解消费不平等。

4. 正视互联网使用和缓解消费不平等在提升农村居民主观幸福感中的作用

为人民谋幸福是国之大者。我国政府施政的最终目标都是不断提升民众幸福感。随着我国经济发展进入新阶段，非收入因素对提升农村居民主观幸福感的重要性日益凸显。根据本书研究结论可知，一是通过提升农村居民的主观社会地位、人际信任和未来信心能够缓解消费不平等对主观幸福感的负向影响，因此在努力缓解农村居民消费不平等的同时，应通过构建和谐社会、完善保障体系等多举措提升农村居民的主观社会地位、人际信任和未来信心，进而提升其主观幸福感水平。二是互联网使用通过缓解消费不平等进而提升农村居民主观幸福感，且相对于互联网使用，消费不平等对主观幸福感的影响更大。因此，在通过促进互联网使用以提升农村居民主观幸福感的过程中，应重视互联网使用带来的客观指标变化对主观幸福感的影响，而非互联网使用行为本身。同时，在实现共同富裕的过程中，不仅要关注收入富裕和收入公平，也应关注消费富裕和消费公平，不断缩小区域间、群体间或个体间的经济、机会、资源等差距，提升社会幸福感水平。三是互联网使用和消费不平等对主观幸福感水平较低的农村居民影响更显著，说明促进互联网使用和缓解消费不平等能够缩小农村居民间的主观幸福感差距，实现农村社会主观幸福感公平，但是同时也说明互联网使用和消费不平等对于农村居民主观幸福感的提升呈现出边际递减，因此应从更广视域探究农村居民主观幸福感的提升路径。

三、研究展望

本书聚焦于农村居民互联网使用、消费不平等对其主观幸福感的影响，探讨了互联网使用对农村居民消费不平等的影响及作用路径，检验了消费不平等对农村居民主观幸福感的影响及作用路径，厘清了互联网使用、消费不平等与主观幸福感三者间的逻辑关系，为缓解农村居民消费不平等和提升其主观幸福感提供了方向。由于受限于样本数据和个人理解，本书仍然存在一定的局限性和不足，有待未来研究进一步完善。

1. 基于长面板数据进一步探究

互联网发展和普及处于动态变动过程中，其所带来的各种效应需要时间沉淀才能得出更加稳健的结论，短时期内变量间的相互关系存在不稳定的可能性。本书通过构建平衡面板，已尽可能控制了个体效应和时间效应导致的估计偏误，但是由于数据限制，本书构造的数据为短面板数据，未来研究可以通过构造长面板数据，进一步对本书结论的稳健性进行检验。

2. 进一步优化和补充控制变量

本书已经尽可能地加入控制变量，以期减少遗漏变量引起的估计偏误。但仍然不可避免存在遗漏变量问题。因此，未来的研究可以进一步优化和补充控制变量，进一步提高估计结果的准确性。

3. 拓展主要变量衡量指标

受限于数据，本书仅从主观指标衡量了消费不平等，以及用单一指标衡量主观幸福感。未来可以结合消费不平等的主观指标，以及构建更加全面的主观幸福感评价指标体系，对本书相关研究内容做进一步地探究和检验。

附　录

附表1　互联网使用广度与消费不平等的交互分析

变量	2014年			2016年			2018年		
	使用广度大	使用广度小	均值差异	使用广度大	使用广度小	均值差异	使用广度大	使用广度小	均值差异
总消费不平等	0.205	0.326	−0.121***	0.256	0.392	−0.136***	0.256	0.362	−0.106***
食物消费不平等	0.272	0.370	−0.098***	0.303	0.442	−0.140***	0.330	0.440	−0.110***
衣物消费不平等	0.286	0.430	−0.144***	0.330	0.514	−0.183***	0.344	0.528	−0.183***
住房消费不平等	0.433	0.524	−0.091***	0.498	0.573	−0.074***	0.394	0.469	−0.075***
设备用品消费不平等	0.444	0.545	−0.101***	0.466	0.631	−0.165***	0.495	0.620	−0.125***
医疗保健消费不平等	0.574	0.586	−0.012	0.633	0.596	0.037**	0.626	0.595	0.031**
交通通信消费不平等	0.255	0.421	−0.166***	0.288	0.471	−0.184***	0.321	0.475	−0.153***
文教娱乐消费不平等	0.587	0.724	−0.137***	0.599	0.732	−0.134***	0.588	0.751	−0.162***
生存型消费不平等	0.248	0.355	−0.107***	0.289	0.432	−0.143***	0.291	0.403	−0.112***
发展型消费不平等	0.703	0.805	−0.102***	0.752	0.811	−0.060***	0.721	0.823	−0.102***
享受型消费不平等	0.320	0.435	−0.115***	0.365	0.483	−0.118***	0.389	0.480	−0.090***

附表2 互联网使用深度与消费不平等的交互分析

变量	2014年			2016年			2018年		
	使用深度大	使用深度小	均值差异	使用深度大	使用深度小	均值差异	使用深度大	使用深度小	均值差异
总消费不平等	0.205	0.326	−0.121***	0.253	0.392	−0.138***	0.254	0.360	−0.106***
食物消费不平等	0.272	0.370	−0.098***	0.301	0.442	−0.141***	0.329	0.438	−0.108***
衣物消费不平等	0.286	0.430	−0.144***	0.326	0.514	−0.188***	0.341	0.525	−0.184***
住房消费不平等	0.433	0.524	−0.091***	0.496	0.573	−0.076***	0.394	0.468	−0.074***
设备用品消费不平等	0.444	0.545	−0.101***	0.463	0.631	−0.168***	0.489	0.620	−0.131***
医疗保健消费不平等	0.574	0.586	−0.012	0.631	0.596	0.035**	0.626	0.596	0.030**
交通通信消费不平等	0.255	0.421	−0.166***	0.285	0.471	−0.187***	0.319	0.472	−0.153***
文教娱乐消费不平等	0.587	0.724	−0.137***	0.597	0.732	−0.135***	0.588	0.747	−0.158***
生存型消费不平等	0.248	0.355	−0.107***	0.287	0.432	−0.145***	0.290	0.401	−0.111***
发展型消费不平等	0.703	0.805	−0.102***	0.751	0.811	−0.061***	0.722	0.820	−0.097***
享受型消费不平等	0.320	0.435	−0.115***	0.362	0.483	−0.121***	0.385	0.480	−0.095***

附表3 互联网使用广度、使用深度对总消费不平等影响的工具变量法回归结果

变量	互联网使用广度 一阶段结果	总消费不平等 二阶段结果	互联网使用深度 一阶段结果	总消费不平等 二阶段结果
互联网使用广度		−0.031***		
		(0.004)		
互联网使用深度				−0.006***
				(0.001)
上网时长	0.657***		3.189***	
	(0.031)		(0.151)	
年龄	−0.100***	0.005***	−0.457***	0.005***
	(0.007)	(0.002)	(0.035)	(0.002)

（续）

变量	互联网使用广度 一阶段结果	总消费不平等 二阶段结果	互联网使用深度 一阶段结果	总消费不平等 二阶段结果
年龄平方/100	0.072***	−0.003*	0.338***	−0.003*
	(0.007)	(0.002)	(0.032)	(0.002)
性别	0.023	0.002	0.120	0.002
	(0.020)	(0.005)	(0.092)	(0.005)
婚姻状况	−0.054*	0.007	−0.362**	0.006
	(0.031)	(0.008)	(0.148)	(0.008)
受教育程度	0.221***	−0.012***	0.993***	−0.013***
	(0.012)	(0.003)	(0.054)	(0.003)
健康状况	−0.009	0.006***	−0.017	0.006***
	(0.007)	(0.002)	(0.030)	(0.002)
家庭规模	0.007	0.019***	0.032	0.019***
	(0.007)	(0.002)	(0.032)	(0.002)
儿童占比	−0.040	0.045**	−0.143	0.045**
	(0.070)	(0.019)	(0.316)	(0.019)
老人占比	−0.031	0.014	−0.292*	0.013
	(0.039)	(0.013)	(0.176)	(0.013)
家庭总净财产	−0.000	−0.002**	0.001	−0.002**
	(0.004)	(0.001)	(0.016)	(0.001)
人均纯收入	0.053***	−0.014***	0.255***	−0.014***
	(0.007)	(0.002)	(0.032)	(0.002)
户养老保险参与率	0.157***	0.004	0.656***	0.003
	(0.029)	(0.010)	(0.130)	(0.010)
从事个体经营	0.219***	−0.056***	1.043***	−0.056***
	(0.053)	(0.010)	(0.252)	(0.010)
省人均 GDP	0.115**	0.040***	0.502**	0.040***
	(0.048)	(0.012)	(0.217)	(0.012)
政府财政政策	0.622***	0.235***	2.324***	0.231***
	(0.187)	(0.045)	(0.854)	(0.045)
年份固定效应	控制	控制	控制	控制
常数项	1.239**	−0.236*	5.667**	−0.239*
	(0.561)	(0.135)	(2.579)	(0.135)

（续）

变量	互联网使用广度 一阶段结果	总消费不平等 二阶段结果	互联网使用深度 一阶段结果	总消费不平等 二阶段结果
样本量		8 412		8 412
调整后 R^2		0.106		0.107
F 统计量	451.61		445.70	
Cragg-Donald 统计量	3 291.70		3 767.23	

附表4 收入效应机制（一）

变量	消费不平等 (1)	人均纯收入 (2)	消费不平等 (3)	收入不平等 (4)	消费不平等 (5)
互联网使用广度	−0.016***	0.111***	−0.015***	−0.014***	−0.015***
	(0.003)	(0.019)	(0.003)	(0.004)	(0.003)
人均纯收入			−0.007***		
			(0.002)		
收入不平等					0.081***
					(0.011)
年龄	0.005**	0.048***	0.005**	−0.001	0.004*
	(0.002)	(0.016)	(0.002)	(0.003)	(0.002)
年龄平方/100	−0.002	−0.055***	−0.002	0.002	−0.001
	(0.002)	(0.018)	(0.002)	(0.003)	(0.002)
性别	−0.010	0.084	−0.010	−0.015	−0.010
	(0.008)	(0.052)	(0.008)	(0.010)	(0.008)
婚姻状况	0.013	−0.161	0.012	0.043**	0.015
	(0.014)	(0.115)	(0.014)	(0.020)	(0.014)
受教育程度	−0.009*	0.015	−0.009*	−0.005	−0.009
	(0.006)	(0.037)	(0.006)	(0.007)	(0.006)
健康状况	0.005*	0.023	0.005*	−0.001	0.005*
	(0.003)	(0.017)	(0.003)	(0.003)	(0.003)
家庭规模	0.014***	0.083***	0.014***	−0.028***	0.016***
	(0.003)	(0.021)	(0.003)	(0.004)	(0.003)

（续）

变量	消费不平等 (1)	人均纯收入 (2)	消费不平等 (3)	收入不平等 (4)	消费不平等 (5)
儿童占比	0.081**	−0.017	0.081**	−0.014	0.082**
	(0.036)	(0.254)	(0.036)	(0.043)	(0.036)
老人占比	−0.010	−0.559***	−0.015	0.106***	−0.019
	(0.019)	(0.149)	(0.019)	(0.023)	(0.019)
家庭总净财产	−0.002	0.007	−0.002	−0.003**	−0.001
	(0.001)	(0.007)	(0.001)	(0.001)	(0.001)
户养老保险参与率	−0.013	0.011	−0.013	0.013	−0.013
	(0.012)	(0.120)	(0.012)	(0.017)	(0.012)
从事个体经营	−0.046***	−0.060	−0.046***	0.026	−0.046***
	(0.014)	(0.109)	(0.014)	(0.020)	(0.014)
省人均 GDP	0.120**	1.805***	0.133**	−0.280***	0.146**
	(0.057)	(0.529)	(0.057)	(0.083)	(0.057)
政府财政政策	0.456***	3.835***	0.484***	−0.521**	0.543***
	(0.159)	(1.011)	(0.158)	(0.205)	(0.164)
个体固定效应	控制	控制	控制	控制	控制
年份固定效应	控制	控制	控制	控制	控制
常数项	−1.243**	−11.671**	−1.329**	3.428***	−1.554***
	(0.600)	(5.526)	(0.596)	(0.868)	(0.602)
样本量	8 439	8 439	8 439	8 206	8 206
调整后 R^2	0.057	0.047	0.060	0.040	0.064

附表5　收入效应机制（二）

变量	消费不平等 (1)	人均纯收入 (2)	消费不平等 (3)	收入不平等 (4)	消费不平等 (5)
互联网使用深度	−0.004***	0.025***	−0.003***	−0.003***	−0.003***
	(0.001)	(0.004)	(0.001)	(0.001)	(0.001)
人均纯收入			−0.007***		
			(0.002)		

（续）

变量	消费不平等 (1)	人均纯收入 (2)	消费不平等 (3)	收入不平等 (4)	消费不平等 (5)
收入不平等					0.080***
					(0.011)
年龄	0.005**	0.048***	0.005**	−0.001	0.004*
	(0.002)	(0.016)	(0.002)	(0.003)	(0.002)
年龄平方/100	−0.002	−0.055***	−0.002	0.003	−0.001
	(0.002)	(0.018)	(0.002)	(0.003)	(0.002)
性别	−0.010	0.084	−0.010	−0.015	−0.010
	(0.008)	(0.052)	(0.008)	(0.010)	(0.008)
婚姻状况	0.011	−0.150	0.010	0.041**	0.013
	(0.014)	(0.116)	(0.014)	(0.020)	(0.014)
受教育程度	−0.010*	0.015	−0.009*	−0.005	−0.009
	(0.005)	(0.037)	(0.005)	(0.007)	(0.006)
健康状况	0.005*	0.023	0.005*	−0.001	0.005*
	(0.003)	(0.017)	(0.003)	(0.003)	(0.003)
家庭规模	0.014***	0.083***	0.014***	−0.028***	0.016***
	(0.003)	(0.021)	(0.003)	(0.004)	(0.003)
儿童占比	0.082**	−0.024	0.082**	−0.013	0.083**
	(0.036)	(0.254)	(0.036)	(0.043)	(0.036)
老人占比	−0.011	−0.554***	−0.015	0.105***	−0.019
	(0.019)	(0.149)	(0.019)	(0.023)	(0.019)
家庭总净财产	−0.002	0.007	−0.002	−0.003**	−0.001
	(0.001)	(0.007)	(0.001)	(0.001)	(0.001)
户养老保险参与率	−0.013	0.010	−0.013	0.013	−0.013
	(0.012)	(0.120)	(0.012)	(0.017)	(0.012)
从事个体经营	−0.045***	−0.064	−0.045***	0.027	−0.045***
	(0.014)	(0.109)	(0.014)	(0.020)	(0.014)
省人均 GDP	0.119**	1.813***	0.132**	−0.281***	0.145**
	(0.057)	(0.529)	(0.057)	(0.083)	(0.057)
政府财政政策	0.455***	3.837***	0.483***	−0.519**	0.542***
	(0.159)	(1.009)	(0.159)	(0.205)	(0.164)

（续）

变量	消费不平等 (1)	人均纯收入 (2)	消费不平等 (3)	收入不平等 (4)	消费不平等 (5)
个体固定效应	控制	控制	控制	控制	控制
年份固定效应	控制	控制	控制	控制	控制
常数项	−1.230**	−11.767**	−1.316**	3.443***	−1.538**
	(0.600)	(5.525)	(0.597)	(0.867)	(0.602)
样本量	8 439	8 439	8 439	8 206	8 206
调整后 R^2	0.058	0.048	0.060	0.041	0.064

附表 6　信息渠道效应机制（一）

变量	消费不平等 (1)	信息渠道 (2)	消费不平等 (3)
互联网使用广度	−0.015***	0.701***	−0.013***
	(0.003)	(0.024)	(0.003)
信息渠道			−0.005**
			(0.003)
年龄	0.005**	−0.020	0.005**
	(0.002)	(0.016)	(0.002)
年龄平方/100	−0.002	−0.023	−0.002
	(0.002)	(0.016)	(0.002)
性别	−0.010	−0.044	−0.010
	(0.008)	(0.057)	(0.008)
婚姻状况	0.012	0.180*	0.012
	(0.014)	(0.092)	(0.014)
受教育程度	−0.009*	0.309***	−0.009
	(0.006)	(0.032)	(0.006)
健康状况	0.005*	0.023	0.005*
	(0.003)	(0.022)	(0.003)
家庭规模	0.014***	−0.035*	0.014***
	(0.003)	(0.020)	(0.003)

（续）

变量	消费不平等 (1)	信息渠道 (2)	消费不平等 (3)
儿童占比	0.081**	−0.308	0.082**
	(0.036)	(0.222)	(0.036)
老人占比	−0.015	0.205	−0.014
	(0.019)	(0.156)	(0.019)
家庭总净财产	−0.002	0.011	−0.002
	(0.001)	(0.009)	(0.001)
人均纯收入	−0.007***	0.050***	−0.007***
	(0.002)	(0.019)	(0.002)
户养老保险参与率	−0.013	−0.219*	−0.013
	(0.012)	(0.126)	(0.012)
从事个体经营	−0.046***	−0.006	−0.046***
	(0.014)	(0.107)	(0.014)
省人均 GDP	0.133**	0.212	0.129**
	(0.057)	(0.140)	(0.057)
政府财政政策	0.484***	0.824	0.467***
	(0.158)	(0.516)	(0.159)
个体固定效应	控制	控制	控制
年份固定效应	控制	控制	控制
常数项	−1.329**		−1.268**
	(0.596)		(0.598)
σ		0.230***	
		(0.070)	
样本量	8 439	8 439	8 439
调整后 R^2	0.060	—	0.060

附表 7 信息渠道效应机制（二）

变量	消费不平等 (1)	信息渠道 (2)	消费不平等 (3)
互联网使用深度	−0.004***	0.156***	−0.003***
	(0.001)	(0.005)	(0.001)
信息渠道			−0.005**
			(0.003)
年龄	0.005**	−0.017	0.005**
	(0.002)	(0.016)	(0.002)
年龄平方/100	−0.002	−0.028*	−0.002
	(0.002)	(0.016)	(0.002)
性别	−0.010	−0.052	−0.010
	(0.008)	(0.057)	(0.008)
婚姻状况	0.010	0.203**	0.010
	(0.014)	(0.092)	(0.013)
受教育程度	−0.009*	0.307***	−0.009
	(0.005)	(0.032)	(0.005)
健康状况	0.005*	0.017	0.005*
	(0.003)	(0.022)	(0.003)
家庭规模	0.014***	−0.033*	0.014***
	(0.003)	(0.020)	(0.003)
儿童占比	0.082**	−0.340	0.082**
	(0.036)	(0.221)	(0.036)
老人占比	−0.015	0.248	−0.015
	(0.019)	(0.156)	(0.019)
家庭总净财产	−0.002	0.009	−0.002
	(0.001)	(0.009)	(0.001)
人均纯收入	−0.007***	0.047**	−0.007***
	(0.002)	(0.019)	(0.002)
户养老保险参与率	−0.013	−0.204	−0.013
	(0.012)	(0.125)	(0.012)

（续）

变量	消费不平等 (1)	信息渠道 (2)	消费不平等 (3)
从事个体经营	−0.045***	−0.034	−0.046***
	(0.014)	(0.106)	(0.014)
省人均 GDP	0.132**	0.202	0.128**
	(0.057)	(0.140)	(0.057)
政府财政政策	0.483***	0.922*	0.466***
	(0.159)	(0.512)	(0.159)
个体固定效应	控制	控制	控制
年份固定效应	控制	控制	控制
常数项	−1.316**		−1.257**
	(0.597)		(0.598)
σ		0.202***	
		(0.069)	
样本量	8 439	8 439	8 439
调整后 R^2	0.060		0.061

附表 8 购物渠道效应机制（一）

变量	消费不平等 (1)	网购与否 (2)	消费不平等 (3)	网购金额 (4)	消费不平等 (5)
互联网使用广度	−0.015***	0.151***	−0.013***	1.036***	−0.012***
	(0.003)	(0.005)	(0.004)	(0.033)	(0.004)
网购与否			−0.015*		
			(0.014)		
网购金额					−0.004*
					(0.002)
年龄	0.005**	−0.005**	0.005**	−0.039**	0.005**
	(0.002)	(0.003)	(0.002)	(0.019)	(0.002)
年龄平方/100	−0.002	0.003	−0.002	0.021	−0.002
	(0.002)	(0.002)	(0.002)	(0.019)	(0.002)

（续）

变量	消费不平等 (1)	网购与否 (2)	消费不平等 (3)	网购金额 (4)	消费不平等 (5)
性别	−0.010	−0.005	−0.010	−0.037	−0.010
	(0.008)	(0.008)	(0.008)	(0.053)	(0.008)
婚姻状况	0.012	−0.027*	0.011	−0.304***	0.011
	(0.014)	(0.015)	(0.014)	(0.107)	(0.014)
受教育程度	−0.009*	−0.002	−0.009*	0.006	−0.009*
	(0.006)	(0.006)	(0.006)	(0.040)	(0.006)
健康状况	0.005*	−0.004*	0.005*	−0.028*	0.005*
	(0.003)	(0.002)	(0.003)	(0.016)	(0.003)
家庭规模	0.014***	0.007**	0.014***	0.049**	0.014***
	(0.003)	(0.003)	(0.003)	(0.022)	(0.003)
儿童占比	0.081**	0.057*	0.082**	0.480**	0.083**
	(0.036)	(0.030)	(0.036)	(0.212)	(0.036)
老人占比	−0.015	−0.003	−0.015	−0.039	−0.015
	(0.019)	(0.012)	(0.019)	(0.088)	(0.019)
家庭总净财产	−0.002	0.000	−0.002	0.005	−0.002
	(0.001)	(0.001)	(0.001)	(0.007)	(0.001)
人均纯收入	−0.007***	0.002	−0.007***	0.019*	−0.007***
	(0.002)	(0.002)	(0.002)	(0.011)	(0.002)
户养老保险参与率	−0.013	0.002	−0.013	0.029	−0.013
	(0.012)	(0.008)	(0.012)	(0.056)	(0.012)
从事个体经营	−0.046***	0.027*	−0.046***	0.169	−0.045***
	(0.014)	(0.016)	(0.014)	(0.112)	(0.014)
省人均 GDP	0.133**	0.147***	0.135**	1.143***	0.137**
	(0.057)	(0.051)	(0.057)	(0.365)	(0.057)
政府财政政策	0.484***	−0.001	0.484***	−0.090	0.484***
	(0.158)	(0.125)	(0.158)	(0.905)	(0.158)
个体固定效应	控制	控制	控制	控制	控制
年份固定效应	控制	控制	控制	控制	控制
常数项	−1.329**	−1.342**	−1.349**	−10.369***	−1.366**
	(0.596)	(0.536)	(0.597)	(3.854)	(0.597)
样本量	8 439	8 439	8 439	8 439	8 439
调整后 R^2	0.060	0.511	0.060	0.506	0.060

附表9 购物渠道效应机制（二）

变量	消费不平等 (1)	网购与否 (2)	消费不平等 (3)	网购金额 (4)	消费不平等 (5)
互联网使用深度	−0.003***	0.029***	−0.003***	0.205***	−0.003***
	(0.001)	(0.001)	(0.001)	(0.007)	(0.001)
网购与否			−0.018*		
			(0.013)		
网购金额					−0.004**
					(0.002)
年龄	0.005**	−0.008***	0.005**	−0.054***	0.005**
	(0.002)	(0.003)	(0.002)	(0.020)	(0.002)
年龄平方/100	−0.002	0.004*	−0.002	0.029	−0.002
	(0.002)	(0.003)	(0.002)	(0.019)	(0.002)
性别	−0.010	−0.005	−0.010	−0.032	−0.010
	(0.008)	(0.008)	(0.008)	(0.057)	(0.008)
婚姻状况	0.010	−0.017	0.010	−0.229**	0.009
	(0.014)	(0.015)	(0.014)	(0.110)	(0.014)
受教育程度	−0.009*	0.002	−0.009*	0.033	−0.009*
	(0.005)	(0.006)	(0.005)	(0.041)	(0.005)
健康状况	0.005*	−0.005**	0.005*	−0.032*	0.005*
	(0.003)	(0.002)	(0.003)	(0.017)	(0.003)
家庭规模	0.014***	0.007**	0.014***	0.050**	0.014***
	(0.003)	(0.003)	(0.003)	(0.022)	(0.003)
儿童占比	0.082**	0.056*	0.083**	0.461**	0.084**
	(0.036)	(0.032)	(0.036)	(0.227)	(0.036)
老人占比	−0.015	−0.009	−0.015	−0.063	−0.015
	(0.019)	(0.012)	(0.019)	(0.090)	(0.019)
家庭总净财产	−0.002	0.000	−0.002	0.005	−0.002
	(0.001)	(0.001)	(0.001)	(0.007)	(0.001)
人均纯收入	−0.007***	0.002	−0.007***	0.021*	−0.007***
	(0.002)	(0.002)	(0.002)	(0.012)	(0.002)

（续）

变量	消费不平等 (1)	网购与否 (2)	消费不平等 (3)	网购金额 (4)	消费不平等 (5)
户养老保险参与率	−0.013	0.001	−0.013	0.021	−0.013
	(0.012)	(0.008)	(0.012)	(0.057)	(0.012)
从事个体经营	−0.045***	0.025	−0.045***	0.151	−0.045***
	(0.014)	(0.017)	(0.014)	(0.118)	(0.014)
省人均 GDP	0.132**	0.164***	0.135**	1.251***	0.136**
	(0.057)	(0.054)	(0.057)	(0.379)	(0.057)
政府财政政策	0.483***	0.039	0.484***	0.146	0.483***
	(0.159)	(0.132)	(0.158)	(0.939)	(0.158)
个体固定效应	控制	控制	控制	控制	控制
年份固定效应	控制	控制	控制	控制	控制
常数项	−1.316**	−1.439**	−1.342**	−11.078***	−1.357**
	(0.597)	(0.562)	(0.597)	(3.996)	(0.597)
样本量	8 439	8 439	8 439	8 439	8 439
调整后 R^2	0.060	0.456	0.060	0.465	0.060

附表 10 社会资本效应机制（一）

变量	消费不平等 (1)	社会资本 (2)	消费不平等 (3)
互联网使用广度	−0.015***	0.088***	−0.015***
	(0.003)	(0.031)	(0.003)
社会资本			−0.005***
			(0.001)
年龄	0.005**	0.132***	0.006**
	(0.002)	(0.025)	(0.002)
年龄平方/100	−0.002	−0.138***	−0.003
	(0.002)	(0.026)	(0.002)
性别	−0.010	−0.029	−0.010
	(0.008)	(0.084)	(0.008)

（续）

变量	消费不平等 (1)	社会资本 (2)	消费不平等 (3)
婚姻状况	0.012	0.621***	0.015
	(0.014)	(0.171)	(0.014)
受教育程度	−0.009*	−0.007	−0.009*
	(0.006)	(0.060)	(0.006)
健康状况	0.005*	−0.122***	0.004
	(0.003)	(0.030)	(0.003)
家庭规模	0.014***	0.041	0.014***
	(0.003)	(0.042)	(0.003)
儿童占比	0.081**	0.673	0.085**
	(0.036)	(0.420)	(0.036)
老人占比	−0.015	−0.237	−0.016
	(0.019)	(0.236)	(0.019)
家庭总净财产	−0.002	0.034***	−0.001
	(0.001)	(0.012)	(0.001)
人均纯收入	−0.007***	0.083***	−0.007***
	(0.002)	(0.024)	(0.002)
户养老保险参与率	−0.013	0.065	−0.013
	(0.012)	(0.163)	(0.012)
从事个体经营	−0.046***	0.175	−0.045***
	(0.014)	(0.136)	(0.014)
省人均 GDP	0.133**	3.287***	0.151***
	(0.057)	(0.659)	(0.057)
政府财政政策	0.484***	5.986***	0.516***
	(0.158)	(1.756)	(0.158)
个体固定效应	控制	控制	控制
年份固定效应	控制	控制	控制
常数项	−1.329**	−32.808***	−1.508**
	(0.596)	(6.935)	(0.596)
样本量	8 439	8 439	8 439
调整后 R^2	0.060	0.064	0.063

附表 11　社会资本效应机制（二）

变量	消费不平等 (1)	社会资本 (2)	消费不平等 (3)
互联网使用深度	−0.003***	0.020***	−0.003***
	(0.001)	(0.007)	(0.001)
社会资本			−0.005***
			(0.001)
年龄	0.005**	0.133***	0.006**
	(0.002)	(0.025)	(0.002)
年龄平方/100	−0.002	−0.138***	−0.003
	(0.002)	(0.026)	(0.002)
性别	−0.010	−0.030	−0.010
	(0.008)	(0.084)	(0.008)
婚姻状况	0.010	0.631***	0.014
	(0.014)	(0.171)	(0.014)
受教育程度	−0.009*	−0.007	−0.009*
	(0.005)	(0.060)	(0.005)
健康状况	0.005*	−0.123***	0.004
	(0.003)	(0.030)	(0.003)
家庭规模	0.014***	0.041	0.014***
	(0.003)	(0.042)	(0.003)
儿童占比	0.082**	0.667	0.086**
	(0.036)	(0.420)	(0.036)
老人占比	−0.015	−0.231	−0.016
	(0.019)	(0.236)	(0.019)
家庭总净财产	−0.002	0.034***	−0.001
	(0.001)	(0.012)	(0.001)
人均纯收入	−0.007***	0.083***	−0.007***
	(0.002)	(0.024)	(0.002)
户养老保险参与率	−0.013	0.065	−0.012
	(0.012)	(0.163)	(0.012)

（续）

变量	消费不平等	社会资本	消费不平等
	(1)	(2)	(3)
从事个体经营	-0.045^{***}	0.171	-0.044^{***}
	(0.014)	(0.136)	(0.014)
省人均 GDP	0.132^{**}	3.294^{***}	0.150^{***}
	(0.057)	(0.659)	(0.057)
政府财政政策	0.483^{***}	5.984^{***}	0.515^{***}
	(0.159)	(1.755)	(0.158)
个体固定效应	控制	控制	控制
年份固定效应	控制	控制	控制
常数项	-1.316^{**}	-32.893^{***}	-1.494^{**}
	(0.597)	(6.933)	(0.597)
样本量	8 439	8 439	8 439
调整后 R^2	0.060	0.064	0.063

附表 12 互联网使用、交通通信消费不平等与主观幸福感

变量	主观幸福感					
	(1)	(2)	(3)	(4)	(5)	(6)
互联网使用与否	0.331^{***}	0.312^{**}				
	(0.122)	(0.121)				
互联网使用广度			0.074^{*}	0.067^{*}		
			(0.038)	(0.038)		
互联网使用深度					0.026^{**}	0.023^{*}
					(0.013)	(0.013)
交通通信消费不平等		-0.480^{***}		-0.487^{***}		-0.483^{***}
		(0.164)		(0.164)		(0.164)
年龄	-0.115^{***}	-0.111^{***}	-0.113^{***}	-0.110^{***}	-0.113^{***}	-0.110^{***}
	(0.032)	(0.032)	(0.032)	(0.032)	(0.032)	(0.032)
年龄平方/100	0.123^{***}	0.121^{***}	0.120^{***}	0.118^{***}	0.119^{***}	0.118^{***}
	(0.033)	(0.033)	(0.033)	(0.033)	(0.033)	(0.033)

（续）

变量	主观幸福感					
	(1)	(2)	(3)	(4)	(5)	(6)
性别	−0.057	−0.052	−0.059	−0.053	−0.057	−0.051
	(0.111)	(0.110)	(0.111)	(0.110)	(0.111)	(0.110)
婚姻状况	0.892***	0.897***	0.901***	0.905***	0.910***	0.913***
	(0.211)	(0.211)	(0.212)	(0.212)	(0.212)	(0.212)
受教育程度	−0.009	−0.016	−0.009	−0.016	−0.011	−0.017
	(0.078)	(0.077)	(0.078)	(0.078)	(0.079)	(0.078)
健康状况	0.226***	0.225***	0.224***	0.223***	0.224***	0.223***
	(0.039)	(0.039)	(0.039)	(0.039)	(0.039)	(0.039)
家庭规模	−0.019	−0.016	−0.021	−0.017	−0.022	−0.018
	(0.042)	(0.042)	(0.042)	(0.042)	(0.042)	(0.042)
儿童占比	0.334	0.397	0.297	0.363	0.294	0.360
	(0.436)	(0.437)	(0.437)	(0.438)	(0.437)	(0.439)
老人占比	0.245	0.240	0.231	0.224	0.227	0.220
	(0.223)	(0.223)	(0.223)	(0.223)	(0.222)	(0.222)
家庭总净财产	0.002	0.001	0.001	−0.000	0.001	−0.001
	(0.017)	(0.017)	(0.017)	(0.017)	(0.017)	(0.017)
人均纯收入	0.047*	0.044*	0.047*	0.044*	0.047*	0.044*
	(0.025)	(0.025)	(0.025)	(0.025)	(0.025)	(0.025)
户养老保险参与率	−0.033	−0.022	−0.039	−0.027	−0.040	−0.028
	(0.165)	(0.165)	(0.165)	(0.165)	(0.165)	(0.165)
从事个体经营	−0.169	−0.190	−0.169	−0.189	−0.174	−0.193
	(0.172)	(0.172)	(0.172)	(0.172)	(0.172)	(0.172)
省人均GDP	1.193*	1.175*	1.140*	1.125*	1.166*	1.148*
	(0.624)	(0.624)	(0.624)	(0.624)	(0.625)	(0.625)
政府财政政策	2.589	2.797	2.755	2.968	2.878	3.080
	(1.955)	(1.956)	(1.953)	(1.954)	(1.946)	(1.947)
个体固定效应	控制	控制	控制	控制	控制	控制
年份固定效应	控制	控制	控制	控制	控制	控制
常数项	−4.829	−4.611	−4.285	−4.094	−4.667	−4.432
	(6.524)	(6.526)	(6.519)	(6.521)	(6.535)	(6.536)
样本量	5 626	5 626	5 626	5 626	5 626	5 626
调整后 R^2	0.032	0.035	0.031	0.034	0.031	0.034

附表 13　分位数回归结果（一）

变量	主观幸福感			
	*q*20	*q*40	*q*60	*q*80
互联网使用广度	0.180***	0.112***	0.025	−0.026
	(0.036)	(0.033)	(0.032)	(0.029)
总消费不平等	−0.928***	−0.965***	−0.906***	−0.516***
	(0.190)	(0.205)	(0.174)	(0.149)
年龄	−0.076**	−0.093***	−0.101***	−0.039**
	(0.033)	(0.030)	(0.022)	(0.016)
年龄平方/100	0.092***	0.114***	0.115***	0.043***
	(0.032)	(0.030)	(0.021)	(0.015)
性别	−0.270***	−0.352***	−0.424***	−0.246***
	(0.092)	(0.098)	(0.085)	(0.060)
婚姻状况	0.977***	0.992***	0.859***	0.499***
	(0.151)	(0.138)	(0.158)	(0.147)
受教育程度	0.147***	0.140**	−0.088*	−0.142***
	(0.047)	(0.055)	(0.049)	(0.035)
健康状况	0.344***	0.509***	0.432***	0.174***
	(0.040)	(0.042)	(0.041)	(0.033)
家庭规模	0.039	0.045	−0.008	−0.035
	(0.033)	(0.038)	(0.031)	(0.022)
儿童占比	0.082	−0.517	0.284	0.242
	(0.292)	(0.389)	(0.330)	(0.175)
老人占比	0.051	0.599**	0.063	0.113
	(0.226)	(0.254)	(0.186)	(0.114)
家庭总净财产	0.052***	0.056***	0.031	−0.001
	(0.014)	(0.015)	(0.024)	(0.014)
人均纯收入	0.073***	0.063**	−0.001	0.018
	(0.024)	(0.029)	(0.028)	(0.014)
户养老保险参与率	0.264	0.214	0.145	0.014
	(0.161)	(0.222)	(0.150)	(0.093)

（续）

变量	主观幸福感			
	$q20$	$q40$	$q60$	$q80$
从事个体经营	0.049	0.031	−0.122	−0.130
	(0.168)	(0.145)	(0.142)	(0.173)
省人均 GDP	0.282	0.077	0.461**	0.160
	(0.183)	(0.215)	(0.202)	(0.102)
政府财政政策	−0.779	−1.886**	−0.479	−1.419**
	(0.748)	(0.854)	(0.745)	(0.716)
常数项	0.920	4.515*	3.825*	8.535***
	(2.254)	(2.488)	(2.289)	(1.195)
样本量	5 626	5 626	5 626	5 626
Pseudo R^2	0.035	0.072	0.026	0.012

附表 14　分位数回归结果（二）

变量	主观幸福感			
	$q20$	$q40$	$q60$	$q80$
互联网使用与否	0.036***	0.022***	0.006	−0.004
	(0.009)	(0.007)	(0.007)	(0.006)
总消费不平等	−0.959***	−0.987***	−0.913***	−0.491***
	(0.207)	(0.221)	(0.192)	(0.160)
年龄	−0.077**	−0.091***	−0.097***	−0.039**
	(0.034)	(0.028)	(0.022)	(0.016)
年龄平方/100	0.094***	0.111***	0.112***	0.043***
	(0.033)	(0.028)	(0.021)	(0.015)
性别	−0.284***	−0.353***	−0.426***	−0.248***
	(0.090)	(0.089)	(0.081)	(0.060)
婚姻状况	0.966***	1.015***	0.842***	0.498***
	(0.159)	(0.133)	(0.162)	(0.138)
受教育程度	0.159***	0.135**	−0.088*	−0.143***
	(0.048)	(0.055)	(0.047)	(0.034)

（续）

变量	主观幸福感			
	$q20$	$q40$	$q60$	$q80$
健康状况	0.343***	0.507***	0.436***	0.173***
	(0.040)	(0.042)	(0.041)	(0.032)
家庭规模	0.043	0.039	−0.006	−0.038*
	(0.030)	(0.034)	(0.028)	(0.022)
儿童占比	0.055	−0.473	0.271	0.251
	(0.310)	(0.397)	(0.323)	(0.186)
老人占比	0.041	0.609**	0.059	0.122
	(0.231)	(0.240)	(0.195)	(0.116)
家庭总净财产	0.052***	0.056***	0.031	−0.000
	(0.015)	(0.014)	(0.022)	(0.014)
人均纯收入	0.074***	0.065**	−0.003	0.019
	(0.023)	(0.028)	(0.027)	(0.016)
户养老保险参与率	0.263*	0.196	0.152	0.017
	(0.150)	(0.200)	(0.150)	(0.099)
从事个体经营	0.042	0.032	−0.127	−0.149
	(0.164)	(0.141)	(0.137)	(0.180)
省人均 GDP	0.296	0.067	0.445**	0.154
	(0.195)	(0.219)	(0.225)	(0.108)
政府财政政策	−0.692	−1.879**	−0.576	−1.382*
	(0.780)	(0.906)	(0.830)	(0.729)
常数项	0.797	4.584*	3.913	8.575***
	(2.351)	(2.426)	(2.553)	(1.316)
样本量	5 626	5 626	5 626	5 626
Pseudo R^2	0.034	0.072	0.026	0.012

附表 15　个体特征异质性（一）

变量	主观幸福感			
	低龄组	高龄组	低收入组	高收入组
互联网使用广度	0.115**	0.119	0.196	0.084*
	(0.050)	(0.087)	(0.121)	(0.048)
总消费不平等	−0.571*	−0.638**	−1.148**	−0.444
	(0.330)	(0.321)	(0.448)	(0.308)
年龄	−0.279***	−0.279	−0.138*	−0.091*
	(0.094)	(0.222)	(0.075)	(0.050)
年龄平方/100	0.329***	0.183	0.154**	0.099*
	(0.127)	(0.168)	(0.077)	(0.051)
性别	−0.136	0.099	−0.382	0.062
	(0.163)	(0.212)	(0.263)	(0.154)
婚姻状况	1.447***	0.536	1.329***	0.850***
	(0.350)	(0.395)	(0.511)	(0.312)
受教育程度	−0.137	0.063	−0.060	0.032
	(0.131)	(0.138)	(0.216)	(0.101)
健康状况	0.198***	0.216***	0.284***	0.229***
	(0.059)	(0.067)	(0.090)	(0.056)
家庭规模	−0.065	0.028	−0.001	−0.059
	(0.072)	(0.067)	(0.104)	(0.063)
儿童占比	−0.354	1.343*	0.539	−0.044
	(0.947)	(0.774)	(0.965)	(0.678)
老人占比	0.242	0.310	−0.299	0.627*
	(0.795)	(0.252)	(0.435)	(0.365)
家庭总净财产	−0.003	−0.019	0.008	−0.026
	(0.026)	(0.028)	(0.030)	(0.026)
人均纯收入	0.069	0.047	0.040	0.015
	(0.048)	(0.033)	(0.054)	(0.115)
户养老保险参与率	−1.209*	0.212	0.076	0.031
	(0.682)	(0.191)	(0.347)	(0.246)

（续）

变量	主观幸福感			
	低龄组	高龄组	低收入组	高收入组
从事个体经营	−0.292	−0.013	−0.210	0.026
	(0.254)	(0.285)	(0.557)	(0.237)
省人均 GDP	1.192	1.428	1.754	0.654
	(1.067)	(0.882)	(2.002)	(0.857)
政府财政政策	3.673	5.326	2.855	−1.506
	(2.867)	(3.365)	(4.872)	(2.796)
个体固定效应	控制	控制	控制	控制
年份固定效应	控制	控制	控制	控制
常数项	−1.617	0.078	−10.348	1.949
	(11.064)	(12.179)	(20.945)	(8.902)
样本量	2 848	2 778	2 070	3 556
调整后 R^2	0.051	0.037	0.075	0.039

附表 16　个体特征异质性（二）

变量	主观幸福感			
	低龄组	高龄组	低收入组	高收入组
互联网使用深度	0.036**	0.031	0.048	0.036**
	(0.017)	(0.026)	(0.040)	(0.015)
总消费不平等	−0.565*	−0.638**	−1.171***	−0.421
	(0.329)	(0.321)	(0.449)	(0.307)
年龄	−0.282***	−0.272	−0.140*	−0.089*
	(0.095)	(0.222)	(0.076)	(0.050)
年龄平方/100	0.333***	0.177	0.152*	0.098*
	(0.128)	(0.169)	(0.078)	(0.051)
性别	−0.139	0.101	−0.389	0.066
	(0.163)	(0.212)	(0.263)	(0.154)
婚姻状况	1.461***	0.540	1.317**	0.864***
	(0.351)	(0.395)	(0.513)	(0.311)

（续）

变量	主观幸福感			
	低龄组	高龄组	低收入组	高收入组
受教育程度	−0.142	0.064	−0.051	0.024
	(0.132)	(0.138)	(0.216)	(0.101)
健康状况	0.198***	0.217***	0.286***	0.229***
	(0.059)	(0.067)	(0.091)	(0.056)
家庭规模	−0.070	0.028	0.000	−0.063
	(0.072)	(0.067)	(0.104)	(0.063)
儿童占比	−0.349	1.358*	0.554	−0.055
	(0.951)	(0.775)	(0.967)	(0.677)
老人占比	0.217	0.303	−0.323	0.633*
	(0.799)	(0.252)	(0.436)	(0.360)
家庭总净财产	−0.004	−0.019	0.009	−0.026
	(0.026)	(0.028)	(0.030)	(0.026)
人均纯收入	0.067	0.047	0.040	0.008
	(0.049)	(0.033)	(0.054)	(0.115)
户养老保险参与率	−1.165*	0.206	0.078	0.036
	(0.686)	(0.191)	(0.347)	(0.245)
从事个体经营	−0.290	−0.013	−0.189	0.013
	(0.255)	(0.286)	(0.555)	(0.237)
省人均 GDP	1.280	1.438	1.897	0.679
	(1.071)	(0.882)	(2.004)	(0.858)
政府财政政策	4.028	5.437	3.317	−1.396
	(2.865)	(3.350)	(4.840)	(2.795)
个体固定效应	控制	控制	控制	控制
年份固定效应	控制	控制	控制	控制
常数项	−2.605	−0.411	−11.996	1.534
	(11.110)	(12.165)	(20.981)	(8.932)
样本量	2 848	2 778	2 070	3 556
调整后 R^2	0.050	0.037	0.072	0.041

附表 17 区域异质性（一）

变量	主观幸福感		
	东部地区	西部地区	中部地区
互联网使用广度	0.026	0.120*	0.007
	(0.070)	(0.062)	(0.061)
总消费不平等	−0.631*	−0.543*	−0.514
	(0.367)	(0.332)	(0.349)
年龄	−0.120*	−0.066	−0.192***
	(0.066)	(0.047)	(0.057)
年龄平方/100	0.123**	0.073	0.201***
	(0.062)	(0.049)	(0.060)
性别	−0.220	−0.115	0.277
	(0.184)	(0.188)	(0.206)
婚姻状况	0.783*	0.710**	1.413***
	(0.428)	(0.317)	(0.389)
受教育程度	0.154	−0.022	−0.229*
	(0.146)	(0.126)	(0.137)
健康状况	0.245***	0.239***	0.182***
	(0.069)	(0.065)	(0.066)
家庭规模	0.103	−0.033	−0.047
	(0.074)	(0.065)	(0.078)
儿童占比	0.770	−0.220	0.963
	(0.707)	(0.755)	(0.822)
老人占比	0.516	−0.470	0.497
	(0.321)	(0.402)	(0.447)
家庭总净财产	−0.032	0.005	0.023
	(0.034)	(0.025)	(0.030)
人均纯收入	0.091**	−0.006	0.045
	(0.041)	(0.049)	(0.039)
户养老保险参与率	−0.308	−0.065	0.226
	(0.240)	(0.325)	(0.315)

（续）

变量	主观幸福感		
	东部地区	西部地区	中部地区
从事个体经营	−0.071	−0.327	−0.098
	(0.343)	(0.277)	(0.254)
省人均GDP	0.574	9.261*	1.143
	(0.749)	(5.249)	(7.278)
政府财政政策	−1.139	17.054**	−5.828
	(6.305)	(8.673)	(21.827)
个体固定效应	控制	控制	控制
年份固定效应	控制	控制	控制
常数项	2.241	−88.371	−0.980
	(7.821)	(53.826)	(77.643)
样本量	1 832	2 132	1 662
调整后 R^2	0.051	0.030	0.059

附表 18 区域异质性（二）

变量	主观幸福感		
	东部地区	西部地区	中部地区
互联网使用深度	0.021	0.026*	0.024
	(0.022)	(0.022)	(0.021)
总消费不平等	−0.626*	−0.568*	−0.491
	(0.367)	(0.332)	(0.350)
年龄	−0.119*	−0.071	−0.187***
	(0.065)	(0.047)	(0.056)
年龄平方/100	0.124**	0.076	0.199***
	(0.061)	(0.049)	(0.060)
性别	−0.221	−0.117	0.273
	(0.184)	(0.188)	(0.205)
婚姻状况	0.785*	0.719**	1.436***
	(0.425)	(0.317)	(0.392)

（续）

变量	主观幸福感		
	东部地区	西部地区	中部地区
受教育程度	0.148	−0.009	−0.244*
	(0.146)	(0.125)	(0.138)
健康状况	0.245***	0.240***	0.183***
	(0.068)	(0.065)	(0.066)
家庭规模	0.101	−0.031	−0.050
	(0.074)	(0.066)	(0.078)
儿童占比	0.773	−0.212	0.958
	(0.707)	(0.758)	(0.820)
老人占比	0.528*	−0.530	0.529
	(0.320)	(0.400)	(0.448)
家庭总净财产	−0.031	0.005	0.023
	(0.034)	(0.025)	(0.030)
人均纯收入	0.089**	−0.005	0.040
	(0.041)	(0.049)	(0.040)
户养老保险参与率	−0.309	−0.074	0.236
	(0.240)	(0.325)	(0.315)
从事个体经营	−0.078	−0.328	−0.121
	(0.343)	(0.278)	(0.255)
省人均 GDP	0.588	9.061*	1.392
	(0.752)	(5.263)	(7.279)
政府财政政策	−1.099	16.996*	−5.319
	(6.295)	(8.689)	(21.849)
个体固定效应	控制	控制	控制
年份固定效应	控制	控制	控制
常数项	1.921	−86.327	−3.913
	(7.895)	(53.970)	(77.670)
样本量	1 832	2 132	1 662
调整后 R^2	0.051	0.028	0.060

REFERENCES 参考文献

阿马蒂亚·森，2002. 以自由看待发展 [M]. 北京：中国人民大学出版社.

巴尔扎克，1979，农民 [M]. 陈占元译. 上海：上海译文出版社.

边燕杰，王文彬，张磊，等，2012. 跨体制社会资本及其收入回报 [J]. 中国社会科学 (02)：110-126，207.

白描，吴国宝，2017. 农民主观福祉现状及其影响因素分析——基于5省10县农户调查资料 [J]. 中国农村观察 (01)：41-51，141-142.

车诚，吴国华，张志红，2021. 社会比较倾向对消费者购买决策的影响——基于情感—理性决策视角 [J/OL]. 中国管理科学：1-9.

陈志刚，吕冰洋，2016. 中国城镇居民收入和消费不平等的构成及其关系 [J]. 经济理论与经济管理 (12)：32-45.

陈卓，续竞秦，吴伟光，2016. 农村居民主观幸福感影响分析——来自浙江省4县（市）的证据 [J]. 农业技术经济 (10)：38-48.

陈纯槿，顾小清，2017. 互联网是否扩大了教育结果不平等——基于PISA上海数据的实证研究 [J]. 北京大学教育评论，15 (01)：140-153，191-192.

陈鑫，王文姬，张苏缘，2020. 互联网发展能否有效缩小城乡居民文化消费差距? [J]. 农村经济 (12)：87-93.

陈炜，郭国庆，陈凤超，2014. 消费类型影响幸福感的实验研究述评与启示 [J]. 管理评论，26 (12)：45-55.

陈福平，2013. 跨越参与鸿沟：数字不平等下的在线政治参与 [J]. 公共行政评论 (4)：89-114，186-187.

陈铭聪，程振源，2021. 移动支付普及对居民消费不平等的影响——来自CHFS的微观证据 [J]. 消费经济，37 (06)：50-59.

陈永伟，2016. 关于"幸福悖论"研究的若干争议 [J]. 经济学动态 (06)：132-140.

陈钊，徐彤，刘晓峰，2012. 户籍身份、示范效应与居民幸福感：来自上海和深圳社区的证据 [J]. 世界经济，35 (04)：79-101.

程名望，张家平，2019a. 互联网普及与城乡收入差距：理论与实证 [J]. 中国农村经济 (02)：19-41.

程名望，张家平，2019b. 新时代背景下互联网发展与城乡居民消费差距 [J]. 数量经济技术经济研究，36 (07)：22-41.

程名望，华汉阳，2020. 购买社会保险能提高农民工主观幸福感吗?——基于上海市2 942个农民工生活满意度的实证分析 [J]. 中国农村经济 (02)：46-61.

崔红志，2015. 农村老年人主观幸福感影响因素分析——基于全国8省（区）农户问卷调

查数据 [J]. 中国农村经济 (04): 72-80.
崔宝玉，程耀庆，2022. 互联网使用会增加农户子女教育投资吗？——来自 CHFS2019 的微观证据 [J/OL]. 农业技术经济：1-19.
邓大松，杨晶，2019. 养老保险、消费差异与农村老年人主观幸福感——基于中国家庭金融调查数据的实证分析 [J]. 中国人口科学 (04): 43-55, 127.
丁倩，张永欣，周宗奎，2017. 社交网站使用与妒忌：向上社会比较的中介作用及自尊的调节作用 [J]. 心理科学，40 (03): 618-624.
路易吉诺·布鲁尼，等，2007. 经济学与幸福 [M]. 傅红春，文燕平，等译．上海：上海人民出版社，28-63.
方迎风，黄仁豪，2021. 房价上涨会影响居民社会地位的主观评价吗？[J]. 财贸研究，32 (04): 44-54.
冯大威，高梦桃，周利，2022. 互联网与城乡居民消费差距——来自家庭微观调查的证据 [J]. 中国经济问题 (03): 98-114.
郜书锴，白洪谭，2014. 理解大数据时代的数字鸿沟 [J]. 新闻研究导刊 (01): 35-38.
官皓，2010. 收入对幸福感的影响研究：绝对水平和相对地位 [J]. 南开经济研究 (05): 56-70.
郭星华，2001. 城市居民相对剥夺感的实证研究 [J]. 中国人民大学学报 (3): 71-78.
韩晓燕，迟毓凯，2012. 自发社会比较中的威胁效应及自我平衡策略 [J]. 心理学报，44 (12): 1628-1640.
韩永，李成明，2019. 移动支付促进家庭医疗健康消费支出了吗？[J]. 金融与经济 (09): 50-56.
韩长根，张力，2017. 互联网普及对于城乡收入分配的影响——基于我国省际面板数据的系统 GMM 分析 [J]. 经济问题探索 (08): 18-27.
贺京同，那艺，郝身永，2014. 决策效用、体验效用与幸福 [J]. 经济研究，49 (07): 176-188.
何立新，潘春阳，2011. 破解中国的"Easterlin 悖论"：收入差距、机会不均与居民幸福感 [J]. 管理世界 (08): 11-22, 187.
洪铮，章成，2022. 数字经济时代的互联网发展与消费不平等 [J]. 当代经济管理，44 (10): 71-79.
胡荣华，孙计领，2015. 消费能使我们幸福吗？[J]. 统计研究，32 (12): 69-75.
胡洪曙，鲁元平，2012. 公共支出与农民主观幸福感——基于 CGSS 数据的实证分析 [J]. 财贸经济 (10): 23-33, 122.
胡振，聂雅丰，罗剑朝，2022. 社会资本与农户融资约束——基于农户分化和农地金融创新的异质性检验 [J]. 农业技术经济 (05): 65-76.
黄云，任国强，周云波，2019. 收入不平等对农村居民身心健康的影响——基于 CGSS2015 数据的实证分析 [J]. 农业技术经济 (03): 25-37.
黄嘉文，2016. 收入不平等对中国居民幸福感的影响及其机制研究 [J]. 社会，36 (02): 123-145.

纪宝成，2009. 积极应对互联网冲击　防止全球不平等加剧 [J]. 人民论坛 (17)：10 - 11.

纪江明，张乐天，2010. 居民消费分化：社会分化的重要体现 [J]. 南京社会科学 (06)：64 - 69.

金文朝，金锺吉，张海东，2005. 数字鸿沟的批判性再检讨 [J]. 学习与探索 (01)：32 - 38.

冷晨昕，祝仲坤，2018. 互联网对农村居民的幸福效应研究 [J]. 南方经济 (08)：107 - 127.

李涛，么海亮，2013. 消费不平等问题研究综述 [J]. 经济社会体制比较，168 (04)：230 - 241.

李晓飞，臧旭恒，2022. “多轨制”养老金与家庭消费相对剥夺 [J]. 经济评论 (04)：130 - 147.

李彩娜，马田雨，张豪，2019. 社交网络中的社会比较：研究现状及展望 [J]. 北京师范大学学报 (社会科学版) (06)：22 - 31.

李实，2003. 中国个人收入分配研究回顾与展望 [J]. 经济学 (季刊)，2 (2)：379 - 404.

李旭洋，李通屏，邹伟进，2019. 互联网推动居民家庭消费升级了吗？——基于中国微观调查数据的研究 [J]. 中国地质大学学报 (社会科学版)，19 (04)：145 - 160.

李小保，吕厚超，2022. 主观社会地位与幸福感的关系：平衡时间洞察力的中介作用 [J]. 中国临床心理学杂志，30 (01)：116 - 120.

廖永松，2014. “小富即安”的农民：一个幸福经济学的视角 [J]. 中国农村经济 (9)：4 - 16.

林万龙，纪晓凯，2022. 从摆脱绝对贫困走向农民农村共同富裕 [J]. 中国农村经济 (08)：2 - 15.

刘靖，陈斌开，2021. 房价上涨扩大了中国消费不平等吗？[J]. 经济学 (季刊)，21 (04)：1253 - 1274.

刘培林，钱滔，黄先海，董雪兵，2021. 共同富裕的内涵、实现路径与测度方法 [J]. 管理世界，37 (08)：117 - 129.

刘欢，刘静，2020. 出生队列、收入来源与消费不平等——兼论消费不平等的形成机制 [J]. 消费经济，36 (06)：34 - 45.

刘晓倩，韩青，2018. 农村居民互联网使用对收入的影响及其机理——基于中国家庭追踪调查 (CFPS) 数据 [J]. 农业技术经济 (09)：123 - 134.

刘向东，张舒，2019. 移动支付方式与异质性消费者线下消费行为 [J]. 中国流通经济，33 (12)：3 - 15.

刘会平，肖瑜君，陈政，陈慧卿，陈国生，2021. 社会资本、金融借贷与家庭创业——基于 CFPS 数据的实证研究 [J/OL]. 经济地理：1 - 15.

刘传江，覃艳丽，李雪，2018. 网络社交媒体使用、社会资本积累与新时代农业转移人口的城市融合——基于六市 1 409 个样本的调查 [J]. 杭州师范大学学报 (社会科学版)，40 (06)：98 - 108.

刘铠豪，臧旭恒，王雪芳，2022. 贸易自由化与家庭消费——来自中国城镇住户调查的微

观证据 [J]. 中国工业经济 (03): 57-75.
刘根荣, 2017. 电子商务对农村居民消费影响机理分析 [J]. 中国流通经济, 31 (05): 96-104.
刘小鸽, 司海平, 庞嘉伟, 2018. 地区代际流动与居民幸福感: 基于代际教育流动性的考察 [J]. 世界经济, 41 (09): 171-192.
龙翠红, 韩佳峻, 2022. 互联网的使用缩小了城乡青少年的幸福感差距吗? [J]. 世界经济文汇 (03): 52-68.
鲁元平, 王韬, 2011. 收入不平等、社会犯罪与国民幸福感——来自中国的经验证据 [J]. 经济学 (季刊) (4): 1437-1458.
鲁元平, 王军鹏, 2020. 数字鸿沟还是信息福利——互联网使用对居民主观福利的影响 [J]. 经济学动态 (02): 59-73.
卢娟, 李斌, 2018. 社会网络、非正规金融与居民幸福感——基于2016年中国家庭追踪调查数据的实证研究 [J]. 上海财经大学学报, 20 (04): 46-62.
陆铭, 王亦琳, 潘慧, 杨真真, 2008. 政府干预与企业家满意度——以广西柳州为例的实证研究 [J]. 管理世界 (07): 116-125, 159.
陆杰华, 韦晓丹, 2021. 老年数字鸿沟治理的分析框架、理念及其路径选择——基于数字鸿沟与知沟理论视角 [J]. 人口研究, 45 (03): 17-30.
陆铭, 蒋仕卿, 佐藤宏, 2014. 公平与幸福 [J]. 劳动经济研究, 2 (01): 26-48.
罗必良, 洪炜杰, 耿鹏鹏, 等, 2021. 赋权、强能、包容: 在相对贫困治理中增进农民幸福感 [J]. 管理世界, 37 (10): 166-181, 240, 182.
罗明忠, 刘子玉, 2022. 互联网使用、阶层认同与农村居民幸福感 [J]. 中国农村经济 (08): 114-131.
罗楚亮, 2009. 绝对收入、相对收入与主观幸福感——来自中国城乡住户调查数据的经验分析 [J]. 财经研究, 35 (11): 79-91.
罗娟, 李宝珍, 2021. 数字普惠金融对我国消费不平等的影响研究——来自中国家庭金融调查及县级数据的证据 [J]. 消费经济, 37 (04): 75-83.
罗廷锦, 茶洪旺, 2018. "数字鸿沟"与反贫困研究——基于全国31个省市面板数据的实证分析 [J]. 经济问题探索 (02): 11-18, 74.
马旭东, 史岩, 2018. 福利经济学: 缘起、发展与解构 [J]. 经济问题 (02): 9-16.
马丁·瑞沃林, 2005. 贫困的比较 [M]. 北京: 北京大学出版社.
马亮, 2015. 大数据技术何以创新公共治理? ——新加坡智慧国案例研究 [J]. 电子政务 (05): 2-9.
马光荣, 杨恩艳, 2011. 社会网络、非正规金融与创业 [J]. 经济研究, 46 (03): 83-94.
马小勇, 白永秀, 2009. 中国农户的收入风险应对机制与消费波动: 来自陕西的经验证据 [J]. 经济学 (季刊), 8 (04): 1221-1238.
倪志良, 贾占标, 解萧语, 2016. 相对剥夺、非农就业与农民幸福感 [J]. 山西财经大学学报, 38 (12): 64-74.
彭代彦, 吴宝新, 2008. 农村内部的收入差距与农民的生活满意度 [J]. 世界经济 (04):

79 - 85.

裴辉儒，胡月，2020. 移动支付对我国居民消费影响的实证研究 [J]. 西安财经大学学报，33 (01)：37 - 44.

彭小辉，王宇，2021. 互联网使用对农户收入差距的影响 [J]. 南大商学评论 (01)：51 - 68.

戚聿东，刘翠花，2020. 数字经济背景下互联网使用是否缩小了性别工资差异——基于中国综合社会调查的经验分析 [J]. 经济理论与经济管理 (09)：70 - 87.

齐红倩，刘岩，2020. 人口年龄结构变动与居民家庭消费升级——基于CFPS数据的实证研究 [J]. 中国人口·资源与环境，30 (12)：174 - 184.

邱新国，冉光和，2018. 互联网使用与家庭融资行为研究——基于中国家庭动态跟踪调查数据的实证分析 [J]. 当代财经 (11)：56 - 67.

曲兆鹏，赵忠，2008. 老龄化对我国农村消费和收入不平等的影响 [J]. 经济研究，43 (12)：85 - 99，149.

冉晓醒，胡宏伟，2022. 城乡差异、数字鸿沟与老年健康不平等 [J]. 人口学刊，44 (03)：46 - 58.

任国强，桂玉帅，刘刚，2012. 收入对主观幸福感的影响—国际的经验与国内的证据 [J]. 经济问题探索 (07)：23 - 32.

任国强，尚明伟，潘秀丽，2014. 参照群与群间相对剥夺：理论与实证 [J]. 财经研究，40 (08)：130 - 144.

任国强，黄云，周云波，2017. 个体收入剥夺如何影响城镇居民的健康？——基于CFPS城镇面板数据的实证研究 [J]. 经济科学 (04)：77 - 93.

宋瑞，2014. 时间、收入、休闲与生活满意度：基于结构方程模型的实证研究 [J]. 财贸经济，(06)：100 - 110.

宋泽，刘子兰，邹红，2020. 空间价格差异与消费不平等 [J]. 经济学（季刊），19 (02)：591 - 616.

宋泽，何阳，2019. 中老年消费不平等的度量与分解：来自CHARLS的经验证据 [J]. 财经理论与实践，40 (03)：107 - 112.

苏钟萍，张应良，2021. 收入不平等对农村居民健康的影响——基于相对剥夺的微观视角验证 [J]. 农业技术经济 (03)：132 - 144.

苏岚岚，孔荣，2020. 互联网使用促进农户创业增益了吗？——基于内生转换回归模型的实证分析 [J]. 中国农村经济 (02)：62 - 80.

孙豪，胡志军，陈建东，2017. 中国消费基尼系数估算及社会福利分析 [J]. 数量经济技术经济研究，34 (12)：41 - 57.

孔文豪，吴佳宜，黄思颖，2021. 数字鸿沟与相对剥夺感：微观证据与影响机制 [J]. 电子政务 (01)：110 - 124.

孙治一，董珺，李德阳，2022. 农村居民消费升级：互联网素养重要吗？[J]. 经济问题 (02)：103 - 111.

谭恒鑫，李欣雨，朱小明，2022. 数字经济时代的互联网普及与中国消费差异——基于

CFPS2010—2018年数据的实证研究［J］. 宏观经济研究（02）：83-106.
万广华，2006. 经济发展与收入不均等：方法与证据［M］. 上海：上海人民出版社.
万广华，2009. 不平等的度量与分解［J］. 经济学（季刊），8（01）：347-368.
万广华，张彤进，2021. 机会不平等与中国居民主观幸福感［J］. 世界经济，44（05）：203-228.
王慧玲，杨少雄，孔荣，2021. 金融素养降低农户消费不平等了吗？——基于金融行为的中介效应分析［J］. 西北农林科技大学学报（社会科学版），21（05）：76-84.
王鹏，2011. 收入差距对中国居民主观幸福感的影响分析——基于中国综合社会调查数据的实证研究［J］. 中国人口科学（03）：93-101，112.
王春超，袁伟，2016. 社会网络、风险分担与农户储蓄率［J］. 中国农村经济（03）：25-35，53.
王金杰，牟韶红，盛玉雪，2019. 电子商务有益于农村居民创业吗？——基于社会资本的视角［J］. 经济与管理研究，40（02）：95-110.
王杰，蔡志坚，2022. 风险规避、数字技术使用与农村家庭创业行为［J］. 华南农业大学学报（社会科学版），21（02）：28-40.
王洁菲，姚树洁，2022. 收入差距、努力指数与居民主观幸福感［J］. 南开经济研究（04）：3-21.
汪明峰，2005. 互联网使用与中国城市化——“数字鸿沟”的空间层面［J］. 社会学研究（06）：112-135，244.
温雪，吴定伟，潘明清，2019. 互联网、社会资本与农村居民消费［J］. 消费经济，35（04）：47-54.
温兴祥，2018. 相对剥夺对农村中老年人健康状况的影响——基于中国健康与养老追踪调查数据的分析［J］. 中国农村观察（06）：110-127.
温忠麟，叶宝娟，2014. 中介效应分析：方法和模型发展［J］. 心理科学进展，22（05）：731-745.
吴丽民，袁山林，2012. 幸福视角划分消费类型的理论构想与实证解析［J］. 财经论丛，168（6）：99-105.
吴静，2009. 城乡居民幸福测量的结构方程模型［J］. 商业经济与管理（04）：66-72.
习近平，2021. 扎实推动共同富裕［J］. 求是（20）：4-8.
谢平，刘海二，2013. ICT、移动支付与电子货币［J］. 金融研究（10）：1-14.
谢罗奇，王宇航，赵纯凯，2019. 包容性金融对居民幸福感的影响——基于CFPS数据的实证研究［J］. 人口与发展，25（06）：65-75，106.
邢淑芬，俞国良，2006. 社会比较：对比效应还是同化效应？［J］. 心理科学进展，14（6）：944-949.
熊瑞祥，李辉文，2017. 儿童照管、公共服务与农村已婚女性非农就业——来自CFPS数据的证据［J］. 经济学（季刊），16（01）：393-414.
徐敏，姜勇，2015. 中国产业结构升级能缩小城乡消费差距吗？［J］. 数量经济技术经济研究，32（03）：3-21.

徐宽，2003. 基尼系数的研究文献在过去八十年是如何拓展的［J］. 经济学（季刊）(03)：757-778.

徐晓惠，张耀华，徐敏，张明浩，2022. 社会比较对大学生公平感知的影响：主观社会经济地位的调节作用［J］. 心理与行为研究，20（02）：274-281.

徐亚东，张应良，侍述强，2022. 流动性约束、收入不平等与农户消费［J/OL］. 改革：1-15.

徐佳，韦欣，2021. 中国城镇创业与非创业家庭消费差异分析——基于微观调查数据的实证［J］. 数量经济技术经济研究，38（01)：43-60.

徐仲安，靳共元，张晓林，耿宇宁，2013. 农村居民幸福感影响因素的实证分析——基于四川省震后灾区与非灾区的对比［J］. 中国农村观察（04)：72-85，96.

许玲丽，龚关，艾春荣，2016. 幸福，赚钱还是花钱？［J］. 财经研究，42（06)：17-26.

许海平，傅国华，2018. 公共服务与中国农村居民幸福感［J］. 首都经济贸易大学学报，20（01)：3-12.

杨继东，2013. 中国消费不平等演变趋势及其原因［J］. 财贸经济，(04)：111-120.

杨晶，黄云，2019. 人力资本、社会资本对农户消费不平等的影响［J］. 华南农业大学学报（社会科学版)，18（04)：111-126.

杨耀武，杨澄宇，2015. 中国基尼系数是否真地下降了？——基于微观数据的基尼系数区间估计［J］. 经济研究，50（03)：75-86.

杨晨，王海忠，钟科，付佳，江红艳，2015. 支付方式对产品偏好的影响研究［J］. 管理学报，12（02)：264-275.

杨志海，2019. 生产环节外包改善了农户福利吗？——来自长江流域水稻种植农户的证据［J］. 中国农村经济（04)：73-91.

杨晨，王海忠，2014. “空付”们怎样掏空用户的钱包？——支付方式对消费行为的影响［J］. 清华管理评论（Z2)：84-90.

姚健，臧旭恒，2022. 中国家庭收入不平等与消费不平等——基于收入冲击和消费保险视角的研究［J］. 经济学（季刊)，22（04)：1279-1298.

易行健，张波，杨汝岱，杨碧云，2012. 家庭社会网络与农户储蓄行为：基于中国农村的实证研究［J］. 管理世界（05)：43-51，187.

尹志超，刘泰星，严雨，2021. 劳动力流动能否缓解农户流动性约束——基于社会网络视角的实证分析［J］. 中国农村经济（07)：65-83.

尹志超，岳鹏鹏，陈悉榕，2019. 金融市场参与、风险异质性与家庭幸福［J］. 金融研究（04)：168-187.

尹振涛，李俊成，杨璐，2021. 金融科技发展能提高农村家庭幸福感吗？——基于幸福经济学的研究视角［J］. 中国农村经济（08)：63-79.

尹志超，公雪，郭沛瑶，2019. 移动支付对创业的影响——来自中国家庭金融调查的微观证据［J］. 中国工业经济（03)：119-137.

袁正，夏波，2012. 信任与幸福：基于 WVS 的中国微观数据［J］. 中国经济问题（06)：65-74.

赵一凡，周金娥，2021. 新农保是否使中老年人生活更幸福——基于中国家庭追踪调查数据的实证研究 [J]. 中国经济问题（06）：105-122.

湛泳，徐乐，2017. “互联网＋”下的包容性金融与家庭创业决策 [J]. 财经研究，43（09）：62-75，145.

张海洋，韩晓，2022. 数字金融能缓和社会主要矛盾吗？——消费不平等的视角 [J]. 经济科学（02）：96-109.

张必忠，傅新红，张莎莎，2021. 农村消费的空间关联网络特征分析 [J]. 农村经济（04）：55-62.

张永丽，徐腊梅，2019. 互联网使用对西部贫困地区农户家庭生活消费的影响——基于甘肃省 1 735 个农户的调查 [J]. 中国农村经济（02）：42-59.

张雅淋，吴义东，姚玲珍，2022. 住房财富“寡”而消费“不均”？——青年群体住房财富对消费相对剥夺的影响研究 [J]. 财贸经济，43（03）：98-113.

张雅淋，姚玲珍，2020. 家庭负债与消费相对剥夺——基于住房负债与非住房负债的视角 [J]. 财经研究，46（08）：64-79.

张自强，2022. 互联网使用与农户收入不平等 [J]. 经济经纬，39（03）：45-54.

张景娜，张雪凯，2020. 互联网使用对农地转出决策的影响及机制研究——来自 CFPS 的微观证据 [J]. 中国农村经济（03）：57-77.

张荣，曾凡斌，2011. 互联网采纳与使用影响因素及其模型研究 [J]. 中国电化教育（05）：54-59.

张勋，万广华，吴海涛，2021. 缩小数字鸿沟：中国特色数字金融发展 [J]. 中国社会科学（08）：35-51，204-205.

张美萱，吴瑞林，张涵，等，2018. “电子钱包”让人花钱更多？——手机支付的心理账户效应 [J]. 心理科学，41（04）：904-909.

章元，陆铭，2009. 社会网络是否有助于提高农民工的工资水平？[J]. 管理世界（03）：45-54.

周广肃，李沙浪，2016. 消费不平等会引发社会信任危机吗？[J]. 浙江社会科学（07）：11-21，53，155.

周广肃，张玄逸，贾珅，张川川，2020. 新型农村社会养老保险对消费不平等的影响 [J]. 经济学（季刊），19（04）：1467-1490.

周广肃，孙浦阳，2017. 互联网使用是否提高了居民的幸福感——基于家庭微观数据的验证 [J]. 南开经济研究（03）：18-33.

周广肃，梁琪，2018. 互联网使用、市场摩擦与家庭风险金融资产投资 [J]. 金融研究（01）：84-101.

周广肃，马光荣，2015. 人情支出挤出了正常消费吗？——来自中国家户数据的证据 [J]. 浙江社会科学（03）：15-26，156.

周广肃，樊纲，申广军，2014. 收入差距、社会资本与健康水平——基于中国家庭追踪调查（CFPS）的实证分析 [J]. 管理世界（07）：12-21，51，187.

周向红，2016. 从数字鸿沟到数字贫困：基本概念和研究框架 [J]. 学海（04）：154-157.

周骥腾，付堉琪，2021. 互联网使用如何影响居民社区融入？——基于“中国城市居民生活空间调查”的分析［J］. 社会学评论，9（05）：105－121.

周冬，2016. 互联网覆盖驱动农村就业的效果研究［J］. 世界经济文汇（03）：76－90.

周洋，华语音，2017. 互联网与农村家庭创业——基于CFPS数据的实证分析［J］. 农业技术经济（05）：111－119.

祝仲坤，2020. 互联网技能会带来农村居民的消费升级吗？——基于CSS2015数据的实证分析［J］. 统计研究，37（09）：68－81.

祝仲坤，冷晨昕，2018. 互联网使用对居民幸福感的影响——来自CSS2013的经验证据［J］. 经济评论（01）：78－90.

祝仲坤，冷晨昕，2017. 互联网与农村消费——来自中国社会状况综合调查的证据［J］. 经济科学（06）：115－128.

朱梦冰，2018. 我国农村居民消费不平等的演变趋势［J］. 北京工商大学学报（社会科学版），33（01）：9－18.

朱红根，宋成校，2020. 互联网使用对家庭农场劳动力资源配置的影响［J］. 农业技术经济（08）：40－53.

邹红，李奥蕾，喻开志，2013a. 消费不平等的度量、出生组分解和形成机制——兼与收入不平等比较［J］. 经济学（季刊），12（04）：1231－1254.

邹红，喻开志，李奥蕾，2013b. 消费不平等问题研究进展［J］. 经济学动态，（11）：118－126.

Abdel－Khalek A. M.，2006. Measuring happiness with a single－item scale［J］. *Social Behavior and Personality*，34（2）：139－150.

Adjaye－Gbewonyo K.，Kawachi I.，2012. Use of the Yitzhaki Index as a test of relative deprivation for health outcomes：a review of recent literature［J］. *Social science & medicine*，75（1）：129－137.

Ahmed H.，Cowan B.，2021. Mobile money and healthcare use：Evidence from East Africa［J］. *World Development*，141：105392.

Akerman A.，Gaarder I.，Mogstad M.，2015. The Skill Complementarity of Broadband Internet［J］. *The Quarterly Journal of Economics*，130（4）：1781－1824.

Aker C.，Fafchamps M.，2014. Mobile Phone Coverage and Producer Markets：Evidence from West Africa［J］. *The World Bank Economic Review*，29（2）：262－292.

Alesina A.，Tella D.，MacCulloch R.，2004. Inequality and happiness：are Europeans and Americans different?［J］. *Journal of Public Economics*，88（9_10）：2009－2042.

Alpizar F.，Carlsson F.，Johansson－Stenman O.，2005. How much do we care about absolute versus relative income and consumption?［J］. *Journal of Economic Behavior & Organization*，56（3）：405－421.

Ambrus A.，Mobius M.，Szeidl A.，2014. Consumption Risk－Sharing in Social Networks［J］. *The American Economic Review*，104（1）：149－182.

Atasoy H.，2013. The Effects of Broadband Internet Expansion on Labor Market Outcomes

[J]. *ILR Review*, 66 (2): 315 - 345.

Attanasio O., Pistaferri L, 2016. Consumption Inequality [J]. *The Journal of Economic Perspectives*, 30 (2): 3 - 28.

Atkinson B, 1970. On the measurement of inequality [J]. *Journal of Economic Theory*, 2 (3): 244 - 263.

BarghJ. A., K. Y. A. McKenna, 2004. The Internet and Social Life [J]. *Annual Review of Psychology*, 55 (1): 573 - 590.

Becchetti L., Pelloni A., 2008. Rossetti F. Relational Goods, Sociability, and Happiness [J]. *Kyklos*, 61 (3): 343 - 363.

Benali M., Brümmer B., Afari - Sefa V., 2018. Smallholder participation in vegetable exports and age - disaggregated labor allocation in Northern Tanzania [J]. *Agricultural Economics*, 49 (5): 549 - 562.

Benabou R., Efe A. O., 2001. Social Mobility and the Demand for Redistribution: The Poum Hypothesis [J]. *The Quarterly Journal of Economics*, 116 (2): 447 - 487.

Bertrand M., Mullainathan S., 2002. Do People Mean What They Say? Implications for Subjective Survey Data [J]. *American Economic Review* (91): 67 - 72.

Biancotti C., D'Alessio G., 2008. Values, inequality and happiness. Bank of Italy Temi di discussione (Working Paper) No. 669.

Bjørnskov C., Dreher A., Fischer A., 2008. Cross - country determinants of life satisfaction: exploring different determinants across groups in society [J]. *Soc. Choice Welf.*, 30 (1): 119 - 173.

Blundell R., Preston I, 1998. Consumption Inequality and Income Uncertainly [J]. *Quarterly Journal of Economics*, 113 (2): 603 - 640.

Blundell R., Pistaferri L., Preston I., 2008. Consumption Inequality and Partial Insurance [J]. *The American Economic Review*, 98 (5): 1887 - 1921.

Bonfadelli H., 2002. The Internet and Knowledge Gaps [J]. *European Journal of Communication*, 17 (1): 65 - 84.

Brown K. W., West A. M., Loverich T. M., et al., 2011. Assessing adolescent mindfulness: Validation of an Adapted Mindful Attention Awareness Scale in adolescent normative and psychiatric populations [J]. *Psychological Assessment*, 23 (4): 1023 - 1033.

Busse M., Hefeker C., 2007. Political risk, institutions and foreign direct investment [J]. *European Journal of Political Economy*, 23 (2): 397 - 415.

Camerer C., 1997. Progress in Behavioral Game Theory [J]. *Journal of Economic Perspectives*, 11 (4): 167 - 188.

Caporale M., Georgellis Y., Tsitsianis N., et al., 2009. Income and happiness across Europe: Do reference values matter? [J]. *Journal of Economic Psychology*, 30 (1): 42 - 51.

Chakravarty S. R., 1997. Relative Deprivation and Satisfaction Ordering [J]. *Keio Economic*

Studies (34): 17 - 31.

Churchill A., Mishra V., 2016. Trust, Social Networks and Subjective Well - being in China [J]. *Social Indicators Research*.

Clark Andrew E., Frijters P., Shields M., 2006. Income and Happiness: Evidence, Explanations and Economic Implications. Working Paper 2006 - 24, Paris - Jourdan Sciences Economiques.

Cummins R. A., 2000. Personal Income and Subjective Well - being: A Review [J]. *Journal of Happiness Studies*, 1 (2): 133 - 158.

Cutler D. M., Katz L. F., 1992. Rising Inequality? Changes in the Distribution of Income and Consumption in the 1980's [J]. *The American Economic Review*, 82 (2): 546 - 551.

Deaton A, 2003. Health, Inequality, and Economic Development [J]. *Journal of Economic Literature*, 41 (1): 113 - 158.

Deaton A., Paxson C., 1994. Intertemporal Choice and Inequality [J]. *Journal of Political Economy*, 102 (3): 437 - 467.

Dimaggio P., Bonikowski B., 2008. Make Money Surfing the Web? The Impact of Internet Use on the Earnings of U. S. Workers [J]. *American Sociological Review*, 73 (2): 227 - 250.

Dunn E. W., Aknin L. B., Norton M. I., 2008. Spending money on others promotes happiness [J]. Science, 19 (5870): 1687 - 1688.

Dunn E. W., Gilbert D. T., Wilson T. D., 2011. If money doesn' t make you happy, then you probably aren' t spending it right [J]. *Journal of Consumer Psychology*, 21 (2): 115 - 125.

Easterlin A, 1974. Does economic growth improve the human lot? Some empirical evidence in P. A. Davis and W. P. Melvin (eds), nations and Households in Economic Growth [J]. *Stanford University Press*, Paolo Alto, 89 - 125.

Easterlin A., 2013. Happiness, growth, and public policy [J]. *Economic Inquiry*, 51 (1): 1 - 15.

Easterlin A., Morgan R., Switek M., et al., 2012. China's life satisfaction, 1990—2010 [J]. *Proceedings of the National Academy of Sciences*, 109 (25): 9775 - 9780.

Easterlin A., 1995. Will Raising the Incomes of All Increase the Happiness of All? [J]. *Journal of Economic Behavior and Organization*, 27 (1): 35 - 47.

Easterlin A, 2013. Happiness and Economic Growth: The Evidence. IZA Discussion Paper No. 7187.

Eid M., Larsen R. J., 2008. The science of subjective well - being. New York: Guilford Press.

Esping - Andersen G., Nedoluzhko L., 2017. Inequality equilibria and individual well - being [J]. *Social Science Research*, 62: 24 - 28.

Fabritz N., 2013. The impact of broadband on economic activity in rural areas: evidence from

German municipalities [R]. *Ifo Working Paper*.

Fafchamps M., Gubert F., 2007. Risk Sharing and Network Formation [J]. *The American Economic Review*, 97 (2): 75-79.

Falco D., Veronesi M., Yesuf M. Does Adaptation to Climate Change Provide Food Security? A Micro-Perspective from Ethiopia [J]. *American Journal of Agricultural Economics*, 2011, 93 (3): 829-846.

Fehr E., Schmidt K. M., 1999. A Theory of Fairness, Competition, and Cooperation [J]. *The Quarterly Journal of Economics*, 114 (3): 817-868.

Ferrer-i-Carbonell A., Frijters P., 2004. How important is methodology for the estimates of the determinants of happiness? [J]. *Economic Journal*, 114 (497): 641-659.

Ferrer-i-Carbonell A., 2005. Income and well-being: an empirical analysis of the comparison income effect [J]. *Journal of Public Economics*, 89 (5_6): 997-1019.

Festinger L., 1954. A Theory of Social Comparison Processes [J]. *Human Relations*, 7 (2): 117-140.

Forteza A., Rossi I., 2009. The contribution of government transfer programs to inequality. A net-benefit approach [J]. *Journal of Applied Economics*, 12 (1): 55-67.

Frey S., Stutzer A., 2002. What Can Economists Learn from Happiness Research? [J]. *Journal of Economic Literature*, 40 (2): 402-435.

Frey B., Benesch C., Stutzer A., 2007. Does watching TV make us happy? [J]. *Journal of Economic Psychology*, 28 (3): 283-313.

Frijters P., Haisken-De-New J., Shields M., 2004. Money Does Matter! Evidence from Increasing Real Income and Life Satisfaction in East Germany Following Reunification [J]. *The American Economic Review*, 94 (3): 730-740.

Frydman J., Gelfman L., Goldstein N., et al., 2021. The Digital Divide: Do Older Adults with Serious Illness Access Telemedicine? [J]. *Journal of General Internal Medicine*, 37 (4): 984-986.

Ganglmair-Wooliscroft A., Wooliscroft B., 2017. Well-Being and Everyday Ethical Consumption [J]. *Journal of Happiness Studies*, 20 (1): 141-163.

Ganju K., Pavlou A., Banker D., 2016. Does Information and Communication Technology Lead to the Well-Being of Nations? A Country-Level Empirical Investigation [J]. *MIS Quarterly* 40 (2): 417-430.

García-Muñoz T. M., Milgram-Baleix J., Odeh-Odeh O., 2019. Inequality and Life Satisfaction in Low and Middle-Income Countries: The Role of Opportunity [J]. *Societies*, 9 (2): 37.

Graham C., Nikolova M., 2013. Does access to information technology make people happier? Insights from well-being surveys from around the world [J]. *The Journal of Socio-Economics*, 44: 126-139.

Guillen-Royo M., 2008. Consumption and Subjective Well-being: Exploring Basic Needs,

Social Comparison, Social Integration and Hedonism in Peru [J]. *Social Indicators Research*, 89 (3): 535 - 555.

Gurr T., 1970. Why men rebel [M]. Princeton (NJ) Princeton Univ. In: Press.

Hadjar A., Samuel R., 2015. Does upward social mobility increase life satisfaction? A longitudinal analysis using British and Swiss panel data [J]. *Research in Social Stratification and Mobility*, 39: 48 - 58.

Haferkamp N., Krämer C., 2011. Social Comparison 2.0: Examining the Effects of Online Profiles on Social - Networking Sites [J]. *Cyberpsychology Behavior and Social Networking*, 14 (5): 309 - 314.

Hargittai E., Hinnant A., 2008. Digital Inequality: Differences in Young Adults' Use of the Internet [J]. *Communication Research*, 35 (5): 602 - 621.

Haught M., Rose P., Geers L., et al., 2015. Subjective Social Status and Well - Being: The Role of Referent Abstraction [J]. *The Journal of Social Psychology*, 155 (4): 356 - 369.

Helliwell F., Putnam D., 2004. The social context of well - being [J]. *Philosophical Transactions of the Royal Society B Biological Sciences*, 359 (1449): 1435 - 1446.

Helliwell F., 2003. How's life? Combining individual and national variables to explain subjective well - being [J]. *Economic Modelling*, 20 (2): 331 - 360.

Hirschman O., 1973. The changing tolerance for income inequality in the course of economic development [J]. *World Development*, 1 (12): 29 - 36.

Hu A., 2012. Public sector employment, relative deprivation and happiness in adult urban Chinese employees [J]. *Health Promotion International*, 28 (3): 477 - 486.

Huang C, 2010. Internet use and Psychological well - being: a meta - analysis [J]. *Cyberpsychology Behavior and Social Networking*, 13 (3): 241 - 249.

Hudders L., Pandelaere M., 2012. The silver lining of materialism: The impact of luxury consumption on subjective well - being [J]. *Journal of Happiness Studies*, 13 (3): 411 - 437.

Inoguchi T., Fujii S., Tokuda Y., 2010. Individual and Country - Level Effects of Social Trust on Happiness: The Asia Barometer Survey [J]. *Journal of Applied Social Psychology*, 40 (10): 2574 - 2593.

Jackson B., Richman S., LaBelle P., et al., 2014. Experimental Evidence That Low Social Status Is Most Toxic to Well - Being When Internalized [J]. *Self and Identity*, 14 (2): 157 - 172.

Jiang S., 2012. Identity, Inequality, and Happiness: Evidence from Urban China [J]. *World Development*, 40 (6): 1190 - 1200.

Jones M., Wildman J., 2008. Health, income and relative deprivation: Evidence from the BHPS [J]. *Journal of Health Economics*, 27 (2): 308 - 324.

Kahneman D., Krueger A., 2006. Developments in the Measurement of Subjective Well -

Being [J]. *Journal of Economic Perspectives*, 20 (1): 3 - 24.

Kahneman D., Wakker P., Sarin R., 1997. Black to Bentham: Explorations of experienced utility [J]. *Quarterly Journal of Economics* (112): 375 - 406.

Kakwani N, 1984. The Relative Deprivation Curve and Its Applications [J]. *Journal of Business & Economic Statistics*, 2 (4): 395 - 397.

Kinnan C., Townsend R., 2012. Kinship and Financial Networks, Formal Financial Access, and Risk Reduction [J]. *The American Economic Review*, 102 (3): 289 - 293.

Knight J., Song L., Gunatilaka R., 2009. Subjective Well - Being and Its Determinants in Rural China [J]. *China Economic Review*, 20 (4): 635 - 649.

Knight J., Gunatilaka R., 2011. Does Economic Growth Raise Happiness in China [J]. *Oxford Development Studies*, 39 (1): 1 - 24.

Knight J., 2010. Great Expectations? The Subjective Well - being of Rural - Urban Migrants in China [J]. *World Development*, 38 (1): 113 - 124.

Knight J., Gunatilaka R., 2010. The Rural - Urban Divide in China: Income but Not Happiness? [J]. *The Journal of Development Studies*, 46 (3): 506 - 534.

Krause N., Wulff K. M., 2005. Church - Based Social Ties, A Sense of Belonging in a Congregation, and Physical Health Status [J]. *The International Journal for the Psychology of Religion*, 15 (1): 73 - 93.

Kraut R., Patterson M., Lundmark V., et al., 1998. Internet paradox: A social technology that reduces social involvement and psychological well - being? [J]. *American Psychologist*, 53 (9): 1017 - 1031.

Kragten N., Rözer J., 2017. The Income Inequality Hypothesis Revisite: Assessing the Hypothesis Using Four Methodological Approaches [J]. *Social Indicators Research*, 131 (3): 1015 - 1033.

Krueger D., Perri F, 2006. Dose income inequality lead to consumption inequality? Evidence and theory [J]. *Review of Economic Studies*, 73 (1): 163 - 193.

Kuroki M., 2011. Does social trust increase individual happiness in Japan? [J]. *Japanese Economic Review*, 62 (4): 444 - 459.

Laurence J., 2019. Community disadvantage, inequalities in adolescent subjective well - being, and local social relations: The role of positive and negative social interactions [J]. *Social Science & Medicine*, 237: 112442.

Lhila A., K. I. Simon, 2010. Relative deprivation and child health in the USA [J]. *Social Science & Medicine*, 71 (4): 777 - 785.

Li H., Zhu Y, 2006. Income, Income Inequality, and Health: Evidence from China [J]. *The Journal of Comparative Economics*, 34 (4): 668 - 693.

Lio M., Liu M., 2006. ICT and agricultural productivity: evidence from cross - country data [J]. *Agricultural Economics*, 34 (3): 221 - 228.

Liu T., Pan B., Yin Z., 2020a. Pandemic, Mobile Payment, and Household Consumption: Micro - Evidence from China [J]. *Emerging Markets Finance and Trade*, 56 (10): 2378 - 2389.

Liu Y., Luo J., Zhang L., 2020b. The effects of mobile payment on consumer behavior [J]. *Journal of Consumer Behaviour*, 20 (3): 512 - 520.

Lois L., Kalogeressis T., 2006. The digital divide in Europe's rural enterprises [J]. *European Planning Studies*, 14 (1): 23 - 39.

Lou D., 2009. Marching toward a Harmonious Social: Happiness, Regime Satisfaction, and Government Performance in Contemporary Urban China [J]. *Asian Politics&Polic*, 1 (3): 508 - 525.

Majumder A., Ray R., Sinha K., 2013. Estimating Purchasing Power Parities from Household Expenditure Data Using Complete Demand Systems with Application to Living Standards Comparison: India and Vietnam [J]. *Review of Income and Wealth*, 61 (2): 302 - 328.

Mcbride F., 2001. Relative - income effects on subjective well - being in the cross - section [J]. *Journal of Economic Behavior & Organization*, 45 (3): 251 - 278.

McElwee G., 2006. Farmers as Entrepreneurs: Developing Competitive Skills [J]. *Journal of Developmental Entrepreneurship*, 11 (03): 187 - 206.

Merton Robert K., 1968. Social theory and social structure, New York, US: Free Press.

Meyer D., Sullivan X, 2013. Consumption and Income Inequality and the Great Recession [J]. *The American Economic Review*, 103 (3): 178 - 183.

Meyll T., Walter A., 2018. Tapping and waving to debt: mobile payments and credit card behavior [J]. *Finance Research Letters*, 28: 381 - 387.

Mishra A., Ray R., 2014. Spatial Variation in Prices and Expenditure Inequalities in Australia [J]. *Economic Record*, 90 (289): 137 - 159.

Mussweiler T., Rüter K., 2003. What Friends Are For! The Use of Routine Standards in Social Comparison [J]. *Journal of Personality and Social Psychology*, 85 (3): 467 - 481.

Ngamaba H., Panagioti M., Armitage J., 2017. Income inequality and subjective well - being: a systematic review and meta - analysis [J]. *Quality of Life Research*, 27 (3): 577 - 596.

Noll H. H., Weick S., 2015. Consumption expenditures and subjective well - being: empirical evidence from any [J]. *International Review of Economics*, 62 (2): 101 - 119.

Oswald A. J., 1997. Happiness and economic performance [J]. The Economic Journal, 107: 1815 - 1831.

Oshio T., Nozaki K., Kobayashi M., 2010. Relative Income and Happiness in Asia: Evidence from Nationwide Surveys in China, Japan, and Korea [J]. *Social Indicators Research*, 104 (3): 351 - 367.

PardoG., Santos J. S., 2014. Household Debt and Consumption Inequality: The Spanish

Case [J]. *Economies*, 2 (3): 147 - 170.

Park Y., Baek M., 2018. Two faces of social comparison on Facebook: The interplay between social comparison orientation, emotions, and psychological well - being [J]. *Computers in Human Behavior*, 79: 83 - 93.

Pénard T., Nicolas p., Raphaël S., 2013. Does the Internet make people happier? [J]. *Journal of Socio - Economics*, 46: 105 - 116.

Perneger V., Hudelson P., Bovier A., 2004. Health and happiness in young Swiss adults [J]. *Quality of Life Research*, 13 (1): 171 - 178.

Philip L., Cottrill C., Farrington J., et al., 2016. The digital divide: Patterns, policy and scenarios for connecting the 'final few' in rural communities across Great Britain [J]. *Journal of Rural Studies*, 54: 386 - 398.

Podder N, 1996. Relative Deprivation, Envy and Economic Inequality [J]. *Kyklos*, 49 (3): 353 - 376.

Qu Z., Zhao Z., 2008. Urban - rural consumption inequality in China from 1988 to 2002: Evidence quantile regression decomposition [J]. *IZA Discussion*, Paper NO. 3659.

Ravallion M., Lokshin M., 2001. Identifying Welfare Effects from Subjective Questions [J]. *Economica*, 68 (271): 335 - 357.

Rothstein B., Uslaner E. M., 2005. All for All: Equality, Corruption, and Social Trust [J]. *World Politics*, 58 (1): 41 - 72.

Runciman W. G., 1966. Relative deprivation and social justice. Berkeley and Los Angeles: University of California Press.

Scheerder A., Deursen A., Dijk J., 2017. Determinants of Internet skills, uses and outcomes. A systematic review of the second - and third - level digital divide [J]. *Telematics and Informatics*, 34 (8): 1607 - 1624.

Sen A. K., 1992. Inequality Reexamined [M]. Clarendon Press.

Sen A. K., 1993. Capability and Well - Being. In The Quality of Life; Nussbaum M. C., Ed.; *Clarendon Press*: Qxford, UK, 1993: 30 - 53.

Sen A. K., 1999. Development as freedom [M]. Oxford University Press.

Sen A. K., 1985. Commodities and Capabilities [M]. Amsterdam: North Holland.

Silber J., Verme P., 2010. Distributional change, reference groups and the measurement of relative deprivation [J]. *Research on Economic Inequality*, 18 (1): 197 - 217.

Smith H. J., Pettigrew T. F., Pippin G. M., Bialosiewicz S., 2012. Relative deprivation: A theoretical and meta - analytic review [J]. *Personality and Social Psychology Review*, 16 (3): 203 - 232.

Smyth R., Mishra V., Qian X., 2008. The Environment and Well - Being in Urban China [J]. *Ecological Economics*, 68 (1 - 2): 547 - 555.

Starmans C., Sheskin M., Bloom P., 2017. Why people prefer unequal societies [J]. *Nature Human Behaviour*, 1 (4): 0082.

Steinfield C.，Ellison N.，Lampe C.，2008. Social capital，self - esteem，and use of online social network sites：A longitudinal analysis [J]. *Journal of Applied Developmental Psychology*，29 (6)：434 - 445.

Stiles B.，Liu X.，Kaplan H.，2000. Relative deprivation and deviant adaptations：The mediating effects of negative self - feelings [J]. *Journal of Research in crime and delinquency*，37 (1)：64 - 90.

Stouffer S. A.，Suchman E. A.，DeVinney L. C.，Star S. A.，Williams JrR. M.，1949. The American soldier：Adjustment during army life [M]. Princeton，NJ：Princeton University Press.

Swallow R.，1988. Social comparison and negative self - evaluations：An application to depression [J]. *Clinical Psychology Review*，8 (1)：55 - 76.

Taylor E.，Lobel M.，1989. Social comparison activity under threat：Downward evaluation and upward contacts [J]. *Psychological Review*，96 (4)：569 - 575.

Theil H，1967. Economics and Information. Theory，Amsterdam：North - Holland.

TokudaY.，Inoguchi T.，2008. Interpersonal Mistrust and Unhappiness among Japanese People [J]. *Social Indicators Research*，89 (2)：349 - 360.

Tricomi E.，Rangel A.，Camerer C.，et al.，2010. Neural Evidence for Inequality - Averse Social Preferences [J]. *Nature*，463 (7284)：1089 - 1091.

Tversky A.，Kahneman D.，1981. The framing of decisions and the psychology of choice [J]. *Science*，211 (4481)：453 - 458.

United Nations Development Programme，2001. Human development report 2001：Making new technologies work for human development [M]. New York：Oxford University Press.

Verme P.，2011. Life Satisfaction and Income Inequality [R]. The World Bank.

Vikram P.，Arthur K.，2003. Poverty and common mental disorders in developing countries [J]. *Bulletin of the World Health Organization*，81 (8)：609.

Walker I.，Smith H. J. (Eds). 2002. Relative deprivation：Specification，development，and integration [M]. New York：Cambridge University Press.

Walker I.，Pettigrew T. F.，1984. Relative deprivation theory：An overview and conceptual critique [J]. *British Journal of Social Psychology*，23 (4)：301 - 310.

Wei K.，Teo H.，Chan H.，et al.，2011. Conceptualizing and Testing a Social Cognitive Model of the Digital Divide [J]. *Information Systems Research*，22 (1)：170 - 187.

Welsch H.，2006. Environment and happiness：Valuation of air pollution using life satisfaction data [J]. *Ecological Economics*，58 (4)：801 - 813.

Wickham S.，Shryane N.，Lyons M.，et al.，2014. Why does relative deprivation affect mental health? The role of justice，trust and social rank in psychological well - being and paranoid ideation [J]. *Journal of Public Mental Health*，13 (2)：114 - 126.

Xiong M.，Ye Y.，2016. The concept，measurement，influencing factors and effects of relative deprivation [J]. *Advances in Psychological Science*, 24 (3): 438.

Yip W., Subramanian V., Mitchell D., et al., 2007. Does social capital enhance health and well-being? Evidence from rural China [J]. *Social Science & Medicine*, 64 (1): 35-49.

Yitzhaki S, 1979. Relative Deprivation and the Gini Coefficient [J]. *The Quarterly Journal of Economics*, 93 (2): 321-324.

Zenga M, 2007. Inequality Curve and Inequality Index Based on the Ratios Between Lower and Upper Arithmetic Means [J]. *Statistica & Applicazioni* (5).

Zhai Q., Cao X., Zhen F., 2019. Relationship between Online Shopping and Store Shopping in the Shopping Process: Empirical Study for Search Goods and Experience Goods in Nanjing, China [J]. *Transportation Research Record*, 2673 (11): 38-47.

Zhang S., Wang E., Chen Y., 2010. Relative deprivation based on occupation: An effective predictor of Chinese life satisfaction [J]. *Asian Journal Of Social Psychology*, 14 (2): 148-158.

Zhang S., Feng L., Xiao J., 2020. Internet penetration and consumption inequality in China [J]. *International Journal of Consumer Studies*.

Zheng Y., Walsham G., 2021. Inequality of what? An intersectional approach to digital inequality under Covid-19 [J]. *Information and Organization*, 31 (1): 100341.

Zhou Y., Wang X., 2014. Explore the relationship between online shopping and shopping trips: An analysis with the 2009 NHTS data [J]. *Transportation Research Part A: Policy and Practice*, 70: 1-9.

Zimmermann S., 2014. The Pursuit of Subjective Well-Being through Specific Consumption Choice [J]. *SSRN Electronic Journal*.